IDEOLOGIA do DESENVOLVIMENTO de COMUNIDADE no BRASIL

Dados Internacionais de Catalogação na Publicação (CIP)
(Câmara Brasileira do Livro, SP, Brasil)

Ammann, Safira Bezerra
  Ideologia do desenvolvimento de comunidade no Brasil / Safira Bezerra Ammann. – 12. ed. – São Paulo : Cortez, 2013.

  ISBN 978-85-249-2136-0

  1. Comunidades – Desenvolvimento – Brasil 2. Participação social - Brasil I. Título.

13-10566   CDD-307.0981

Índices para catálogo sistemático:

1. Brasil : Comunidades : Desenvolvimento : Sociologia   307.0981
2. Brasil : Participação social : Comunidade : Sociologia   307.0981

SAFIRA BEZERRA AMMANN

IDEOLOGIA do DESENVOLVIMENTO de COMUNIDADE no BRASIL

12ª edição
1ª reimpressão

IDEOLOGIA DO DESENVOLVIMENTO DE COMUNIDADE NO BRASIL
Safira Bezerra Ammann

Capa: de Sign Arte Visual
Revisão: Maria de Lourdes de Almeida
Composição: Linea Editora Ltda.
Coordenação editorial: Danilo A. Q. Morales

Nenhuma parte desta obra pode ser reproduzida ou duplicada sem autorização expressa da autora e do editor.

© 1980 by Safira Bezerra Ammann

Direitos para esta edição
CORTEZ EDITORA
Rua Monte Alegre, 1074 – Perdizes
05014-001 – São Paulo – SP
Tel.: (11) 3864-0111 Fax: (11) 3864-4290
E-mail: cortez@cortezeditora.com.br
www.cortezeditora.com.br

Impresso no Brasil – junho de 2018

"O elemento popular 'sente', mas nem sempre compreende ou sabe; o elemento intelectual "sabe", mas nem sempre compreende e muito menos 'sente'. [...] O erro do intelectual consiste em acreditar que se possa 'saber' sem compreender e, principalmente, sem sentir e estar apaixonado."

(GRAMSCI, *Concepção dialética*, p. 138-9)

A Paul,

que me completa com amor,
grandeza e serenidade,
e a nossas filhas Jussara e Pauline,
que nos desafiam constantemente
a crescer em todas as dimensões.

SUMÁRIO

Agradecimentos 7

Apresentação da 12ª edição.. 13

Apresentação da 10ª edição.. 17

Prefácio
Florestan Fernandes.. 21

Introdução 29

CAPÍTULO I
Concebe-se o Desenvolvimento de Comunidade com base em supostos acríticos e aclassistas (1950-59)

1.1 Gênese do Desenvolvimento de Comunidade 45

1.2 Surgem os primeiros intelectuais brasileiros da disciplina 54

1.3 Desenvolvimento de Comunidade no meio rural 67

CAPÍTULO II
Propõe-se a participação popular nas reformas de estrutura (1960 – março/1964)

2.1 O Desenvolvimento de Comunidade na política nacional populista.. 79

2.2 Reformas de estrutura preocupam intelectuais...................... 93

2.3 Tentativas de unidade orgânica entre intelectuais e classes trabalhadoras.. 111

    2.3.1 Experiências ortodoxas de desenvolvimento de comunidade... 112

    2.3.2 Ensaio de um desenvolvimento de comunidade heterodoxo... 118

CAPÍTULO III
Participação enquanto recurso para legitimar a sociedade política (1964-77)

3.1 Política social e Desenvolvimento de Comunidade no período.. 131

3.2 Intelectuais do Desenvolvimento de Comunidade absorvem ideologia da integração.. 157

3.3 Desenvolvimento de Comunidade como instrumento de despolitização no Nordeste........................... 179

CAPÍTULO IV
O Desenvolvimento de Comunidade na transição democrática (1978-89)

4.1 A organização da sociedade civil 201

4.2 Lutas populares redirecionam produções intelectuais 213

4.3 Do Desenvolvimento de Comunidade aos movimentos populares 223

    4.3.1 Mobilização comunitária por prefeituras de oposição 223

    4.3.2 Inserção em movimentos populares 229

Conclusões 239

Referências bibliográficas 251

Bibliografia acrescentada à 7ª edição 263

APRESENTAÇÃO DA 12ª EDIÇÃO

Análises confiáveis demonstram que, mais de meio século após sua institucionalização, o Desenvolvimento de Comunidade (DC) continua a revelar-se uma técnica de caráter ideológico, conservador e a serviço dos interesses dominantes.

O livro que o leitor acolhe entre suas mãos procura realizar uma análise crítica dessa técnica, seja do ponto de vista conceitual, seja quanto à sua aplicação em terras brasileiras. No que diz respeito à sua ideologia, fomos descobrindo que ela expressa a verdadeira intenção da ONU de obter o respaldo da população local aos programas oficiais do Governo ou, no dizer de Gramsci, o apoio da sociedade civil à sociedade política.

As experiências brasileiras do DC oficial sofreram uma retração desde o final do século XX. As Superintendências de Desenvolvimento (Sudam, Sudene, Sudeco e Sudesul), criadas durante a década de 1960 e responsáveis por programas específicos de DC nas diversas regiões do país, foram significativamente reduzidas durante os últimos anos do século XX. A Sudene chegou a ser totalmente extinta, sendo somente recriada pela presidência da República em 2007, e jamais atingiu a plenitude de ação de sua fase inicial no campo do DC. Na área de desenvolvimento regional, em maio de 2013, aprova um plano de grande envergadura, qual seja, a instalação de nove parques eólicos nos estados do Ceará, Rio Grande do Norte e Bahia.

A Sudam dedica-se atualmente com êxito ao programa de desenvolvimento da Região Amazônica "Água para todos", do qual participam 750 mil pessoas.

Para a Sudeco o DC jamais adquiriu *status* de grande envergadura. A Sudesul não teve vida longa e, no presente, representantes dos estados do Paraná, Santa Catarina e Rio Grande do Sul debatem a possibilidade de sua recriação.

Não nos compete neste espaço realizar um balanço das superintendências regionais. Sem embargo, com base na breve aproximação de seus programas, pudemos concluir que a partir das primeiras décadas do século XXI o Desenvolvimento de Comunidade não é prioridade oficial, nem *de facto*, dessas superintendências.

O Capítulo IV deste livro demarca a prioridade conferida aos movimentos populares a partir da década de 1970, e a Apresentação à 10ª edição trata brevemente do assunto até o ano 2003, sinalizando o surgimento dos Movimentos dos Sem-Terra e dos Sem-Teto, os quais passaram a ser vozes de protesto e de reivindicação a incomodar a Sociedade Política desde então.

Nesta apresentação compete-nos registrar a mobilização das diversas etnias indígenas proprietárias das terras invadidas pela barragem Belo Monte, no estado do Pará. Em 2012 elas se revoltaram, organizaram-se inicialmente em âmbito local, depois acamparam em Brasília, bradaram e exigiram seus direitos de propriedade, direitos estes que sempre possuíram sobre aquelas terras, aqueles rios e aquelas matas brasileiras.

Após muitos anos de letargia de movimentos sociais que sacudissem o país de Norte a Sul, precisamente em junho de 2013, milhares de moradores das periferias urbanas das metrópoles brasileiras invadiram seus centros. No primeiro dia, a presença predominante era de jovens. Pouco a pouco, a multidão foi adquirindo feições multifacetadas: protestando e reivindicando com os jovens encontravam-se adultos, crianças, idosos, todas as idades. Se a iniciativa havia sido das periferias, pouco depois os bairros centrais foram aderindo. Ao cabo de poucos dias todas as classes sociais pareciam estar revoltadas.

O aumento das tarifas de ônibus públicos surgiu como primeira motivação para os protestos, pois esta fora uma medida tomada em quase todas as grandes cidades do país. Iniciadas em São Paulo e Rio de Janeiro, as manifestações se irradiaram para todas as capitais, mobilizando no início milhares e, ao final de duas semanas, milhões de pessoas.

A partir da reivindicação do preço e da qualidade dos transportes públicos, as revindicações populares ampliaram-se para questões mais abrangentes e cruciais, como melhoria da educação, da saúde e a revolta contra a corrupção dos poderes públicos. Esta última inflamou a população e cresceu como um dos mais vibrantes protestos, com a exigência da prisão dos políticos que, em vez de defender o bem-estar coletivo, buscam acima de tudo seu enriquecimento pessoal.

Inegáveis, embora pontuais, foram os resultados dessas demandas. Citemos apenas três dentre eles: 1) foram cancelados os aumentos das tarifas de ônibus; 2) projetos de lei que se arrastavam há meses nas duas casas do Legislativo mereceram enfim a atenção dos Parlamentares. Foi o caso da votação e rejeição do Projeto de Emenda Constitucional n. 37, que propunha limitar os poderes de investigação do Ministério Público; 3) no âmbito das categorias profissionais, as vibrantes revoltas públicas dos médicos conseguiram derrubar o projeto do governo federal que visava acrescentar dois anos à sua formação acadêmica, passando de 6 para 8 anos o curso de Medicina.

Enfim, saímos da letargia. A população brasileira encontra-se atualmente mais atenta e começa a fiscalizar o uso do dinheiro público pelos donos do poder, tomando como exemplo a utilização do uso particular dos jatinhos da Força Aérea. Continuam e se fortalecem as manifestações populares em várias cidades, exigindo a cassação de governadores e prefeitos por motivos de corrupção.

Vale, contudo ressaltar que a pobreza constitui-se ainda uma realidade no Brasil, como salientamos em nossas pesquisas recentes, através das quais constatamos, dentre outros que: Cinco milhões de famílias ainda não consomem a quantidade suficiente de alimentos; que nossos hospitais e escolas encontram-se sucateados e sem pessoal preparado; que o salário mínimo oficial atual é quatro a dez vezes inferior àquele preceituado pela Constituição Federal de 1988, o que representa uma dívida cumulada de 10 trilhões de reais aos trabalhadores deste país (AMMANN, Safira Bezerra. *Expressões da pobreza no Brasil*. São Paulo: Cortez, 2013. p. 89-92).

Declaramos estar conscientes de que as atuais conquistas não podem ser consideradas relevantes na medida dos grandes projetos históricos das classes dominadas. No quadro da presente reflexão, continuamos a rejeitar os objetivos conservadores do Desenvolvimento de Comunidade e reiteramos nossa opção pelos movimentos sociais que, apesar de seus limites, deixam-nos abertas as possibilidades de futuras mudanças estruturais na Sociedade e de compromissos reais com as classes trabalhadoras brasileiras.

Natal, 25 de setembro de 2013

Safira Bezerra Ammann

APRESENTAÇÃO DA 10ª EDIÇÃO

Este livro apresenta um balanço histórico dos paradigmas que orientaram a política social brasileira durante a segunda metade do século XX, em cujo âmbito é destacado o Desenvolvimento de Comunidade, método instituído pela ONU como um dos veículos da Guerra Fria. Além dos períodos analisados, que cobrem os anos de 1950 a 1989, acrescentamos ao final desta apresentação algumas considerações sobre as tendências registradas no decorrer dos anos 1990. Vejamos como as condições históricas concretas foram influenciando o posicionamento das políticas oficiais e dos intelectuais da área social.

No Brasil, o embrião do Desenvolvimento de Comunidade é gestado ainda na década de 1940, quando a Inter-American International Educacional Foundation, Inc. USA firma acordos com os Ministérios de Agricultura e de Educação, com o fim de formar especialistas para a implantação de programas comunitários nas áreas rurais e urbanas.

Durante os anos 1950 adotam-se os modelos americanos pautados em supostos de harmonia e equilíbrio, que objetivam solucionar "o complexo problema de integrar os esforços da população aos planos regionais e nacionais de desenvolvimento econômico e social". O Desenvolvimento de Comunidade afirma-se como instrumento capaz de favorecer o consentimento espontâneo e a adesão das classes subordinadas às Políticas Sociais definidas pelo Estado.

O final da década de 1950 e o início dos anos 1960 são marcados no Brasil pelo movimento de construção da consciência nacional-popular e pelo engajamento da sociedade civil em ações que potencializassem as reformas estruturais. Os processos de conscientização e politização mobilizam os mais diversificados setores, entre eles, grupos de intelectuais que colocam sua prática a serviço dos interesses das classes subalternas, buscando estabelecer com elas um vínculo orgânico, na luta contra a dominação de classe. O MEB (Movimento de Educação de Base) e o Sindicalismo Rural são destacados no texto como exemplos de tal posicionamento.

A cisão do Bloco Histórico em nível superestrutural institucionalizada pelo regime militar em 1964 determina a desmobilização, paralisação ou mudança radical no rumo dos movimentos emergentes no período anterior. Desponta para o Estado autoritário a necessidade de encontrar substitutivos capazes de angariar a simpatia da sociedade civil, de quem fora subtraído qualquer direito de expressão e organização. Sob o signo da integração social, adquirem prioridade o BNH, o Mobral, o Crutac, os CSUs, o Projeto Rondon e o próprio Desenvolvimento de Comunidade que, gerando a ilusão de poderem solucionar os problemas das classes subalternas, são utilizados como condutos de veiculação e sanção dos interesses que regem o Estado autoritário.

A transição democrática delineada a partir do final dos anos 1970 registra duas principais vertentes. A primeira aponta para a continuidade do ideário da integração social, difundido pelos programas citados e pelo Desenvolvimento de Comunidade vinculado ao Ministério do Interior. A outra corrente opera fora dos marcos do conceito de "comunidade" e toma como referencial a categoria "povo", que reúne heterogêneas frações das classes dominadas, no contexto das relações de produção. É o caso do engajamento de intelectuais em Movimentos Populares de Bairro, que a partir de problemas básicos do cotidiano em áreas delimitadas, conduzem à conquista de direitos e espaços mais amplos pelas (e para as) classes trabalhadoras.

Das cinzas do *Welfare State* — cujo desmonte se consuma no final dos anos 1980 — brota a proposta neoliberal de Estado Mínimo, que mobiliza o setor privado para com ele dividir a responsabilidade e os custos de enfrentamento dos problemas sociais gerados pelo capitalismo globalizado. É nesse contexto que se dá nos anos 1990 a organização do Terceiro Setor (privado/público) em cujo quadro surgem e adquirem vigor as organizações não governamentais (ONGs), que passam a desenvolver programas de melhoria da qualidade de vida (educação, saúde, habitação, cultura, lazer, formação profissional etc.), principalmente em regiões carentes.

Embora realizando atividades similares às do Desenvolvimento de Comunidade ortodoxo (de caráter público) diversamente deste, as ONGs inserem-se no âmbito da sociedade civil, mesmo que subvencionadas pelo Estado. A década de 1990 é simultaneamente marcada pelo debate e vasta mobilização em torno da cidadania, assistindo-se a mudanças no perfil dos movimentos sociais: retraem-se os movimentos populares de bairro e ganham força organizações mais amplas, dentre as quais se destacam as dos Sem-Terra e dos Sem-Teto.

Da análise contida no texto pode-se depreender que as Políticas Sociais, e em seu bojo o Desenvolvimento de Comunidade, são moldadas pelos ditames de condições sociais concretas e influenciadas — quando não dirigidas — pelos interesses dominantes embutidos no Estado. Conscientes de tal realidade, trabalhadores sociais tentaram e vêm tentando participar de projetos comprometidos, desde suas nascentes, com os interesses e demandas das classes trabalhadoras, tendo em vista a conquista de sua hegemonia no interior do bloco histórico brasileiro.

Safira Bezerra Ammann

PREFÁCIO

Respeito muito o trabalho alheio. E gosto de colaborar com os que travam o verdadeiro combate intelectual. No entanto, não sei em que sentido poderia agregar uma contribuição positiva a este livro. O convite de Safira Bezerra Ammann espantou-me. No passado, quando ainda acreditava que as Ciências Sociais poderiam desempenhar funções sociais construtivas na criação de uma sociedade democrática no Brasil, dediquei-me ao ensino da Sociologia Aplicada (curso que introduzi em 1956 e repeti em 1957, 1958 e 1959 na antiga Faculdade de Filosofia, Ciências e Letras da USP). O ensaio *A Sociologia Aplicada: seu campo, objeto e principais problemas* sumaria o que pretendia com o curso (ver *Ensaios de Sociologia Geral Aplicada*, Capítulo 3). Nesses idos, defendia uma cooperação ativa entre os sociólogos e os assistentes sociais ou técnicos de Serviço Social e pensava que a expansão da sociedade de classes poderia ocorrer de modo a permitir um controle progressivo de certos conhecimentos básicos pelas classes trabalhadoras. Ora, essa convicção mostrou-se incorreta. A sociedade de classes *fechou-se* para qualquer controle dos recursos institucionais-chaves por aquelas classes. De um lado, por causa da pressão conservadora das classes dominantes, o que todos reconhecem e proclamam (e este livro comprova). De outro, porque os intelectuais de classe média e abertos às "reformas de base" monopolizaram os papéis que lograram absorver, como *intermediários nas estruturas do poder*, e mostraram-se satisfeitos com a situação resultante. Difundiram uma retórica "reformista", "nacionalista" e "desenvolvimentista", e ficaram nisso, desfrutando uma posição muito cômoda de arautos de uma revolução democrática a que não serviam nem servem, mas da qual retiravam e retiram proveitos políticos e valorização profissional.

Ao aceitar o convite para escrever este Prefácio fi-lo movido por esta reflexão amarga. Não percorri a trajetória de Safira Bezerra Ammann e tampouco escreveria os três últimos parágrafos com que ela encerra a sua busca de um novo caminho. Como, depois de "tantos erros cometidos" e de uma análise tão séria do que é (ou do que se tornou) o Desenvolvimento de Comunidade no Brasil, acreditar que é possível modificar o *posicionamento* dessa técnica social? Como conciliar o estudo e o aproveitamento de Gramsci com tal esperança? Mesmo que a pressão radical de baixo para cima cresça e promova uma correção na operação das instituições-chaves do Estado capitalista, os estratos dominantes das classes possuidoras nunca permitirão que a revolução democrática atinja uma tal magnitude que as classes trabalhadoras possam usar seu espaço político dentro da sociedade civil para converter a participação popular em um fator histórico de eliminação das causas e efeitos dos antagonismos de classe. Acreditar nisso seria o mesmo que ressuscitar o socialismo utópico ou que admitir que a reforma pode ir tão longe, dentro da ordem, que a transição para a igualdade social poderia brotar automaticamente das estruturas econômicas, sociais e políticas do capitalismo monopolista.

Quando uma especialista como a autora levanta esse debate — depois de uma corajosa incursão, que a levou ao desmascaramento das várias correntes do Desenvolvimento de Comunidade — ele não pode ser ignorado. Por maior que seja o nosso apego a posições ortodoxas ou "dogmáticas", como se costuma dizer, nunca devemos permitir que o extremismo político nos cegue. Seria um mal muito grande recusar a validade e significação construtiva a uma técnica social que foi deturpada pelo uso maciçamente conservantista e mesmo contrarrevolucionário: coloca-se, em contraposição, a necessidade de indagar-se se, em outras condições, a mesma técnica social não teria sido útil às classes trabalhadoras e à irrupção da revolução democrática. Os "intelectuais do Desenvolvimento de Comunidade" não foram só intelectuais orgânicos da burguesia nacional e do imperialismo. Mais que isso, foram plenamente domesticados para preencher papéis sociais que só servem aos interesses das classes dominantes, à estabilidade da ordem e à racionalidade do capitalismo periférico, malgrado as exceções pessoais, ou mesmo de grupos inteiros que porfiaram em entrosar o Serviço Social aos interesses e aos valores sociais das classes trabalhadoras. Essa domesticação institucionalizou-se, aos níveis da ação governamental e da iniciativa privada, e o trabalho de Safira Bezerra Ammann sugere, de maneira vigorosa, que devemos tomar posição contra isso. Como proceder nessa tomada de posição?

Bastaria, aí, aproveitar Gramsci e fazer a crítica dessa domesticação? Tomo a liberdade de dizer que não! O que se está fazendo com as ideias de Gramsci exige de nós todos um repúdio frontal: as universidades norte-americanas e europeias tentam convertê-lo em um representante amorfo do "socialismo democrático". Ele foi, ao contrário, um pensador marxista muito fecundo e deu ao movimento político marxista uma impulsão renovadora. Ou seja, ele é, de fato, uma figura proeminente do pensamento socialista revolucionário e não há sentido em trazê-lo à baila com o intuito de carregar água para o moinho de um falso movimento de *grass roots* entre os proletários do chamado "Terceiro Mundo". É preciso não esquecer: Gramsci ligou-se intimamente aos comitês de fábrica ou comitês operários, em Turim, e converteu-se em um dos líderes de estatura internacional do Partido Comunista Italiano. As duas referências nos interessam diretamente. O Desenvolvimento de Comunidade também pode ser explorado, como técnica social, a partir de baixo e a rede institucional não precisa ser confinada às organizações nacionais ou internacionais da burguesia. Portanto, a questão óbvia consiste no seguinte: *a quem querem servir os "intelectuais do Desenvolvimento de Comunidade"*? Se querem deixar de ser "intelectuais orgânicos da burguesia" e querem tornar-se "intelectuais orgânicos do proletariado" não há meio termo.

Devem procurar "liames orgânicos" com as classes trabalhadoras. Não há outra alternativa de independência ou de autonomia intelectuais. Aí, a ligação é *política*. A "reforma do capitalismo" só será funcional para as classes possuidoras e as potências (ou a superpotência) imperialistas. Quem quiser ir além, operando através de Gramsci ou não, terá de aceitar a ruptura institucional com a ordem burguesa.

Este livro demonstra que o regime implantado em 1964 tornou essa evolução ao mesmo tempo mais fácil e necessária. Tudo o que se fez *antes*, com o Desenvolvimento de Comunidade, foi feito depois disso com extrema racionalidade capitalista (nacional e internacional). O Desenvolvimento de Comunidade foi passado a limpo e colocado em prática em termos de uma luta de vida ou de morte pela sobrevivência do próprio capitalismo. Essa sobrevivência é muito tortuosa e ainda mais injusta na periferia. Isso, contudo, não importa. O que o "intelectual do Desenvolvimento de Comunidade" pretende? Ser um artífice da reação ou um campeão da *ordem nova*, como diria Gramsci? Além disso, uma revolução democrática alimentada pelas pressões radicais das classes trabalhadoras exige um "intelectual de Desenvolvimento de Comunidade" identificado com a maioria (e não com a reprodução dos privilégios ou com a ditadura explícita ou disfarçada da maioria). Ser "intelectual orgânico das classes trabalhadoras" é uma opção política. Mas, não se pode fazer essa opção e ficar em uma *"prática teórica"* crítica ou rebelde que se compõe com a reprodução da ordem burguesa e com o Estado capitalista.

Bem sei que uma tomada de posição deste tipo é tida como "política", "dogmática" e "extremista". Se os "intelectuais do Desenvolvimento de Comunidade" se conformam com a domesticação pela ordem, então tudo está bem. São tidos como "científicos", "democráticos" e "ponderados". Por essa razão a batalha pela ciência, nessa área, é tão árdua. No entanto, o conformismo também é extremista; só que ele tem o inconveniente de aprisionar o Desenvolvimento de Comunidade e o Serviço Social aos interesses mais egoístas e estreitos de pequenos grupos. O que se entende como "neutralidade ética" só seria possível (e produtivo) se existissem igualdade social, liberdade e solidariedade. Onde os pequenos grupos monopolizam a riqueza e o poder, a *neutralidade* constitui um comércio com os poderosos e converte-se em uma fraseologia hipócrita. Uma das grandes virtudes deste livro está na massa de evidências que ele traz a respeito. O Desenvolvimento de Comunidade e o Serviço Social foram moldados por conveniências e pelo poder dos pequenos grupos, nacionais ou externos. Os especialistas não puderam impor a autonomia das técnicas sociais com que operavam e, tampouco, puderem colocá-las a serviço dos interesses locais ou regionais da nação. Nesse sentido, o livro traz uma mensagem congruente que merece ser entendida nos termos em que é formulada, como uma proclamação em defesa da participação social, enquanto processo realmente igualitário e democrático.

Mais que isso, este livro traz consigo um complexo balanço global, que apanha quase quatro décadas. De ponta a ponta, o que caracteriza a evolução do Desenvolvimento de Comunidade no Brasil, sob o impulso dos Estados Unidos, das Nações Unidas, da Igreja Católica ou dos particularismos das classes dominantes. Tal balanço aparece em um momento histórico oportuno. No último quartel do século XX, sob a pressão da vanguarda do proletariado, do movimento sindical e da insatisfação popular, estamos de novo em face das exigências históricas da instauração de uma ordem social democrática. É provável, pois, que o Desenvolvimento da Comunidade encontre uma vinculação para *baixo*, que ele se prenda, no futuro próximo, às classes trabalhadoras, aos setores mais pobres da população e à revolução democrática. A importância do balanço está no desmascaramento do passado — a devastação de recursos materiais e humanos sem proveito nenhum para a nação como um todo e na clarificação dos novos caminhos a seguir — a vinculação do Desenvolvimento de Comunidade às funções que ele pode e deve desempenhar como uma técnica social de aplicação racional do poder popular. A autora não foge às duas pontas do dilema que assim se equaciona e que torna essa área tão privilegiada no encadeamento de teoria e prática, de pesquisa, com explicação e transformação do mundo. Ninguém poderia presumir que o Desenvolvimento de Comunidade possa converter-se em sucedâneo ou em equivalente das formas institucionais de organização das forças vivas das classes trabalhadoras e das massas populares. Ele não pode substituir o partido operário ou o sindicato operário, por exemplo. Todavia, existindo aquelas formas de organização do poder real dos trabalhadores e do povo, o Desenvolvimento de Comunidade pode ser, efetivamente, posto a serviço da solução dos grandes problemas da maioria e do despertar dos oprimidos, da emergência e consolidação de controles sociais democráticos e da apregoada transformação da "qualidade da vida". Tudo isso está fora de discussão.

O que não se resolve automaticamente é o problema da opção política. De que lado irão colocar-se os "intelectuais do Desenvolvimento de Comunidade"? Aproveitarão o impulso das pressões populares e das classes trabalhadoras ou continuarão presos pelo cordão umbilical à burguesia? A retórica dita democrática tem sido uma fonte de falsificação do posicionamento prático desses intelectuais. Se eles entenderem que constitui um dever salvar o capitalismo, que a "opção pela democracia" vem a ser uma batalha em defesa da democracia burguesa, então permanecerão atrelados à ideologia das classes possuidoras; se eles avançarem até um ponto no qual fique claro que a democracia, hoje, está em conflito com a instituição da propriedade privada, a forma de produção capitalista e todas as modalidades de Estado representativo, eles estarão lutando pela construção do socialismo e ligando o seu trabalho intelectual à edificação de uma nova civilização. São escolhas alternativas e a tendência, ainda, é condicionada ideologicamente pelas classes dominantes e sua capacidade de opressão. Como os cientistas sociais, em geral, os "intelectuais do Desenvolvimento de Comunidade" estão contidos por uma teia de determinações que os emascula e reduz o seu grau de liberdade crítica. Ao produzir este livro, Safira Bezerra Ammann acumulou conhecimentos fundamentais para que esses intelectuais realizem a revolução moral e política que a sociedade brasileira e a época estão exigindo deles. Ninguém poderá alegar, de agora em diante, que não sabe exatamente *a quem está servindo e por quê*. Embora não tenha se dedicado à crítica dos serviços de Desenvolvimento de Comunidade a partir de sua lógica intrínseca, ela apanhou com perseverança notável todas as mistificações que serviram ou servem para ocultar desses intelectuais as consequências de suas atividades práticas e de sua vinculação orgânica com a ordem burguesa. O que quer dizer que o livro abre uma perspectiva nova; o que deve ou pode ser feito quando esse desenvolvimento se libera da tutela da minoria ou do atrelamento ao governo para encadear-se, exprimir e fortalecer a consciência das massas.

Florestan Fernandes

INTRODUÇÃO

A relevância conferida nas últimas décadas pelas Ciências Políticas e Sociais ao problema da participação social estimulou-nos a empreender uma incursão de caráter teórico-conceitual que se corporificou em nossa tese de mestrado em Sociologia, junto à Universidade de Brasília.

Em simultaneidade à reflexão teórica, realizamos naquela ocasião uma pesquisa empírica, no sentido de detectar as formas e os graus de participação no Distrito Federal, admitindo que uma participação, para se pretender "social", deve supor um "processo mediante o qual as diversas camadas sociais tomem parte na produção, na gestão e no usufruto dos bens de uma sociedade historicamente determinada".[1] Examinamos, outrossim, se as formas de participação postuladas e postas em prática pelo Desenvolvimento de Comunidade constituem-se em vias de acesso das classes populares aos processos dinâmicos que constroem e/ou modificam a sociedade brasiliense.

Os dados ali coligidos, demonstraram que o Desenvolvimento de Comunidade não viabilizou tal acesso, deixando intactas as estruturas básicas que determinam a distribuição e o consumo dos bens no Distrito Federal.

---

1. AMMANN, Safira Bezerra. *Participação social*. 2. ed. São Paulo: Cortez e Moraes, 1978.

Tal constatação deu emergência a questionamentos de dimensões mais amplas, que motivaram a continuidade de nossa pesquisa, a qual pretende, no atual passo, verificar se a participação postulada e operacionalizada no Distrito Federal reflete uma orientação do Desenvolvimento de Comunidade em âmbito nacional.

A postura dialética por nós desejada recusa-nos qualquer ambição teleológica no que tange às inferências aqui ensaiadas. Nossa aspiração não é outra senão desdobrar e fazer avançar a investigação do tema, partilhar com os colegas nossa inquietação e ao final entregar-lhes um punhado de novas indagações e hipóteses que servirão talvez de marco para incursões posteriores.

Dentre as inúmeras questões que em nós se levantam, trataremos de ater-nos primordialmente aos seguintes aspectos:

a) por que o Desenvolvimento de Comunidade e a participação passaram a assumir tanta importância nas políticas de desenvolvimento nacional? Que condições histórico-estruturais e conjunturais determinaram essa relevância e quais as intenções veladas ou manifestas no estímulo à participação?

b) se o Desenvolvimento de Comunidade proclama a participação popular como ingrediente necessário ao desenvolvimento global[2] o que, a rigor, significa nessa disciplina a participação? Como é ela conceituada ao nível do discurso e operacionalizada no âmbito das práticas do Desenvolvimento de Comunidade brasileiro?

---

2. Cf., por exemplo, os documentos relativos à XVII International Conference on Social Welfare. Development and participation-operational implications for social welfare e às reuniões do Grupo de Trabalho Regional Interamericano sobre Desenvolvimento de Comunidade dos Países do Cone Sul. Chega-se a afirmar que "nas sociedades onde uma alta percentagem de população carece de oportunidade de participação social, a aplicação do Desenvolvimento de Comunidade é o caminho mais curto e racional de superar a marginalização socioeconômica, cultural e política e conseguir atributos mais justos e nova ordem social". Sustenta-se ainda que "o Desenvolvimento de Comunidade é um desses processos *sine qua non* que conduzem ao desenvolvimento global".

BRASIL. Ministério do Interior. *Sudesul*. Síntese dos trabalhos apresentados nas reuniões do Grupo de Trabalho Regional Interamericano sobre Desenvolvimento de Comunidade dos Países do Cone Sul: 1965-69. Porto Alegre: Sudesul/OEA, 1969. 5. Parte, v. 3, p. 44.

c) as propostas de participação colocadas pelos intelectuais da disciplina se constituem em instrumento ideológico de reprodução da estrutura de classe[3] ou, ao contrário, refletem uma nova concepção de mundo com vistas à liberação das classes trabalhadoras?

d) é possível estabelecer alguma relação entre as políticas traçadas e implementadas pelo Desenvolvimento de Comunidade e a exploração da força de trabalho? Quais e em que direção?

A análise de tais questões no contexto do Desenvolvimento de Comunidade brasileiro demanda uma base de sustentação teórica e um referencial metodológico sistematizador que propiciem o entendimento das articulações processadas no domínio político-jurídico-ideológico e seu nexo com a instância infraestrutural. Para tal, elegemos o arcabouço teórico oferecido por Gramsci, pelas seguintes razões: o Desenvolvimento de Comunidade representa uma ideologia e uma política proposta por organismos internacionais, absorvida e difundida pelas classes dirigentes e pelas organizações privadas, com a mediação de seus intelectuais, recebendo amplo respaldo do Estado, no Brasil. Ora, Gramsci oferece um instrumental heurístico extremamente rico, tanto para desvelar as conjunções que se operam no equilíbrio de forças, como para compreender o papel dos intelectuais na reprodução das ideologias e na implantação de decisões políticas em uma dada sociedade. Em adição, a proposta do autor abre

---

3. O conceito de classes sociais aqui adotado inspira-se em Gramsci. Para o autor existem dois grandes grupos fundamentais antagônicos: a classe subordinada ou subalterna (em relação ao segundo grupo) e a classe dominante que exerce seu poder na sociedade mediante a hegemonia e a coerção. O conceito resultará mais inteligível, quando expusermos o pensamento de Gramsci a seguir. Sempre que falamos de "trabalhadores" (rurais ou urbanos) queremos nos referir a uma fração particular e determinada da classe subalterna.

Cf. sobre classes, principalmente:

GRAMSCI, Antonio. *Consejos de fábrica y Estado de la clase obrera*. México: Colleccion Roca, n. 16, 1973.

_____. Escritos políticos. In: PORTANTIERO, Juan Carlos. *Los usos de Gramsci*. México: Cuadernos Parado y Presente, n. 54, 1977.

perspectivas para a realização de mudanças sociais a partir da instância superestrutura) em cujo bojo se insere o Desenvolvimento de Comunidade.

Vejamos; pois, como se apresenta o quadro explicativo de Gramsci.

A noção de bloco histórico representa um componente elucidativo de grande validade para a iniciação no pensamento do autor. Ele concebe que os momentos da estrutura e superestrutura, organicamente vinculados, "formam um bloco histórico, isto é, o conjunto complexo — contraditório e discordante — das superestruturas é o reflexo do conjunto das relações sociais de produção".[4] Os aludidos momentos mantêm estreita e íntima reciprocidade no interior do bloco histórico e é precisamente tal unidade de contrários que caracteriza o processo real.

A inteireza dialética das relações entre ditas instâncias se consubstancia através de vínculo orgânico assegurado por grupos sociais postos a serviço da superestrutura. Esta, por sua vez, abrange duas esferas: a sociedade política, ou seja, "o aparelho coercitivo para conformar as massas populares ao tipo de produção e economia de um determinado momento"[5] e a sociedade civil, que abrange o "conjunto dos organismos vulgarmente chamados privados".[6] Trata-se de uma distinção metodológica que não pode ser transposta mecanicamente para uma formação social concreta, pois os dois momentos são indissociáveis e encontram-se intimamente articulados.[7] Sociedade civil e sociedade política representam, pois, grandes instâncias reunificadas em um mesmo corpo: o Estado. Em outras palavras, o Estado implica uma hegemonia "encouraçada" pela coerção, uma direção garantida pela dominação. Gramsci salienta que "a sociedade

---

4. GRAMSCI, Antonio. *Concepção dialética da história*. Rio de Janeiro: Civilização Brasileira, 1966. p. 52.

5. GRAMSCI, Antonio. In: PORTELLI, Hugues. *Gramsci e o bloco histórico*. Rio de Janeiro: Paz e Terra, 1977. p. 30.

6. GRAMSCI, Antonio. *Cultura y literatura*. Barcelona: Península, 1972. p. 35.

7. Cf. BADALONI, Nicola. Liberdade individual e homem coletivo em Gramsci. In: INSTITUTO GRAMSCI. *Política e história em Gramsci*. Rio de Janeiro: Civilização Brasileira, 1978. p. 11-69.

política corresponde à função de hegemonia exercida pelo grupo dominante em toda a sociedade e à função de 'domínio direto' ou de comando que se expressa no Estado e no governo jurídico".[8] A hegemonia, por seu turno, se mediatiza pela conjugação da força e do consenso, que se equilibram alternadamente, para que a força pareça apoiada no consenso da opinião pública.

Os dois componentes do Estado — sociedade política + sociedade civil — se entreajudam e por vezes são complementários em tal grau, que uma mesma organização pode estar inserida tanto na sociedade política quanto na civil. É o caso, por exemplo, do Parlamento, que é sociedade política enquanto dita a legislação de um país (coerção) e civil, enquanto traduz e reproduz a opinião pública. Mesmo as instâncias infra e superestruturais não são absolutamente excludentes, mormente quando se trata de pessoas ou organizações. Como fez ver Freitag, "existem dinamismos que fazem das instâncias não compartimentos estanques, mas categorias analíticas que permitem uma melhor análise, justamente da 'organicidade' do todo societário".[9] E traz à tona exemplos do estudante e do operário, que pertencem simultaneamente às três instâncias: são membros da sociedade civil, na medida em que se engajam em uma ou várias organizações; alocam-se na infraestrutura quando participam do mundo do trabalho; e pertencem à sociedade política na qualidade de eleitores ou membros de partido político. Estes, por sua vez, elaboram e difundem as concepções de mundo, logo, inscrevem-se igualmente na sociedade civil. Para Gramsci os partidos representam a pedra de toque da unificação entre a teoria e a prática, entendida como processo histórico real.

Enquanto a sociedade política agrupa genericamente as atividades que dizem respeito à coerção e à violência (governo, tribunais, política etc.) a sociedade civil indica o momento da persuasão e do consenso, da difusão da ideologia das classes fundamentais. Para o

---

8. GRAMSCI, Antonio. *Os intelectuais e a organização da cultura*. Rio de Janeiro: Civilização Brasileira, 1968. p. 11.

9. FREITAG, Bárbara. *Escola, Estado e sociedade*. 3. ed. São Paulo: Cortez e Moraes, 1979. p. 71.

autor a igreja, a escola e a imprensa representam as organizações de maior significação dentro da sociedade civil. A organização escolar — seja sob controle público ou de organismos privados — exerce função decisiva no bloco histórico, na qualidade de reprodutora da ideologia das classes dominantes.

E o que significa ideologia para Gramsci? "Uma concepção de mundo que se manifesta implicitamente na arte, no direito, na atividade econômica, em todas as manifestações de vida individuais e coletivas"[10] cujo significado é o de cimentar e unificar o bloco social. O autor confere às ideologias uma validade psicológica, enquanto "superestrutura necessária de uma determinada estrutura", vez que elas "organizam as massas humanas, formam o terreno sobre o qual os homens se movimentam, adquirem consciência de sua posição, lutam etc.". Desta ideologia, de significado mais alto, ele distingue aquelas "ideologias arbitrárias, racionalistas", que não criam senão movimentos individuais — embora até elas sejam úteis, na medida em que "funcionam como o erro que se contrapõe à verdade e a afirma".[11]

As noções de coerção e consenso adquirem, no autor, um significado também especial. Numa situação histórica global, ou seja, num bloco histórico, a classe dominante procura ocultar a contradição entre forças produtivas e relações sociais de produção, e exerce seu poder no seio das classes subordinadas, sob duas formas. De um lado, mediante o consenso ou hegemonia, primordialmente no seio da sociedade civil, utilizando a filosofia, a moral, os costumes o "senso comum" etc.[12] para conformar as massas aos seus interesses. De outra parte, o poder é exercido no nível da sociedade política sob a forma

---

10. GRAMSCI, Antonio. *Concepção dialética*. Op. cit., p. 16.

11. Id., p. 62-3.

12. "Senso comum" para Gramsci significa: "as características difusas e dispersas de um pensamento genérico de uma certa época, em um certo ambiente popular" (*Concepção dialética*, p. 18). "Uma concepção desagregada, incoerente, incongruente [...] equívoca, contraditória e multiforme" (Notas críticas sobre una tentativa de Ensayo popular de sociologia. In: PIZZORNO, Alessandro et al. *Gramsci y las ciencias sociales*. 2. ed. Córdoba: Pasado y Presente, 1972. p. 95 e 99.

de ditadura (simples dominação pela força). Tal desdobramento permite compreender outra formulação gramsciana similar e complementária: dominação ou ditadura e direção ou consenso.

"A supremacia de um grupo social manifesta-se de duas maneiras: como 'domínio' e como 'direção intelectual e moral'. Um grupo social é dominante em relação aos grupos adversários que tende a 'liquidar' ou a submeter mesmo à força e é dirigente do grupo aliado. Um grupo social pode e deve ser dirigente antes de tomar o poder [...] mas quando no exercício do poder e mesmo quando o tenha fortemente, torna-se dominante, mas deve continuar a ser dirigente".[13]

Assim, o momento da dominação, da coerção, da ditadura sobre as classes adversárias não basta por si só ao exercício do poder: faz-se mister garantir a hegemonia, a coesão, a direção, mediante o consenso dos grupos sociais que lhes são mais próximos.

A hegemonia é assegurada, mercê do vínculo orgânico existente entre estrutura e superestrutura, que por sua vez se mediatiza graças à interveniência de certos grupos sociais intermediários entre ditas instâncias: os intelectuais.

Abordamos, neste passo, um componente conceitual que nos diz respeito mais estreitamente, já que nosso estudo se realiza através das produções dos intelectuais do Desenvolvimento de Comunidade no Brasil.

Para Gramsci o critério de classificação dos intelectuais não está ancorado sobre as características intrínsecas dessa atividade, pois, sob tal ótica, todos os homens são intelectuais. O autor evoca que o *Homo faber* não se pode dissociar do *Homo sapiens* e que em todas as atividades humanas, mesmo nas manuais, está presente a intervenção intelectual. Acrescenta, ainda, que "todo homem é filósofo", na medida em que todos cooperam para sustentar ou modificar as concepções de mundo e suscitar novos modos de pensamentos.[14]

---

13. GRAMSCI, Antonio. *Il risorgimento*. Roma: Reunite, 1975. p. 94.
14. Cf. GRAMSCI. *Os intelectuais*. Op. cit., p. 7.

Com base nesse enfoque conceitual, o critério adotado para falar de intelectual é a *função* que desempenha um grupo na sociedade, no complexo geral das relações sociais. Neste sentido, para Gramsci "todos os homens são intelectuais, mas nem todos os homens desempenham na sociedade a função de intelectuais".[15]

Ao analisar as formações sociais concretas, Gramsci observa que os intelectuais são os "empregados" do grupo dominante, os "funcionários da superestrutura" para o exercício das funções subalternas da hegemonia e do governo social, isto é: do *consentimento* "espontâneo" das grandes massas à "direção" ditada pelas classes dirigentes e da *coerção* estatal que asseguro "legalmente" a disciplina dos grupos que não estão de acordo com a aludida direção.

Nas condições descritas, o intelectual pode exercer funções, as mais amplas, "seja no domínio da produção, da cultura ou da administração pública".[16] Pode ser um empresário, um administrador, um técnico, um especialista, um padre, um médico, tudo dependendo da "função de direção" que ele desempenhe na sociedade.

Gramsci chama a atenção para a relevância da posição dos intelectuais no seio do bloco histórico, afirmando que todo grupo social, "ao nascer no terreno originário de uma função essencial no mundo da produção econômica, cria organicamente uma ou mais camadas intelectuais que lhe asseguram homogeneidade e consciência de suas próprias funções, não somente no âmbito econômico, mas também no social e político; o empresário capitalista cria, junto a si, o técnico da indústria, o especialista em economia política, o organizador de uma nova cultura, de um novo direito etc.".[17]

O autor nega, assim, a "autonomia" dos intelectuais, sua neutralidade, seu "pensamento puro", que simula difundir o saber e o conhecimento independente de posições ideológicas. Em seu entender, os intelectuais não representam em si mesmos uma "classe", mas

---

15. Ibid.
16. GRAMSCI. In: BUCI-GLUCKSMANN. *Gramsci et l'Etat*. Paris: Fayard, 1975. p. 43.
17. GRAMSCI. *Cultura y literatura*. Op. cit., p. 27.

estão organicamente comprometidos com o grupo dominante para assumir a função de "agente da hegemonia".

A hegemonia, exercida pela burguesia, no sistema capitalista, pode vir a ser conquistada pela classe trabalhadora.

Simetricamente, os intelectuais, tanto podem representar os interesses da burguesia, como lhes é possível estabelecer um vínculo orgânico com a classe subalterna, passando a "determinar e organizar a reforma moral e intelectual".[18] Em tais condições, eles representam uma força potencial na luta por uma nova hegemonia, na medida em que se comprometerem com aquela "reforma intelectual e moral" necessária ao "desenvolvimento ulterior da vontade coletiva nacional-popular, no sentido de alcançar uma forma superior e total de civilização moderna".[19]

Para isso, necessário se faz tomar como ponto de partida o "senso comum", ou seja, a filosofia espontânea das massas, e torná-lo ideologicamente mais homogêneo, elevando a "gente simples" a uma concepção superior da existência, que origine uma nova unidade orgânica entre intelectuais e trabalhadores.

Vemos dessa forma que os intelectuais (os administradores, os técnicos, os assessores etc.) podem desempenhar uma dupla função dialética no interior de um bloco histórico: tanto lhes é possível trabalhar para reproduzir, quanto para abalar um sistema historicamente determinado. O mesmo ocorre em relação às ideologias difundidas pelas organizações da sociedade civil — a escola, a igreja, os meios de comunicação etc. — que podem viabilizar a unidade entre intelectuais e trabalhadores, uma vez que se proponham a realizar um movimento nacional-popular.

Ao analisar o papel das religiões na história moderna, na qualidade de "movimento cultural" portador de uma ideologia, Gramsci mostra como uma de suas maiores debilidades foi a falta de uma

---

18. GRAMSCI. *Notas críticas.* Op. cit., p. 130
19. GRAMSCI. *Maquiavel, a política e o Estado moderno.* 2. ed. Rio de Janeiro: Civilização Brasileira, 1976. p. 9.

unidade ideológica entre o "superior" e o "inferior". E acrescenta que "um movimento filosófico só merece este nome [...] na medida em que, no trabalho de elaboração de um pensamento superior ao senso comum e cientificamente coerente, jamais se esquece de permanecer em contato com os 'simples' e, melhor dizendo, encontra neste contato a fonte dos problemas que devem ser estudados e resolvidos. Só através deste contato é que uma filosofia se torna 'histórica', depura-se dos elementos intelectualistas de natureza individual e se transforma em 'vida'".[20]

O autor pensa, assim, que o intelectual em contato e comprometido com "os simples", pode cooperar para o "movimento cultural" necessário à transformação social, a qual implica um processo de relação entre o econômico e o político-ideológico.

Neste ponto, é-nos possível trazer novamente à luz o fio condutor de nosso raciocínio, isto é, a contribuição do pensamento gramsciano à análise aqui empreendida. Por suposto, os intelectuais do Desenvolvimento de Comunidade podem desempenhar um papel dialético no seio de um dado bloco histórico, ou seja, tanto eles podem reproduzir uma ideologia de dominação e de persistência das relações de produção vigentes como lhes é igualmente possível deflagrar um movimento cultural que objetive a consolidação de uma contraideologia e de uma contra-hegemonia centradas a partir dos intelectuais e das ideologias.

Estamos conscientes de que a empreitada é complexa e o próprio Gramsci advertia que "o processo de criação dos intelectuais é longo, difícil, cheio de contradições, de avanços e de recuos, de cisões e de agrupamentos"[21] e que sua evolução é "muito mais lenta que a de qualquer outro grupo social em razão de sua natureza mesma e de sua função social".[22] Não obstante, ao lado das classes subordinadas, os intelectuais podem postular uma reforma intelectual e moral que

---

20. GRAMSCI. *Concepção dialética*. Op. cit., p. 18.
21. GRAMSCI. *Concepção dialética*. Op. cit., p. 21.
22. GRAMSCI. In: MACCIOCCHI, Maria Antonietta. *Pour Gramsci*. Paris: Seuil, 1974. p. 333.

prepare o terreno para o desenvolvimento de uma vontade coletiva nacional-popular, no sentido de alcançar uma forma superior e total de civilização moderna, a qual, por seu turno, não se pode materializar "sem uma precedente reforma econômica e uma modificação na posição social e no mundo econômico".[23]

A análise do papel dos intelectuais do Desenvolvimento de Comunidade brasileiro, num dado momento, sob determinadas condições históricas, representa o ponto crucial deste estudo. As demais categorias de Gramsci servem de fundamento à inteligibilidade da função dos intelectuais de vez que a produção dos mesmos toma forma no seio do bloco histórico e mais especificamente no coração da sociedade civil, terreno das ideologias, momento da persuasão e do consenso, onde o Desenvolvimento de Comunidade se insere. Daí por que diversos conceitos de Gramsci são emitidos nesta introdução — enquanto referencial teórico global — posto que nem todos sejam necessariamente utilizados no decorrer da análise.

Isto posto, podemos recolocar algumas das questões iniciais, abordando-as agora à luz do pensamento gramsciano: qual "direção" tem tomado o Desenvolvimento de Comunidade no Brasil, na qualidade de instrumento de sociedade civil, campo onde se reproduzem as ideologias? Qual o posicionamento dos intelectuais dessa disciplina: são eles empregados da classe dominante, reproduzindo sua ideologia e sua dominação no interior do senso comum, ou têm eles tentado firmar um vínculo orgânico com as classes subalternas, trabalhando para uma reforma intelectual e moral que possa provocar a emergência e a gestação de uma vontade coletiva nacional-popular? As propostas e práticas de participação implementadas por aqueles intelectuais têm contribuído para conformar as massas aos interesses da burguesia ou, ao contrário, para levá-las a "participar ativamente na produção da história do mundo"? Elas pretendem, factualmente, facilitar o acesso dessas massas ao comando e à "direção intelectual e moral" do bloco histórico no Brasil? Quais os condicionantes histó-

---

23. GRAMSCI. *Maquiavel*. Op. cit., p. 9.

ricos no Brasil? Quais os condicionantes históricos no âmbito da sociedade política e da sociedade civil que determinaram as aludidas propostas e práticas de participação?

Em torno desse conjunto de indagações procuraremos caminhar na presente reflexão. Para seu melhor desdobramento, numa perspectiva histórico-estrutural-conjuntural, estabelecemos uma periodização, cujos critérios têm a ver, de um lado, com a história da política brasileira global; de outro, com a evolução internacional (no Capítulo I) e nacional (em todos os capítulos) do Desenvolvimento de Comunidade; e, genericamente, com a captação de traços mais significativos e determinantes das concepções vigentes da participação no Brasil. Todos esses critérios mantêm, como teia de articulação, as grandes linhas teóricas de Gramsci.

Não é nosso intuito avaliar se existe ou não Desenvolvimento de Comunidade no Brasil, sua *performance* neste país, adotando, por exemplo, como paradigma, modelos postulados pelas organizações que o inspiram e comparando a prática da disciplina no Brasil com aqueles modelos. Não nos interessa tampouco analisar filigranas diferenciais desta disciplina com outras limítrofes, como são a Organização Social de Comunidade e a Ação Comunitária.[24] Utilizamos o termo Desenvolvimento de Comunidade sem nos importar seu rigor semântico, pois assim ele foi introduzido pelos organismos internacionais[25] e assimilado em nosso país.

---

24. A título de referência, damos a seguir algumas definições correntes no Brasil das aludidas disciplinas: "*Organização de Comunidade* é o processo de provocar e manter um progressivo e mais eficiente ajustamento entre os recursos e as necessidades de bem-estar" (*Lane Report*, 1939): "*Ação Comunitária* é a resultante do esforço cooperativo de uma comunidade que tenha consciência de seus próprios problemas e se organiza para resolvê-los por si mesma, desenvolvendo seus próprios recursos e potencialidades, com a colaboração das entidades existentes" (BORBA, Orlando Fals, 1962); "*Desenvolvimento de Comunidade* é o processo através do qual o próprio povo participa do planejamento e da realização de programas que se destinam a elevar o padrão de suas vidas. Isto implica a colaboração indispensável entre os governos e o povo para tornar eficazes os esquemas de desenvolvimento viáveis e equilibrados" (ONU, 1958). As mencionadas definições constam em: CBCISS. *Debates Sociais*, Documento de Araxá. 2. ed., v. III, n. 4, p. 36-8, 1967.

25. Cf. ARNDT, C. O. In: HENRY, Nelson B. Op. cit., p. xv.

Não se trata, outrossim, de empreender uma exploração horizontal, capaz de esgotar todos os eventos e programas que marcam o chão palmilhado pelo Desenvolvimento de Comunidade brasileiro. Dado que nosso propósito é explicativo e não descritivo, que pretendemos ser mais sociólogo do que historiógrafo, ater-nos-emos somente às produções que fornecem elementos para nosso objeto de estudo e que inauguram conotações não reveladas ou ainda embrionárias em cada período precedente. Nas obras aqui analisadas procuraremos surpreender as intenções e as contradições históricas do Desenvolvimento de Comunidade, bem como a direção tomada pelos seus intelectuais nos diversos momentos de sua trajetória.

Nosso *objeto de estudo* não é, por conseguinte, o Desenvolvimento de Comunidade, em toda sua abrangência e magnitude. É, sim, a *teoria/prática da participação* produzida pelos intelectuais do Desenvolvimento de Comunidade brasileiro.

"Se é verdade que toda linguagem contém os elementos de uma concepção de mundo e de uma cultura, será igualmente verdade que, a partir da linguagem de cada um, é possível julgar da maior ou menor complexidade da sua concepção do mundo".[26]

Daí por que procuraremos inferir a concepção de participação adotada pelos intelectuais do Desenvolvimento de Comunidade, com base em seu discurso e sua prática.

O nível do discurso será investigado na literatura *produzida*, *publicada* e *difundida* no país,[27] enquanto a prática da participação será analisada em programas de Desenvolvimento de Comunidade mantidos por órgãos de âmbito nacional e/ou regional. Experiências locais de maior relevância — entendendo-se assim aquelas que foram obje-

---

26. GRAMSCI. *Concepção dialética*. Op. cit., p. 13.

27. *Produzida*: no Brasil, por autores nacionais. *Publicada*: e não apenas mimeografada, à exceção dos documentos do Centro Brasileiro de Cooperação e Intercâmbio de Serviços Sociais (CBCISS) uma vez que eles têm comprovada divulgação em todo o território nacional. *Difundida*: mencionada em obras publicadas sobre o Desenvolvimento de Comunidade no Brasil e/ou nas bibliografias dos cursos da aludida disciplina nas universidades brasileiras.

to de estudo de obras publicadas ou de reuniões nacionais e/ou regionais — poderão ser incluídas a título de ilustração.

O período que este estudo abrange inicia-se na década de 1950 — quando surgem as primeiras produções e experiências nacionais de caráter oficial — e se estende até o final da década de 1980, época em que foi atualizada a 7ª edição.

Ao dividi-lo em períodos estamos conscientes da relatividade e artificialidade inerentes a qualquer periodização, de vez que o processo histórico, enquanto dialético, não se opera linearmente nem por fases nítidas. Os traços marcantes em cada período são gestados nos passos anteriores e continuam presentes no passo ulterior. O que caracteriza, portanto, cada seção é que o predomínio e a maior nitidez deste ou daquele traço, podem chegar a constituir um marco histórico — malgrado não esqueçamos que outros critérios adotados conduziriam sem dúvida a identificação de uma periodização distinta.

A primeira fase do Desenvolvimento de Comunidade — e dela trata o Capítulo I — é marcada pela introdução da disciplina no Brasil,[28] no contexto da Guerra Fria, e num momento em que as atenções se voltavam para o "atraso" de nossas populações rurais.

O segundo período revela as influências do nacional-populismo sobre a disciplina e algumas tentativas dos intelectuais no sentido de criarem um vínculo com as classes subalternas pela via primordial do sindicalismo rural.

A terceira etapa pauta-se primordialmente na estratégia de integração instaurada pelo governo desde 1964, quando o Desenvolvimento de Comunidade passa a constituir-se em instrumento coadjuvante das políticas de desenvolvimento nacional.

O último período (1978-89) analisa as influências que as lutas sociais pela redemocratização do país exercem sobre o Desenvolvi-

---

28. A denominação do Desenvolvimento de Comunidade enquanto "disciplina" não indica que o concebemos como um ramo da ciência ou uma teoria abstrata. Ao contrário, nossa aproximação à "disciplina" pretende surpreender a unidade entre teoria e prática e a carga ideológica nela contida.

mento de Comunidade, do que resulta sua articulação com os movimentos populares.

Após discorrer sobre as aludidas etapas, retomaremos as questões centrais colocadas nesta introdução e tentaremos sistematizar em conclusões as inferências que forem emergindo no desdobrar-se da presente análise.

No que tange à documentação selecionada, apresentou-se-nos uma dificuldade: em alguns períodos ela é muito reduzida, ao passo que em outros as produções são mais numerosas. No último caso, procedemos à eleição das obras cujas tendências são representativas, tanto em nível do discurso quanto das práticas da disciplina.

Ao adotarmos uma postura crítica em face das produções aqui analisadas não nos pretendemos isentar dos desacertos que elas tenham cometido. Muito ao contrário, vamo-nos apanhando a nós mesmos nas curvas do caminho percorrido pelo Desenvolvimento de Comunidade no Brasil e julgamos que todos juntos somos responsáveis pelos seus erros e seus acertos.

CAPÍTULO I

Concebe-se o desenvolvimento de comunidade com base em supostos acríticos e aclassistas (1950-59)

1.1 Gênese do Desenvolvimento de Comunidade

Qualquer incursão teórica que pretenda lograr um nível consistente de explicação sociológica sobre as origens do Desenvolvimento de Comunidade supõe o retorno às condições históricas mundiais então vigentes, bem como exige a análise das mediações inseridas no jogo dos interesses internacionais e de seus desdobramentos no Brasil.

Institucionalizado pela ONU após a Segunda Guerra Mundial o Desenvolvimento de Comunidade é postulado num momento histórico em que as grandes potências — lideradas pelos Estados Unidos e Rússia — deflagram a chamada "Guerra Fria" pela conquista do primado político, econômico e ideológico de um mundo supostamente bipolarizado.

A consolidação do bloco socialista e sua expansão aos países orientais começam a representar um perigo crescente para os países capitalistas simultaneamente atingidos pela perda de suas colônias. Passa então a recém-criada ONU a desfraldar a bandeira da social-democracia e a buscar estratégias capazes de garantir a ordem social e de preservar o "mundo livre" dos regimes e ideologias consagradas como não democráticas.

Sob o argumento de que "a pobreza é um entrave e uma ameaça tanto para essas populações (pobres) como para as áreas mais prósperas;[1] de que "na atual luta ideológica os povos famintos têm mais receptividade para a propaganda comunista internacional do que as nações prósperas"; de que "o esforço de ajudar os povos a alcançarem um nível de vida mais sadio e mais economicamente produtivo eliminaria os focos de comunismo em potencial";[2] de que "a melhoria das condições sociais e econômicas em qualquer parte do mundo livre redundaria em benefício dos Estados Unidos"[3] este país se proclama líder do mundo pela boca de seu presidente: "Creio que devemos oferecer aos países amigos da paz", afirmava Truman em seu discurso de posse, "os benefícios do nosso cabedal de conhecimentos técnicos e ajudá-los a realizar suas aspirações por uma vida melhor".[4]

A ideia que inspira a criação da Organização dos Estados Americanos (OEA), como chega mesmo a expressar um dos representantes do Brasil, é de que "o continente conta com o mais rico, o mais desenvolvido e o mais poderoso país do mundo — os Estados Unidos — que aliado ao Canadá lidera o progresso científico e tecnológico. Logo temos dentro do próprio continente os meios e os instrumentos indispensáveis ao nosso desenvolvimento".[5]

Imbuído de tais convicções o governo americano inicia a partir da Segunda Grande Guerra extenso programa de assistência técnica

---

1. BEATTY, Willard W. Lições colhidas nos programas internacionais e bilaterais de educação comunitária. In: HENRY, Nelson B. (Org.). *Educação comunitária*. Rio de Janeiro: Usaid, 1965. p. 160. O parêntese é nosso.

2. SCANLON, David. Raízes históricas do Desenvolvimento e Educação Comunitária. In: HENRY, Nelson. Op. cit., p. 58.

3. MAUCK, Willfred. Os programas bilaterais americanos de educação comunitária. In: HENRY, Nelson. Op. cit., p. 167.

4. Memoirs of Harry S. Truman. In: BEATTY, Willard. Op. cit., p. 160.

5. LIMA, Hermes. A conferência econômica da OEA. *Revista Brasileira de Política Internacional*, v. I, n. 1, p. 111-3, 1958.

aos países pobres, principalmente aqueles situados na América Latina. No caso do Brasil, já em 1942 é celebrado convênio entre seu governo e o dos Estados Unidos para incremento da produção de gêneros alimentícios em nosso país, como resposta certamente à preocupação de que "os povos famintos têm mais receptividade à propaganda comunista"... Mediante proposta do vice-presidente executivo do Instituto de Assuntos Interamericanos — general Dunham — o Acordo é prorrogado em 1944 e o governo americano continua a manter seu quadro de técnicos junto ao Ministério de Agricultura, para assessoria à comissão de produção de alimentos.[6]

Segue-se, em 1945, o Acordo sobre a educação rural, que prepara mais diretamente a entrada ao Desenvolvimento de Comunidade no país. Resultante de cooperação estabelecida entre o Ministério da Agricultura do Brasil e a "Inter-American Educational Foundation, Inc."[7] o Acordo se propõe a estabelecer "maior aproximação interamericana, mediante intercâmbio intensivo de educação, ideias e métodos pedagógicos entre os dois países".[8] Dele resulta a criação da "Comissão Brasileiro-Americana de Educação das Populações Rurais" (CBAR) junto ao Ministério da Agricultura, composta por técnicos americanos e brasileiros responsáveis pela execução do programa. Como fundo financiador, a CBAR conta com US$ 250.000,00 de fontes americanas e US$ 750.000,00 do orçamento da União. Em adição, os Estados Unidos põem à disposição da CBAR um corpo de especialistas em educação e extensão rural além de concederem bolsas de estudo para o "adestramento" de brasileiros naquele país.

Como técnica a ser utilizada para o trabalho em campo, o Acordo sugere a adoção de *missões rurais*, ao lado de recursos tais como rádio, cinema, bibliotecas, museus circulantes etc.

---

6. BRASIL. Ministério das Relações Exteriores. Atos Internacionais (205). Rio de Janeiro, 1944.

7. Corporação subordinada ao "Office of Inter-American Affairs", agência do governo dos Estados Unidos.

8. BRASIL. Ministério de Relações Exteriores. Atos Internacionais (230). Rio de Janeiro, 1946.

Simetricamente, a "Inter-American Educational Foundation, Inc." firma outro Acordo com o Ministério de Educação, nos mesmos termos da CBAR, visando à educação industrial (CBAI), mediante sobretudo a preparação de especialistas brasileiros nos Estados Unidos. Garante-se, com essas medidas, a veiculação da ideologia e dos interesses americanos tanto no meio rural como nas áreas urbanas e, em tais condições, se vai gestando o embrião do Desenvolvimento de Comunidade no país. Sob os auspícios da "American International Association for Economic and Social Development" (AIA), após visita de seu criador — Nelson Rockefeller — ao Brasil,[9] nasce em 1948 a Associação de Crédito e Assistência Rural (Acar) em Minas Gerais. Segundo Dalrymple,[10] o objetivo dessa ajuda vem a ser o crescimento das colheitas e da produção pecuária, bem como a melhoria de condições econômico-sociais das populações rurais, mediante a assistência técnica e financeira. A Acar passa a reproduzir no Brasil o modelo americano de extensão agrícola levado a cabo desde o início do século e testado pelos Estados Unidos em alguns países, como foi o caso da Índia, através do Projeto Etawah.[11]

Da mesma forma que o Projeto Etawah, a "Experiência de Itaperuna", no Brasil — da qual trataremos posteriormente — constitui-se em primeiro passo que desencadeia uma série de programas de Desenvolvimento de Comunidade no país.

Por seu turno, durante os anos 1950, a ONU se empenha em sistematizar e divulgar o Desenvolvimento de Comunidade, como uma medida para solucionar "o complexo problema de integrar os esforços da população aos planos regionais e nacionais de desenvol-

---

9. É sobejamente conhecido o fato de que o império transnacional dos Rockefeller se projeta mediante a partilha das fatias do globo entre os irmãos: John Davidson III dedicou-se à Ásia; Lawrence aplicou maciços investimentos em Porto Rico; David ocupou-se do mundo árabe. A Nelson coube a América Latina (cf., por exemplo, O império sem Rocky. *Veja*, São Paulo, n. 544, p. 32-4, 7 fev. 1979).

10. Cf. DALRYMPLE, Martha. *The AIA story*: two decades of international cooperation. New York: American International Association for Economic and Social Development, 1968. p. 197-8.

11. Cf. HOLMES, Horace. Ensinando a autoiniciativa aos camponeses asiáticos. In: HENRY, Nelson. Op. cit., p. 177-92.

vimento econômico e social".[12] Essa integração é concebida — conforme se depreende das produções da ONU — sob uma visão acrítica e aclassista, quando, por exemplo, isenta o trabalho social de qualquer envolvimento político, deixando permanecer sem crítica as estruturas responsáveis pelas desigualdades sociais e quando dissimula a divisão social do trabalho, cobrindo a realidade com o manto da identidade de valores, interesses e objetivos...

Plasmado sobre um esquema conceptual societário que se rege pelos supostos da harmonia e do equilíbrio, o Desenvolvimento de Comunidade é então definido como "processo através do qual os esforços do próprio povo se unem aos das autoridades governamentais, com o fim de melhorar as condições econômicas, sociais e culturais das comunidades, integrar essas comunidades na vida nacional e capacitá-las a contribuir plenamente para o progresso do país".[13] Salienta o *Twentieth Report*, do Conselho Econômico e Social da ONU (em outubro de 1956) que os dois ingredientes básicos do Desenvolvimento de Comunidade são a participação do próprio povo nos esforços para melhorar seu nível de vida e o apoio técnico governamental para tornar mais eficazes os programas de ajuda mútua.[14]

Durante a Assembleia da Comissão Social do Conselho Econômico e Social, em 1957, a utilização do Desenvolvimento de Comunidade é recomendada em larga escala, particularmente para as áreas rurais.

Aderindo às recomendações da ONU a OEA define uma política de assistência técnica a programas de Desenvolvimento de Comunidade para as Américas e cria, junto à Divisão de Assuntos Sociais, uma unidade responsável pela divulgação e impulso desses programas no continente.

---

12. SILVA, Maria Lúcia Carvalho. *Evolução do conceito de Desenvolvimento de Comunidade no período 1965/70, na subregião do Cone Sul da América Latina*. São Paulo, 1974. p. 50. (Mimeo.)

13. Definição do D.C. em 1956, pela ONU. In: CBCISS. *Desenvolvimento de comunidades urbanas e rurais*. Rio de Janeiro, 1962. p. 25.

14. In: HENRY, Nelson B. Op. cit., p. 357.

É ainda na década de 1950 que a ONU volta simultaneamente suas atenções para o Serviço Social, realizando três distintas pesquisas de caráter internacional sobre a formação de seus profissionais a níveis auxiliar, de graduação e pós-graduação.

Como se vê, a preocupação do Serviço Social brasileiro com o Desenvolvimento de Comunidade atrela-se a um movimento de âmbito internacional, deflagrado oficialmente pelas Nações Unidas e referendado por inúmeros organismos[15] interessados na expansão da ideologia e do modo de produção capitalista.

"Os conceitos e métodos da economia industrial, fundados em princípios economizantes[16] — afirma-se em reunião do BID — foram inaplicáveis às sociedades tradicionais que não participam de uma economia de mercado que regula: todos os ingredientes da produção, entre eles a terra e o trabalho. Estes, nas comunidades indígenas, não são considerados mercadorias e, portanto, não se encontram sujeitos às normas de formação de preços, nem ao princípio integrativo do mercado. As formas de cooperação no trabalho se baseiam na reciprocidade e na redistribuição, princípios que enganosamente parecem favoráveis para constituir com eles formas cooperativas modernas, porém que, na realidade, são opostas às normas em que se funda o capitalismo moderno."[17]

Com base em tal lógica, reconhece-se a necessidade urgente de modernizar a agricultura e criar nas áreas rurais condições favoráveis à consolidação do sistema capitalista.[18] Tal postura casa-se perfeitamente com a política definida em âmbito nacional que aponta àquela época em direção à industrialização do país, a qual por sua vez imprescinde da crescente oferta de produtos primários.

---

15. Dentre eles: Unesco, OIT, OAA, OEA, Cepal, Ponto IV e outros.

16. O termo "economizante" foi conservado como no original, em espanhol.

17. BELTRÁN, Gonzalo Aguirre. El desarrollo de la comunidad. In: BANCO INTERAMERICANO DE DESARROLLO. *Desarrollo de la Comunidad*: teoria y práctica. México, 1966. p. 3.

18. Cf. BRASIL. MEC. Instituto Nacional de Estudos Pedagógicos. *Oportunidades de preparação no ensino agrícola e veterinário*. Rio de Janeiro, n. 45, p. 7 e ss., 1949.

"A fim de obviar aos desequilíbrios que a expansão da indústria, sem o concomitante incremento da lavoura e da pecuária traria à economia do país — vem o governo estimulando, por todos os meios, as atividades agropecuárias", afirmava JK em 1958.[19]

Mediante essas estratégias se vão tecendo as condições para a criação do Desenvolvimento de Comunidade no Brasil.

Em 1949 aqui se realiza o Seminário Interamericano de Educação de Adultos, sob o patrocínio do governo brasileiro, da Unesco e da União Pan-Americana, com o objetivo de estudar as experiências desenvolvidas nesse campo e de elaborar uma doutrina em moldes condizentes com os ideais internacionais em relação à América Latina. Encontravam-se presentes ao seminário vários países com experiências em Desenvolvimento de Comunidade, sendo as do México e da Guatemala imputadas as mais válidas enquanto subsídios para a formação de uma política latino-americana de educação de adultos.

A Unesco e a OEA, através de seus representantes, reputam que a chave do êxito estaria na conjunção dos esforços e recursos governo/ povo e, dentre as recomendações finais do seminário, concedem especial relevo à organização de campanhas pautadas na filosofia do Desenvolvimento de Comunidade.

Considerando que o analfabetismo representa "um fator de desintegração nacional, um empecilho para o progresso e uma ameaça para a paz social e para a vida democrática da América"; considerando a educação de massas como "um instrumento para preparar a paz e maximizar os efeitos da assistência técnica";[20] considerando, ainda, que é nas áreas rurais que, se concentram os maiores contingentes de analfabetos, vincula-se, então, a educação de adultos diretamente à solução dos problemas rurais. O Manual de Educação de Adultos, que deriva do seminário, sugere explicitamente que se adotem os

---

19. BRASIL. Presidente, 1930-1964. *Mensagens presidenciais*: 1947-1964. Brasília: Câmara dos Deputados, 1978. p. 293.

20. As duas afirmativas procedem de representantes da OEA e Unesco, respectivamente. In: PAIVA, Vanilda P. *Educação popular e educação de adultos*. São Paulo: Loyola, 1973. p. 195.

métodos do Desenvolvimento de Comunidade e chama a atenção para a relevância da extensão universitária, dos sindicatos, cooperativas, missões rurais e da extensão agrícola.

Em 1950 inicia-se no Brasil a experiência da Missão Rural de Itaperuna (RJ) que, inspirada nos princípios e nas técnicas do desenvolvimento comunitário, pretende assentar as bases para um programa nacional de melhoria das condições de vida econômica e social das áreas agrícolas. Em decorrência, surge em 1952 a Campanha Nacional de Educação Rural (CNER) do Ministério de Educação, inaugurando em nível nacional um programa oficial de caráter pluridisciplinar, pautado nas técnicas do Desenvolvimento de Comunidade.

Em 1956 é criada a Associação Brasileira de Crédito e Assistência Rural (Abcar) — sob os auspícios da "American International Association" (AIA)[21] — como expansão das experiências da Acar em Minas Gerais (a partir de 1948) e no Nordeste (a partir de 1954). O objetivo da Abcar é prestar "assistência às famílias rurais, principalmente através do crédito supervisionado e de atividades de 'extensão — educação'".[22] No Brasil a extensão rural é conceituada como "um processo de ação educacional que visa a provocar mudanças no comportamento das pessoas em relação aos seus conhecimentos, atitudes, hábitos e habilidades".[23] A Abcar constitui o órgão executor do Sistema Brasileiro de Extensão Rural, e tem filiados em cada Estado da federação que coordenam o trabalho dos escritórios locais. Estes são compostos de dois técnicos responsáveis pelas "mudanças no comportamento" dos usuários — o agrônomo e a agente de economia doméstica que recebem treinamento (em educação, comunicação, psicologia e desenvolvimento de comunidade) regido pela ideologia da extensão rural americana.

---

21. A aludida organização foi fundada por Nelson A. Rockefeller, em 1946, visando a estimular a criação de programas de autoajuda em áreas subdesenvolvidas (cf. WHARTON JR., Clifton R.; RIBEIRO, José Paulo. The ACAR Program in Minas Gerais Brazil. In: WHARTON JR., Clifton R. [Ed.]. *Subsistence agriculture and economic development*. 2. ed. Chicago: Aldine Publishing Company, 1970. p. 424).

22. Ibid.

23. SILVA, Maria Lúcia C. Op. cit., p. 96. Sem referência à fonte original.

Ainda na área do desenvolvimento agrícola, é criado em 1955, por convênio do Ponto IV com o Ministério de Agricultura, o Serviço Social Rural (SSR). Seu objetivo precípuo é "iniciar, sob a ação de um plano racional e conjunto, a árdua tarefa de procurar desenvolver e recuperar as comunidades rurais brasileiras".[24] Somente em 1959, com a formação de seu quadro de pessoal, passa o mesmo a funcionar e a assumir ou financiar diversas experiências isoladas de organização de comunidade: Araruama e Nova Friburgo, no Estado do Rio de Janeiro; Birigui e Valinhos, no Estado de São Paulo; convênio com a Emissora de Educação Rural, de Natal, Rio Grande do Norte.[25]

Como vemos, surgem na década três programas vinculados ao Desenvolvimento de Comunidade, basicamente com inspiração nas experiências americanas, todos voltados para a modernização da agricultura. A CNER adquire maior relevo na década, pela sua duração, magnitude e pelas repercussões mais diretas sobre o Desenvolvimento de Comunidade brasileiro. Portanto, dela trataremos no item 1.3, como exemplo de experiência multidisciplinar oficializada pelo governo.

No que tange ainda à área de influência internacional, três seminários sobre Desenvolvimento de Comunidade são realizados na década de 1950 e desempenham papel decisivo na expansão dessa disciplina no Brasil.

O primeiro, o "Seminário sobre Desenvolvimento de Comunidade", patrocinado pela OEA, tem lugar em Porto Alegre (1951) e confere grande relevância aos trabalhos com base geográfica, cuja unidade de trabalho são as pequenas comunidades. Em 1953 a ONU promove, com a Universidade Rural do Brasil, o Seminário Regional de Bem-Estar Rural, no qual se gesta o Serviço Social Rural, ulteriormente criado.

O terceiro conclave realizado na década — o Seminário de Educação de Adultos para o Desenvolvimento de Comunidade — é promovido pela União Católica Internacional de Serviço Social, em 1957, sob o patrocínio da Unesco. Neste seminário a conferencista brasileira,

---

24. Serviço Social rural. In: Paiva, Vanilda P. Op. cit., p. 200. Sem referência à fonte original.
25. Silva, Maria Lúcia C. Op. cit., p. 99.

assistente social Aylda Pereira Reis, associa pela primeira vez os termos Organização de Comunidade e Desenvolvimento de Comunidade, propondo a fusão das duas disciplinas em Desenvolvimento e Organização de Comunidade (DOC). Tenta-se, então, adaptar a Organização Social de Comunidade aos novos imperativos nacionais e internacionais, mediante a incorporação de ingredientes do Desenvolvimento de Comunidade. Disso redunda que a ação do Serviço Social exercida em coordenação de obras, vai, na década de 1950, gradualmente dando lugar ao trabalho direto com as populações, e migra da cidade para o campo, numa perspectiva de melhoria de níveis de vida.

Em mimetismo com as propostas internacionais, tal melhoria é concebida sem uma postura crítico-reflexiva sobre as estruturas responsáveis pelos baixos níveis de vida e sem ponderar sobre o antagonismo das classes no seio da sociedade.

Isto é o que veremos nos itens que se seguem.

1.2 Surgem os primeiros intelectuais brasileiros da disciplina

Conforme salienta Gramsci, todo grupo social cria uma ou mais camadas de intelectuais — os técnicos, especialistas, organizadores de uma nova cultura — a fim de que lhe sejam asseguradas a homogeneidade e a consciência de suas funções, quer no campo econômico, político ou social.[26]

As frações das sociedades civil e política do Brasil — bem como os organismos estrangeiros — interessadas na difusão do Desenvolvimento de Comunidade tratam de estimular a emergência de intelectuais autóctones dessa disciplina, a partir dos anos 1950. Até 1951 a literatura adotada como guia para a formação de técnicos e para a implementação no trabalho comunitário era produzida nos Estados Unidos.[27]

---

26. Cf. GRAMSCI, Antonio. Cultura y literatura. Op. cit., p. 27.

27. O livro texto adotado em 1945 pelas escolas de Serviço Social era o de MAC MILLEN, Wayne. Community Organization. In: RODRIGUES, Ivany Lopes. Op. cit., p. 25.

Em 1952 o Ministério da Agricultura divulga a primeira produção brasileira de maior relevância, que representa um "ensaio de educação de base visando à recuperação e ao Desenvolvimento de Comunidades Rurais",[28] com fundamento na experiência de Itaperuna. A obra tem repercussões no Brasil inteiro, oferecendo subsídios para o Serviço Social rural, posteriormente criado, e para as Missões Rurais da Campanha Nacional de Educação Rural, das quais trataremos no item 1.3.

Segue-se, em 1957, a obra de José Arthur Rios[29] que, salientando "a importância dos grupos de base na construção de um regime político adequado às necessidades naturais e aos fins últimos do homem", propõe a educação de comunidade com um "tipo de educação social que visa a promover o levantamento dos níveis e padrões de vida de uma comunidade inteira através do planejamento democrático de suas possibilidades e recursos".[30]

Ainda nessa década é publicado pelo Sesc o livro de Balbina Ottoni Vieira,[31] que, malgrado incorpore sugestões metodológicas da Missão Rural de Itaperuna, guarda traços nítidos da Organização de Comunidade (que caracterizam os trabalhos durante os anos 1940).

As três mencionadas obras tiveram grande influência na formação profissional dos Assistentes Sociais brasileiros e em seu discurso percebe-se pela primeira vez,[32] posto que embrionariamente, um esforço de estímulo à participação das populações trabalhadas no processo de organização e/ou de desenvolvimento local.

---

28. BRASIL. Ministério de Agricultura. Serviço de Informação Agrícola. *Missões Rurais de Educação*: a experiência de Itaperuna. Rio de Janeiro, 1952. p. 11.

29. RIOS, José Arthur. *Educação dos grupos*. Rio de Janeiro: Serviço Nacional de Educação Sanitária, 1957.

30. RIOS, José Arthur. Op. cit., p. 7 e 18, respectivamente.

31. VIEIRA, Balbina O. *Introdução à organização social da comunidade*. Rio de Janeiro: Serviço Social do Comércio, 1958.

32. Convém relembrar que analisamos aqui apenas as obras nacionais (e não traduzidas), publicadas (incluindo documentos do CBCISS, embora mimeografados) no período que abrange nosso estudo e que foram adotados nos cursos de Serviço Social (cf. Introdução deste trabalho)

Trataremos a seguir da análise mais detalhada dessas obras, tentando detectar sua visão de sociedade, as teorias em que se inspiram e os conceitos de participação declarados ou nelas subjacentes.

Os dois primeiros trabalhos decorrem direta e expressamente de orientações da sociedade política brasileira e adotam como ponto de partida objetivos conjugados às estratégias nacionais.

A experiência de Itaperuna deriva remotamente de recomendações do governo americano, quando do Acordo com o Brasil para a educação rural[33] e mais proximamente, do Seminário Interamericano de Educação de Adultos, patrocinado pelo governo brasileiro/Unesco/União Pan-Americana. Durante aquele seminário o Ministério da Agricultura recebe a incumbência de organizar um ensaio de educação de base através do método de Organização de Comunidade a ser aplicado por uma Missão Rural de Educação.

Trata-se, pois, de uma experiência-modelo que se insere na política desenvolvimentista da década e que responde aos interesses das classes dominantes no sentido da modernização do meio rural, mediante a educação de adultos. Esta passará a ser considerada como um requisito indispensável a uma melhor organização e reorganização social com sentido democrático e como recurso social da maior importância para desenvolver entre as populações adultas "marginalizadas" o sentido de ajustamento social.

A obra de Rios, publicada pelo Serviço Nacional de Educação Sanitária do Ministério da Saúde, consiste na reunião de suas apostilas de aula, numa tentativa de estabelecer conexões entre educação e saúde. Tecendo considerações sobre a história da Organização Social de Comunidade no mundo, o autor sugere uma abordagem mais ampla dessa disciplina, colocando-a nas instâncias do planejamento, da engenharia social e da organização do território. Postula ele que "não há democracia sem um mínimo de regionalismo, de localismo, de municipalismo,[34] e apresenta a educação dos grupos e da comunidade como estratégia para o planejamento democrático.

---

33. Cf. item 1.1.
34. RIOS, José Arthur. Op. cit., p. 7.

O trabalho de Rios entretanto, tal como o de Itaperuna, posto que consignando uma visão da realidade brasileira, sugere modelos que, em vez de engajarem os grupos e as comunidades — e com maior propriedade, as classes subalternas — nos processos decisórios da nação, fragmentam-nos e isolam-nos em ações e decisões de âmbito estritamente local. Rios dedica, por exemplo, seu primeiro capítulo à proposta da educação social, técnica a serviço do homem, onde proclama a necessidade da participação popular no planejamento e o encaminhamento dos "grupos de base à conquista da sua autonomia própria, através do exercício cotidiano da ação, responsável".[35] Os demais capítulos (dez) apresentam formas concretas de como operacionalizar a educação social por ele proposta. Em que pese a validade de sua obra naquele momento histórico — pois descortina novas perspectivas ao trabalho comunitário e estimula uma postura mais democrática dos técnicos — o autor não chega a instrumentalizar a participação popular no planejamento nacional. Num primeiro momento ele trata da estrutura e dinâmica interna do grupo, princípios e normas da educação grupal, passando em seguida a abordar a comunidade (conceitos, formas, fases e meios de intervenção) sempre dentro dos limites restritos de uma localidade ou de um município.

A experiência de Itaperuna apresenta, *mutatis mutandis*, as mesmas características. A despeito de pretender desdobrar-se ulteriormente a municípios limítrofes que abrangeriam três distintos Estados,[36] a atuação da Missão Rural se dá em âmbito municipal e em resposta a problemas locais, sem repercussão nas estruturas sociais. A extensão agrícola, pautada no modelo americano, limita-se ao "fomento à produção de hortaliças, emprego de boa semente, organização de clubes agrícolas, conservação dos recursos naturais, combate às pragas e assistência pecuária",[37] não constando entre as atividades, por exemplo, reflexões e ações sobre a estrutura agrária e sobre as relações sociais de produção vigentes no meio rural brasileiro.

---

35. Id., p. 9.
36. O que em si não indica uma abordagem macrossocial.
37. BRASIL. Ministério da Agricultura. Serviço de Informação Agrícola. Op. cit., p. 49.

Enquanto os mencionados livros adotam como marco de referência uma visão ampla de sociedade, posto que abstrata e desarticulada de suas propostas operacionais, o livro de Vieira estabelece claramente, logo nas primeiras linhas, seu objetivo de "despertar nas obras sociais o interesse pelo crescimento social da *comunidade onde operam*",[38] e exemplifica seu conceito de comunidade como "um conjunto residencial, um povoado, uma vila, um bairro, uma cidade".[39]

Não se coloca, pois, ali, a problemática global nem específica da sociedade brasileira e são reproduzidas as características americanas da Organização Social da Comunidade, na medida inclusive em que centra sua estratégia na obra social concebida esta como "uma estrutura através da qual um grupo de indivíduos procura, sem ideia de remuneração ou de lucros para a organização, solucionar e prevenir problemas sociais, educar indivíduos e grupos e promover o bem-estar da comunidade".[40] Não obstante, Vieira aponta, em determinada passagem, para a necessidade de incluir nos programas das obras sociais a discussão de assuntos nacionais e internacionais, tais como: democracia e liberdades cívicas, onde coloca deveres e direitos dos cidadãos, como votar e escolher candidatos, responsabilidades dos governantes do país; bem-estar da comunidade; saúde pública; educação; imigração; legislação trabalhista e relações internacionais. Essa recomendação perde-se, contudo, na tessitura da obra, de um lado, porque a proposta não ultrapassa o nível da retórica, de outro, por não constituir um bloco monolítico em relação ao pensamento da autora.

Publicado pelo Serviço Social do Comércio, o trabalho de Vieira não expressa orientações manifestas da sociedade política, mas a elas conjuga-se, promovendo "o equilíbrio constante entre os recursos e as necessidades sociais",[41] pela atuação junto à sociedade civil: as

---

38. VIEIRA, Balbina Ottoni. Op. cit., p. 5. O grifo é nosso.
39. Id., p. 7.
40. Id., p. 55.
41. Id., p. 14.

obras sociais.[42] Nelas são assegurados aqueles benefícios necessários à reprodução da força de trabalho, saqueados pelo aumento de sua taxa de exploração, no âmbito do processo produtivo.

Se analisamos os supostos teóricos que informam as produções ora em foco, verificamos um agrupamento sutilmente diverso daquele que acabamos de estabelecer, pois aqui reside maior similitude entre Itaperuna e Vieira e pequena distinção do trabalho de Rios.

Enquanto os dois primeiros se fundam inequívoca e quase exclusivamente nos cânones da teoria positivista comteana, o último incorpora a esta diversos traços da teoria funcionalista, marcadamente o modelo de Parsons.

Tanto Vieira, como a experiência da Itaperuna, adotam o tripé positivista em sua estratégia de ação: o indivíduo, a família e a comunidade, sendo este último elemento adaptado aos modelos propostos, segundo a visão de *Gemeinschaft* de Tönnies. Confere-se especial ênfase ao trabalho junto à família, "unidade social por excelência, restabelecendo o prestígio do grupo familiar e o seu papel na vida da comunidade".[43] Na qualidade de instituição de controle e de manutenção da ordem ela é apresentada como símbolo da hierarquia, da obediência e da autoridade que devem reger a sociedade. Como no positivismo, a mulher desempenha o papel de guardiã da moral, e representa o símbolo da veneração enquanto mãe, devoção, enquanto esposa e benevolência, enquanto filha.[44] Donde o Desenvolvimento de Comunidade naquela época privilegiar a educação da mulher, quer orientando-a diretamente no lar, através das visitas domiciliares, quer na organização de grupos de jovens, de donas de casa, de gestantes, de nutrizes etc.

O processo educativo é focalizado em suas perspectivas estáticas, de manutenção da ordem, e dinâmica, de agente do progresso, pos-

---

42. Lembramos que temos presente nesta análise, como quadro referencial teórico, o conceito de Gramsci sobre Estado e sociedade civil (cf. Introdução deste trabalho).

43. BRASIL. Ministério da Agricultura. Serviço de Informação Agrícola. Op. cit., p. 158.

44. Cf. MARTINDALE, Don. *La teoria sociologica, naturaleza y escuelas*. Madrid: Aguilar, 1971.

tulando-se, com base em "interesses comuns", a solidariedade e a cooperação de todos os setores da comunidade nesse processo.

A diferenciação no interior da sociedade, da mesma forma como ocorreu no positivismo, não é negada, embora continue a simular o antagonismo das classes.

Vieira afirma que a comunidade se caracteriza por uma certa heterogeneidade dentro de uma homogeneidade",[45] sendo a primeira representada pela variedade de classes sociais, de profissões ou de ocupações, de instrução de níveis econômicos etc. Por sua vez, a Missão Rural de Itaperuna admite a "distinção de raça, sexo, classe, credo político ou religioso" mas, identificando-se a Vieira, persegue a "formação de um espírito comunitário, chamando a atenção para os laços materiais e espirituais existentes e como, pelo esforço conjunto, é possível resolver problemas comuns e realizar com mais eficiência o bem-estar da comunidade".[46] Não são, pois, questionadas as causas da heterogeneidade nem dos conflitos, admitindo-se ser possível resolvê-los graças aos laços comuns existentes. Objetiva-se assim o progresso, tendo, a exemplo do positivismo, a ordem como base e o amor como princípio.

O trabalho de Rios não discrepa radicalmente dos anteriores, mas deles se distingue pelo fato de conferir menor relevância a alguns elementos fundamentais do positivismo, como é o caso da família, e conceder maior ênfase a categorias centrais da teoria sistêmica.

Inspirada primordialmente em autores vinculados à Sociologia americana[47] a obra de Rios vai encontrar suas nascentes em uma concepção unitária do mundo cujas partes são interdependentes e só adquirem significação na medida em que se relacionam com a totalidade. A grande tônica desse trabalho é a noção de integração, com

---

45. VIEIRA, Balbina O. Op. cit. p. 7.
46. BRASIL. Ministério da Agricultura. Serviço de Informação Agrícola. Op. cit., p. 158.
47. GIDDINGS, Franklin; COYLE, Grace L.; GALPIN, Charles, J.; ALLPORT, Gordon; WILLIAM, J. M.; HAYES, Wayland J.; LINTON, Ralph; MAC IVER, R. M.; SMITH, T. Lynn; ZIMMERMAN, C. C. são alguns exemplos.

a qual Rios embasa seu conceito e sua tipologia de comunidade. Para ele existem três ordens de comunidades: a imatura, a integrada e a desintegrada. A comunidade integrada, seguindo os postulados funcionalistas, é apresentada como modelo ideal[48] onde "a cooperação é plena e total" e onde se registram características, tais como: alto grau de sociabilidade e civismo; sistemas avançados de agricultura e indústria; elevados padrões de vida e educação; grupo familiar forte; coexistência pacífica das religiões e das classes sociais, "não havendo distinção social entre o proprietário, o gerente e a mão de obra"; grande estabilidade social, contribuindo "para um mínimo de problemas sociais, crime, prostituição, miséria, êxodo"; "as agências de serviços sociais trabalham coordenada e eficientemente atalhando os focos de possíveis problemas e colaborando estreitamente com as autoridades na sua solução"; "a liderança se acha bastante disseminada, não monopolizada por grupos ou classes";[49] a participação política é intensa; não há preconceito contra o trabalho manual; altos índices culturais artísticos e "a recreação sadia, o equilíbrio social e espiritual explicam a ausência de tensões, conflitos ou frustrações".[50]

Nesse modelo sente-se a presença do pensamento de Parsons, quando este afirma, por exemplo, que "os processos dentro do subsistema relevante da sociedade encontram-se em um estado de equilíbrio suficientemente *estável*, de forma que se pode supor que, dentro de um limite definido de variação em outros aspectos, essa estrutura, isto é, esse padrão de sistema é constante".[51]

Na temática do discurso de Rios subjazem, e por vezes encontram-se manifestas, as características de equilíbrio e estabilidade; postula-se a integração como um "ideal que pretende realizar";[52]

---

48. Cf. principalmente PARSONS, Talcott. *The social system*. 3. ed. Glencoe: The Free Press, 1959; PARSONS, Talcott; SHILLS, Edward A. *Hacia una teoría general de la acción*. 5. ed. Buenos Aires: Kapelusz, 1968.

49. RIOS, José Arthur. Op. cit., p. 148.

50. RIOS, José Arthur. Op. cit., p. 149.

51. PARSONS, Talcott. *The social system*. Op. cit., p. 483-4.

52. RIOS, José Arthur. Op. cit., p. 147.

afirma-se uma divisão social onde "não há preconceito contra o trabalho manual", assim convindo, pois, segundo os funcionalistas, para que um sistema de ação exista e se mantenha, faz-se mister o suprimento de certas necessidades elementares, como é o caso da divisão social do trabalho; registra-se a socialização e o civismo, o fortalecimento do grupo familiar, a preservação de possíveis disfunções, a colaboração com as autoridades, a participação política traduzida em voto, em divisão partidária, em acesso a cargos públicos e, finalmente, em ausência de tensões e conflitos.

A obra desse autor insere-se numa política nacional desenvolvimentista cujo eixo nuclear é a modernização, com salvaguarda da paz social. "Preservar a paz social", dizia Juscelino Kubitschek, "com a melhoria das condições de vida do trabalhador e o paralelo incremento da produtividade, foi objeto de constante empenho do governo, todas as vezes que se fez necessária a sua interferência nas reivindicações salariais".[53] Deixei claro que o intuito básico do Programa de Metas era defender o nosso modo de viver contra a ofensiva de ideologias opostas a nossas crenças cristãs e a nossas instituições democráticas. [...] O problema do comunismo, sua expansão e articulação como movimento político internacional continua a ser preocupação constante do governo".[54]

O objetivo primordial proclamado por Rios para a educação comunitária é a solução coordenada dos seus problemas técnicos e humanos, a fim de que as relações entre grupos e indivíduos venham a realizar em plenitude os valores da paz social e do bem comum. Para que seja alcançado esse objetivo, Rios estabelece algumas estratégias, entre as quais figuram o controle social pelas instituições básicas da sociedade que fornecem as normas de conduta dos indivíduos, o combate a "ideologias indesejáveis" como o comunismo, e o assentamento de um consenso social legitimado nas lideranças

---

53. OLIVEIRA, Juscelino Kubitschek. Mensagem, 1960. In: IANNI, Octavio. *O colapso do populismo no Brasil*. 3. ed. Rio de Janeiro: Civilização Brasileira, 1975. p. 96.

54. Id. A marcha do amanhecer e Mensagem, 1957. In: CARDOSO, Miriam L. *Ideologia do desenvolvimento*. *Brasil*: JK-JQ. Rio de Janeiro: Paz e Terra, 1977. p. 124 e 185, respectivamente.

locais.[55] As noções de controle social, normas, consenso, preservação e legitimação das pautas moralmente sancionadas, somadas e outras categorias presentes, em outras passagens refletem nitidamente o nexo de sua proposta com a teoria funcionalista que se expandia no Brasil como referendo à modernização do sistema de governo. Esse nexo se evidencia em todo o decorrer da obra; quer pela sofisticação do planejamento que pretende quantificar e mensurar a realidade social, mediante a aplicação de fluxogramas, gráficos e escalas[56] com o fim de traduzir padrões precisos de controle e eficiência; quer pela utilização dos conceitos de função e disfunção herdados de Merton;[57] quer, ainda, pelo caráter a-histórico, aclassista e acrítico de sua abordagem social.

No que tange à importância da participação conferida pelos autores, verifica-se que ela é frequentemente ressaltada. O setor de Serviço Social da Missão de Itaperuna tem como um de seus objetivos a "preparação psicológica do ambiente para que haja participação dos elementos do meio nas atividades que visem melhores condições de vida na comunidade"[58] e uma das técnicas de ação da Missão Rural é a "entrosagem da iniciativa oficial com a dos particulares na criação de novos recursos [...] para que o desenvolvimento da comunidade decorra da participação de todas as suas forças".[59] Rios mostra a necessidade de "movimentar e estimular os grupos, incentivando e liberando a participação ativa dos seus membros, componentes do bem comum"[60] e afirma que "a educação social, como é hoje entendida, está centrada na motivação, no interesse e na participação".[61] Vieira, por sua vez, postula que um dos objetivos de sua obra é "permitir a participação ou a liderança no processo"[62] de organização social da comunidade.

---

55. Rios, José Arthur. Op. cit., p. 189-93.
56. Rios, José Arthur. Op. cit., p. 141-2, 166, 183, 193.
57. Cf. Merton, Robert K. Sociologia: teoria e estrutura. São Paulo: Mestre Jou, 1970. p. 92-130.
58. Brasil. Ministério da Agricultura. Serviço de Informação Agrícola. Op. cit., p. 188.
59. Id., p. 160.
60. Rios, José Arthur. Op. cit., p. 9.
61. Id., p. 11.
62. Vieira, Balbina O. Op. cit., p. 6.

Esse reconhecimento da importância da participação não é, contudo, instrumentalizado em termos nacionais, e os autores apresentam pontos inequívocos de convergência ao limitarem suas propostas operacionais às fronteiras da localidade, do município e, no máximo, da região.

A participação se consubstancia pela contribuição que as autoridades locais e o povo dão aos técnicos, no estudo e no tratamento dos problemas da comunidade.[63] Focaliza-se a necessidade de "induzir a comunidade a escolher uma solução e a tomar as providências necessárias para sua execução"[64] pois, sem isso não se conseguirá interessá-la. Enfatiza-se que "se a execução é confiada aos próprios interessados não se tornam necessárias grandes somas de investimento"[65] e que "o plano será mais adequado se consultar mais de perto os desejos e aspirações da comunidade".[66]

Sem embargo, como frisamos anteriormente, o conceito de participação carrega uma conotação acrítica, apolítica e aclassista e toda sua dinâmica se move dentro dos horizontes apertados da pequena localidade. Em Itaperuna, mediante a atuação de equipe técnica multidisciplinar — agente da hegemonia — que, pautada em orientações da sociedade política e reproduzindo no coração do senso comum a ideologia das classes dominantes, promove a modernização do meio rural, sem questionar a estrutura agrária brasileira; camufla as relações de dominação vigentes no campo — e pretende que autoridades, fazendeiros, colonos e assalariados "se sintam reunidos em igualdade de condições"[67] — e encontrem a solução para os problemas locais;

---

63. Em 1969 a Cepal rechaça as propostas de participação postuladas pelo Desenvolvimento de Comunidade, por terem se limitado à "contribuição voluntária do povo a algum programa público, que se supõe contribuirá ao desenvolvimento nacional, sem cogitar, porém, que a população tome parte na elaboração do programa nem que critique seu conteúdo" (NAÇÕES UNIDAS. *El cambio social y la política de desarrollo social en la América Latina*. Nova York: s/e., 1969. p. 297).

64. VIEIRA, Balbina O. Op. cit., p. 21.

65. Id., p. 23.

66. RIOS, José Arthur. Op. cit., p. 164.

67. BRASIL. Ministério da Agricultura. Serviço de Informação Agrícola. Op. cit., p. 171.

diagnostica as condições sociais do município, tratando apenas do seu índice de socialização, dos recursos vinculados à instrução, ao lazer e à religião e da estabilidade do grupo familiar, sem estabelecer qualquer articulação com a problemática estrutural brasileira.

A obra de Rios, ao apresentar sua proposta de educação social, ultrapassa por vezes o caráter apolítico do bem-estar e sugere que "a extensão do conceito de vida democrática a todas as camadas sociais depende da medida em que esse tipo novo de educação assegure a todos os indivíduos, seja qual for sua profissão social, o domínio das técnicas de expressão e controle da opinião sobre as quais repousa a democracia".[68]

"A preservação da democracia exige que os pequenos grupos, oficiais e extraoficiais, agências, clubes, instituições, comunidades, municípios, Estados e regiões, tomem cada vez mais, em suas mãos, a tarefa de planejar a solução de seus problemas básicos."[69] Não obstante, os meios de intervenção que o autor lista para a solução desses problemas básicos são: a conversa; o grupo de estudo ou de trabalho; a apresentação oral e escrita; as organizações: família, escola, Igreja e os serviços governamentais; a comissão de melhoramentos; as cooperativas; os centros cívicos; as demonstrações e, finalmente, a avaliação do trabalho. Esses meios são colocados não como veículos de acesso a decisões macrossocietárias, mas, ao contrário, são encarados pelo autor como "focos de organização comunitária" numa dimensão dos problemas locais. De outra parte, não figuram entre seus meios de intervenção canais de participação que assegurem a democracia nacional por ele proposta, tais como o voto, o plebiscito, a representação política, a formulação das leis, enfim, as decisões e o planejamento atinentes às estruturas da sociedade global.

A proposta de participação de Vieira encontra-se vinculada às obras sociais e às fases da organização da comunidade. Inspirando-se na experiência de Itaperuna, ela postula que a população local deve

---

68. RIOS, José Arthur. Op. cit., p. 27.
69. Id., p. 165.

participar no estudo dos problemas e dos recursos locais, na elaboração, execução e interpretação de programas e projetos de melhoria de vida. A autora estabelece uma diferenciação entre planejamento comunal, planejamento urbanístico e a área de planejamento do assistente social. O primeiro diz respeito a aspectos políticos (administração, governo, arrecadação de impostos etc.); o segundo refere-se ao traçado da cidade, localização de praças, determinação de zonas industriais etc.

Para a fase de execução a autora indica formas distintas de abordagem, tais como movimento de Ação Social ou campanhas, promoção ou reforma de serviços existentes e coordenação de recursos.[70] As instituições de organização da comunidade podem ser grupos primários — como por exemplo, as associações de moradores e os centros sociais — ou grupos de representação, englobando os mais variados tipos de comissões, comitês e conselhos de indivíduos ou de obras sociais.

Vieira postula não só a participação direta da população, mas considera que a participação das obras sociais na organização da comunidade é função secundária das mesmas, complementando sua função principal de assistência e educação. Essa participação será efetivada pela relação com outras obras, adesão a movimentos sociais (congressos, seminários, campanhas) e pela realização de programas e atividades incluindo formação de líderes, discussão de assuntos que propiciem a formação da opinião pública e o preparo para as responsabilidades de cidadão.

Como vemos também nessa autora a concepção de participação reduz-se aos horizontes da pequena comunidade.

Concluindo, consideramos que a concepção da participação inferida nas três obras analisadas se traduz pela contribuição que as lideranças e o povo, diretamente, ou através de suas organizações, concedem aos técnicos no estudo dos problemas, na elaboração, execução e interpretação de programas de "melhoria de vida local". Também

---

70. Rios, José Arthur. Op. cit., p. 24-6.

aí, conforme previu Gramsci, os técnicos operam na qualidade de funcionários da superestrutura, contribuindo, neste caso, para que as classes subordinadas permaneçam à margem do processo decisório da sociedade global e que, mediante o acesso a decisões adjetivas locais tenham a ilusão de estarem de fato participando. Por esta via os intelectuais colaboram para o "consentimento espontâneo das grandes massas da população à direção impressa à vida social pelo grupo fundamental dominante".[71]

1.3 Desenvolvimento de Comunidade no meio rural

Conforme vimos no item 1.1, o Desenvolvimento de Comunidade penetrou no Brasil em decorrência de movimento provocado por organizações internacionais e de uma política nacional — ambos interessados na expansão do sistema capitalista e na modernização do meio rural — sendo a bandeira da educação de adultos desfraldada como grande estratégia para tais propósitos.

A Campanha Nacional de Educação de Adolescentes e Adultos (CEAA), criada no final dos anos 1940 e coordenada pelo Departamento Nacional de Educação do então Ministério de Educação e Saúde vinha pautado na ideia de solidariedade, conforme os pronunciamentos de seu dirigente Lourenço Filho: "devemos educar os adultos [...] para que o país possa ser mais coeso e mais solidário".[72]

Incitava-se, ainda, a defesa nacional e o combate às "ideologias nocivas" que poderiam envolver "as grandes massas, relegadas a um plano secundário de ignorância e estacionamento".[73] A educação de adultos apresentava-se como resposta a esses "perigos", devendo a CEAA desenvolver o que Paiva denomina de "ação extensiva" alfabetizadora de grandes contingentes, enquanto a Campanha Nacional

---

71. GRAMSCI, Antonio. *Cultura y literatura*. Op. cit., p. 35.
72. LOURENÇO FILHO, M. B. In: PAIVA, Vanilda P. Op. cit., p. 179.
73. Id., p. 182.

de Educação Rural (CNER), posteriormente criada, seria responsável pela "ação em profundidade", através da capacitação profissional e da atuação junto às comunidades.[74] Essa divisão de campos não foi, contudo, rigorosamente seguida, sendo a segunda desmembrada da CEAA e posteriormente reincorporada ao Departamento Nacional de Educação, pelo Decreto n. 47.251.[75]

Criada em 9 de maio de 1952, durante o segundo período Vargas, somente em 27 de março de 1956, no governo Kubitschek, a CNER é definitivamente regulamentada e passa a dispor de verbas próprias, pelos Decretos ns. 38.955 e 39.871, respectivamente. Reza o art. 1º do Decreto n. 38.955 que a CNER tem como finalidade "difundir a educação de base no meio rural brasileiro", enquanto o art. 2º explicita o anterior: a CNER "destina-se a levar aos indivíduos e às comunidades os conhecimentos teóricos e técnicos indispensáveis a um nível de vida compatível com a dignidade humana e com os ideais democráticos, conduzindo as crianças, os adolescentes e os adultos a compreenderem os problemas peculiares ao meio em que vivem, a formarem uma ideia exata de seus deveres e direitos individuais e cívicos e a participarem eficazmente do progresso econômico e social da comunidade a que pertencem". O art. 3º detalha os objetivos e trata, na alínea *d*, da necessidade de "concorrer para a elevação dos níveis econômicos da população rural por meio da introdução, entre os rurícolas, do emprego de técnicas avançadas de organização e trabalho".[76]

A filosofia da CNER inspira-se, pois, na crença de que a educação dos indivíduos é capaz de lhes propiciar "um nível de vida compatível com a dignidade humana", posição que a caracteriza dentro do "otimismo pedagógico" definido por Paiva: preocupação com a qualidade da ação educativa, qualificação de professores e líderes rurais e abstração da realidade social como fator determinante da estrutura.[77]

---

74. BRASIL. MEC. Serviço de Documentação. Órgãos do MEC e universidades. Histórico administrativo. *Ementário*, p. 29, 1977.

75. BRASIL. *Diário Oficial da União*, 17 nov. 1959, n. 262, p. 24113.

76. BRASIL. *Diário Oficial da União*, 27 mar. 1956, n. 73, p. 5841.

77. PAIVA, Vanilda P. Op. cit., p. 29-31.

A CNER escamoteia, assim, a questão rural, deslocando-a para o nível dos indivíduos e da comunidade local, em vez de abordá-la no contexto estrutural societário, onde residem as verdadeiras raízes da problemática. Deixa propositadamente intocável o problema da exploração da força de trabalho agrícola, fato plenamente explicável, pois, na qualidade de instrumento do Estado, comprometido com a ideologia da classe fundamental dominante, cabe à CNER a tarefa de preservar as estruturas e favorecer a consolidação do capitalismo no Brasil, pela via da modernização do meio rural. Assim é que os objetivos e as estratégias do órgão inserem-se plenamente em algumas metas da política "desenvolvimentista" do governo que lhe deu maior apoio: interiorização do desenvolvimento, por meio da "recuperação total do homem e das zonas rurais", e associação ao capital estrangeiro, como é o caso, por exemplo, do entrosamento financeiro, técnico e ideológico estabelecido entre CNER-Ponto IV e CNER-CARE, ambos de procedência americana.[78]

No plano operacional a CNER vale-se sobretudo das técnicas de centros sociais de comunidade, de treinamento e de missões rurais de educação, atendendo, quanto aos primeiros, aos apelos do Conselho Econômico e Social da ONU, que, em sua Resolução n. 390-D (XIII), recomenda a "utilização dos centros sociais locais como meios eficazes de promover o progresso econômico e social no mundo".[79]

Os centros comunitários não tiveram sua origem com a organização de comunidade. Conhecidos com as mais variadas denominações existiram desde os agrupamentos humanos mais primitivos. No

---

78. O Ponto IV do governo dos Estados Unidos, através da "United States Operation Mission Brazil" estabeleceu uma cooperação com organizações municipais, estaduais e federais que mantinham programas de desenvolvimento rural. Em 1956, foram treinados nos Estados Unidos seis técnicos da CNER, em cursos de doze meses sobre comunicação e técnicas audiovisuais. Além disso o Ponto IV criou e equipou centros regionais rurais audiovisuais vinculados aos programas da CNER. A colaboração da Care (Cooperativa Americana de Remessas para o Exterior dos EUA) se efetivou pela doação de equipamentos agrícolas, medicamentos, verbas e roupas (BRASIL. MEC. *Revista da Campanha Nacional de Educação Rural*, Rio de Janeiro, v. 3, n. 3, p. 34-5).

79. NAÇÕES UNIDAS. *El progreso social mediante el desarrollo de la comunidad*. Op. cit., p. 1.

México os centros comunitários foram largamente difundidos a partir de 1537, quando Vasco de Quiroga tornou-se bispo de Michoacán e determinou que os habitantes de cada *pueblo* deviam vincular-se a um centro comunitário. Funcionando em bases cooperativistas, o centro era o local onde os índios aprendiam um ofício e recebiam orientação técnica em agricultura.[80]

Já em nosso século, a Organização e o Desenvolvimento de Comunidade retomam as experiências vividas em várias partes do mundo e, sob a denominação de centro social, centro cívico, centro de comunidade ou ainda centro social de comunidade, passam a receber toda a atenção e estímulo por parte dos intelectuais dessas disciplinas.

Tal é a importância conferida aos centros que, em 9 de agosto de 1951, o Conselho Econômico e Social da ONU organiza uma comissão para estudar os objetivos, métodos e êxitos obtidos pelos mesmos, tanto nos países industrializados como nos "insuficientemente desenvolvidos".

Nas áreas industrializadas são identificados:[81]

1º) Centros sociais de comunidade indicando um local para reuniões de grupos que organizam atividades culturais, educacionais e recreativas, bem como para a prestação de serviços especiais a velhos, mães, jovens, crianças etc. Havia bons exemplos desses centros na França, Austrália, Nova Zelândia e Itália.

2º) "Settlements" e centros de vizinhança, mais típicos de áreas urbanas, empenhando-se no fortalecimento dos laços familiares e comunais, fomento das boas relações entre os distintos grupos da localidade e organização de programas para o bem-estar da mesma. Os *settlements* se desenvolveram principalmente na Alemanha, Áustria, França, Inglaterra e outros.

3º) Conselhos comunitários, organizados com representação de várias entidades locais, objetivando a coordenação de obras e caixas

---

80. SCANLON, David. Op. cit., p. 39.
81. NAÇÕES UNIDAS. Op. cit., p. 18-45.

comunitárias reunindo fundos para proporcionar serviços unificados de financiamento, recreação e assistência sanitária.

Os países "insuficientemente desenvolvidos" importam os modelos das áreas industrializadas, e a própria Comissão da ONU reconhece que eles não lograram sequer roçar os problemas fundamentais dessas áreas, vez que não visavam à introdução de mudanças econômicas e sociais, e careciam de objetivos e programas que se pudessem adaptar a novas necessidades.[82]

Este foi um dos problemas dos centros sociais difundidos pela organização social no Brasil. Pautados primordialmente no primeiro tipo, postulavam as normas ditadas pelos centros dos países industrializados: a) desenvolver um programa amplo, baseado nas necessidades da comunidade; b) assegurar a participação da totalidade ou de uma maioria importante dos membros da comunidade, sem distinção de raça, religião e filiação política; c) constituir-se em uma organização democrática, obedecendo ao propósito de fomentar a solidariedade comunal, dispondo, para tal fim, de um local onde se possam reunir, em pé de igualdade, os residentes de um mesmo setor, para participar e atividades sociais, recreativas e educativas.[83]

Conferia-se, assim, ao centro social poderes mágicos, graças aos quais seria possível igualizar todos os habitantes de uma localidade, sem distinção de classes, credos ou raças. O centro social transformar-se-ia em "caso do povo", onde seria "possível um intercâmbio entre pessoas de diferentes níveis sociais",[84] "unidade polivalente capaz de oferecer a uma localidade todo tipo de assistência e de serviço".[85]

Desde a década de 1940 inúmeros centros proliferavam no Brasil principalmente sob a orientação da Igreja Católica e do Serviço Social, mas sua institucionalização e respaldo oficial se deveram à CNER.

---

82. Nações Unidas. Op. cit., p. 24-5.
83. Id., p. 20.
84. Hillman, Arthur. *Organização da comunidade e planejamento.* Rio de Janeiro: Agir, 1956. p. 130.
85. Rios, José Arthur. Op. cit., p. 268.

Segundo os planos daquele órgão, o trabalho das missões rurais se consolidaria através de criação de centros sociais, que objetivariam a "centrifugação das energias da comunidade".[86] Desde o momento de sua instalação deveria ser este o primeiro pensamento da equipe de Missão Rural: "guiar a comunidade para que ela queira e aprenda a se organizar em torno de motivações que ela própria irá sugerindo".[87] Essa organização se consolidaria no centro social de comunidade.

Em 1956 já a CNER criara e orientava 45 centros sociais em sete Estados da federação, incidindo sua grande concentração no Rio Grande do Norte, sob orientação do Serviço de Assistência Rural, com dezesseis, e na Bahia, com catorze centros. A programação desenvolvida pelos mesmos era bastante similar: organização de grupos (principalmente de mães, jovens e crianças); cursos de corte e costura, bordado, cozinha, enfermagem; alfabetização de adultos; introdução de novas técnicas agrícolas e organização de hortas e pomares; construção de obras, tais como estradas, pontes, esgotos, escolas, igrejas, praças etc.

Alfabetizando as populações rurais, modernizando a agricultura, criando pequenas obras de infraestrutura urbana, sem ônus para os cofres públicos, ofereciam os centros sociais sua parcela de contribuição a uma política de governo interessada em expandir o sistema capitalista no Brasil.

As missões rurais de educação inspiram-se nas missões culturais mexicanas, as quais fazem parte do acervo histórico do Desenvolvimento de Comunidade, como exemplo de equipes técnicas autóctones preparadas para a atuação em projetos rurais de melhoria local, vinculados à educação.

Após a revolução armada de 1920 iniciou-se a revolução educacional do México, sob a liderança de José de Vasconcelos. O início do trabalho foi marcado pela preparação de professores (*misioneros*) que

---

86. CONCEIÇÃO, Diamantina C. Centros sociais de comunidade. *Revista da Campanha Nacional de Educação Rural*. Rio de Janeiro, n. 3, p. 139-43, 1956.

87. Id., p. 140.

deveriam visitar os centros indígenas rurais da República, apresentar estudos comunitários das necessidades da área, estimular a alfabetização, desenvolver indústrias locais, prestar orientação agrícola aos indígenas, em suma, "encorajar as populações e mostrar-lhes a maneira de melhorar suas condições econômicas e sanitárias".[88] Não havia qualquer suporte financeiro para a implementação do trabalho, salvo a remuneração dos *misioneros*. Pelo método de autoajuda o povo deveria construir e equipar a "casa do povo". Em face do reduzido número dos *misioneros*, e pelo fato de que um único técnico era incapaz de atender à gama de necessidades das populações, as missões culturais passaram a ter caráter móvel e novos especialistas lhes foram incorporados: educadores, enfermeiros, técnicos agrícolas etc.

As missões rurais de educação no Brasil foram pautadas sobre a experiência das Missões do México. Iniciadas em 1951 pelo Serviço de Informação Agrícola do Ministério de Agricultura, após a experiência de Itaperuna, elas se caracterizaram, em um primeiro momento, pelo seu caráter de mobilidade. Equipes interdisciplinares constituídas por agrônomo, médico, assistente social, agente de economia doméstica, percorriam as cidades do interior, reunindo agricultores (sobretudo proprietários de terra) donas de casa e jovens, ministrando-lhes ensinamentos sobre higiene, alimentação, técnicas agrícolas, enfermagem, trabalhos manuais etc. Contando com aparelhagem de cinema e serviço de autofalante, as missões rurais conseguiam às vezes reunir centenas de expectadores para a projeção de filmes "educativos".[89] A equipe passava 2 a 5 dias em cada cidade, estimulando a organização de grupos e sugerindo que, sob a liderança local, os mesmos se reunissem para o desenvolvimento de atividades educativas, estudo e solução de problemas locais, a partir das "necessidades sentidas". Ocorria, contudo, que meses mais tarde, ao retornar àquela cidade, a Equipe de Missão Rural constatava que os grupos

---

88. SCANLON, David. Op. cit., p. 51.

89. Sendo filmes preparados em outro universo cultural, não era compreendida a mensagem educativa a que se propunham. Os debates que os seguiam, via de regra, decepcionavam as equipes técnicas.

se haviam esfacelado e todo seu trabalho de mobilização deveria recomeçar. Cedo, portanto, os técnicos verificaram a ineficácia do trabalho de caráter "volante", optando, então, a CNER, pelas missões rurais fixas em uma área mais restrita. Em 1952 já a CNER firmava convênios com diversas entidades públicas e privadas para a instalação de equipes de missão rural em vários Estados do Brasil.

Nascidas num momento histórico brasileiro de otimismo pedagógico, as missões rurais partiam da convicção de que na educação de base encontrava-se a solução para o problema da marginalidade social e para o "atraso cultural" de nossas populações campesinas. Essas populações eram consideradas o setor "disfuncional" do sistema e necessitavam ser a ele integradas para salvaguardar a harmonia e o equilíbrio da sociedade. Tais postulados encontram-se claramente expressos no discurso do então ministro da Educação sobre o homem do campo: "Falta-lhe tudo para enfrentar a natureza hostil e ascender a um padrão de vida humana condigna. Não sabe nada além da rotina secular de cultivar a terra. [...] Analfabeto, não tem acesso às conquistas da ciência e da técnica, até as mais rudimentares. [...] Sem educação, sem assistência e sem crédito, vegeta à margem da civilização, privado de seus benefícios. Economicamente, nada representa, ou antes, é fator negativo. Sanitariamente, é um perigo coletivo, pois tende a fixar e propagar os focos endêmicos. Politicamente, não podendo incorporar-se à República democrática, como cidadão consciente, torna-se motivo de enfraquecimento do regime e fácil presa da agitação demagógica. Para que o Brasil venha a ser o país forte e próspero com que sonhamos, é indispensável incorporar à estrutura econômica, social e política da nação, essa massa considerável da população que ora vive abandonada nos campos, sem recursos e sem esperanças".[90]

Se, portanto, pretendia-se naquela ocasião "avançar cinquenta anos em cinco" e integrar setores marginais "à estrutura econômica,

---

90. BRASIL. MEC. Educação Rural. Discurso pronunciado pelo ministro Clovis Salgado Filho, em Rosário, Minas Gerais em 13/1/1957. *Revista da CNER*, Rio de Janeiro, v. 5, n. 6, p. 122-8, 1958.

social e política da nação" para que o Brasil viesse a ser "o país forte e próspero com que sonhamos", a educação de base apresentava-se como estratégia de importância capital...

A educação não poderia ter cunho paternalítico, mas visava a preparar as comunidades para sua "autodeterminação", devendo as missões rurais permanecer na área até que as populações se mostrassem aptas a assumir sua "recuperação socioeconômica". Isso exigia a formação dos técnicos da CNER em uma educação de base inspirada nos princípios democráticos e humanísticos, cujas técnicas de trabalho primordiais eram a educação dos grupos, a organização e o desenvolvimento de comunidades. Nessa formação desempenharam grande influência a experiência de Itaperuna e a obra de Rios, analisadas no item anterior deste trabalho.

As equipes técnicas eram preparadas nos Estados Unidos ou diretamente pela CNER em cursos de educação de base que visavam não só a treiná-las na metodologia do trabalho comunitário, mas também a "formar uma unidade de pensamento e de ação entre os membros da grande família CNER, irmanados pelo mesmo ideal de recuperação total do homem e das zonas rurais do Brasil".[91] Inculcava-se nos técnicos da CNER uma mística de fraternidade que perdurou mesmo após sua extinção, em 1963. Essa ideologia, aliada ao "otimismo pedagógico", foi a grande responsável pela interiorização de técnicos nos mais isolados vilarejos, onde as condições de vida apresentavam-se ainda extremamente precárias. As áreas de atuação das missões eram selecionadas, levando-se em conta o apoio do poder local ao programa: o prefeito e o vigário representavam esteios importantes para a missão.

O trabalho preliminar de qualquer equipe constituía-se em pesquisa de campo que, via de regra, se iniciava com o levantamento de problemas e interesses da classe dominante local: prefeito, vigário, juiz, médico, vereadores, professores estaduais e municipais etc.! O "bias" estava dado desde o primeiro momento, pois tais "lideranças"

---

91. BRASIL. MEC. *Revista da Campanha Nacional de Educação Rural*, v. 3, n. 3, p. 20.

imprimiam aos problemas e interesses sua ideologia de classe dominante, dando consciente ou inconscientemente à pesquisa a direção que mais lhes conviesse.

Vem-nos agora à mente exemplo oferecido por Vieira, que, embora não se refira diretamente às missões rurais, demonstra as distorções a que pode chegar uma pesquisa. Trata-se de um levantamento realizado pelo Sesc que recebeu tanto "apoio" dos empregadores, que eles "reuniram seus empregados para com eles preencher os questionários".[92]

Esta era uma postura típica nas missões rurais. Olvidavam-se as distinções e os antagonismos das classes e reuniam-se latifundiários, pequenos proprietários, meeiros, posseiros, arrendatários e diaristas a fim de discutir os "problemas da comunidade", as "necessidades sentidas" e planejar alternativas de solução para os mesmos. Posto que somente em 1963 tenha sido oficialmente extinta, a partir de 1959 registra-se pouco a pouco o declínio da CNER.

A avaliação das missões rurais no Brasil demonstrou que a educação de base e os métodos de organização e desenvolvimento de comunidade não eram suficientes para "incorporar à estrutura econômica, social e política da nação, essa massa considerável da população" que vivia no campo. Muito menos, encontravam-se esses instrumentos aptos para provocar a pretendida mudança social, que não se pode efetivar por ações isoladas, tais como a educação, a organização ou o desenvolvimento de comunidade, mas que se constitui em um processo de transformação profunda das estruturas e do modo de produção do país.

De resto, o Estado objetivava primordialmente a modernização do sistema e, à CNER, enquanto aparelho do Estado, não interessava a contestação nem a verdadeira mudança das estruturas políticas, sociais e econômicas da sociedade brasileira. Sua operacionalização de participação representa, portanto, a absorção dos conceitos propostos nos trabalhos teóricos analisados no item 1.2. Ou seja, confi-

---

92. Vieira, Balbina O. Op. cit., p. 19.

gura-se na contribuição que as lideranças (reproduzindo a ideologia dominante) e o povo (no seio do qual se procura amaciar os conflitos de classe) dão aos técnicos na solução de problemas residuais da comunidade.

Posto que evocando sempre o benefício das classes populares, nós, intelectuais do Desenvolvimento de Comunidade, seja no campo teórico, seja na prática realizada durante o período, não revelamos aquela unidade orgânica[93] postulada por Gramsci, como alicerce para a construção de uma vontade nacional popular. Ao contrário, reproduzimos a ideologia das classes dirigentes interessadas em remover os obstáculos à expansão do modo de produção capitalista e em engordar a exploração da força de trabalho agrícola, pelo aumento de sua produtividade, pela modernização de suas técnicas, e pelo acirramento da denominação por parte dos detentores dos meios de produção. De resto, ao deslocar a questão agrária para o âmbito dos indivíduos — sua mentalidade, analfabetismo, doença, enfim, seu "atraso" cultural e tecnológico — vai o Desenvolvimento de Comunidade embargando a reflexão e a ação da classe trabalhadora rural sobre as estruturas geradoras de sua dominação enquanto força de trabalho e dissimulando a virulência de um modo de produção que a transforma em simples mercadoria.

---

93. GRAMSCI assume que alguém se pode tornar intelectual orgânico do proletariado:

a) por assimilação e conquista ideológica, quando um intelectual burguês adere ao programa do proletariado e à sua doutrina, baseia-se nela, participa da sua essência e torna-se parte integrante dele;

b) quando surge diretamente da massa;

c) quando parte da visão de mundo das massas, libertando-a de todos os entraves, conferindo-lhe uma certa homogeneidade e uma certa coerência, para elaborar, com a massa, uma clara e precisa consciência de si mesma e de seu dever (cf. MACCIOCCHI. Op. cit., p. 194).

CAPÍTULO II

Propõe-se a participação popular nas reformas de estrutura (1960 – março/64)

2.1 O Desenvolvimento de Comunidade na política nacional populista

O regime populista representa a fórmula encontrada para instaurar a revolução burguesa e para sedimentar o pacto entre as classes detentoras da hegemonia aos níveis superestruturais do bloco histórico, no Brasil.

O colapso da economia primário-exportadora após os anos 1930 gera a necessidade de um novo modo de acumulação capitalista que possa incrementar a expansão industrial, o que não se processará sem a racionalização de novas formas de relacionamento entre o capital e o trabalho. O estilo populista de governo apresenta-se, em tal conjuntura, como estratégia cooperadora dessas transformações, vindo a legislação trabalhista a constituir-se em mecanismo central de efetivação da coalisão entre a nova burguesia industrial e as classes trabalhadoras urbanas. Inaugura-se, sob tais condições, um longo período de caracteres aparentemente contraditórios, onde as intenções reais de acumulação capitalista são mascaradas pela crescente permissividade ideológica e pela efetiva ampliação do poder reivindicatório e decisório dos trabalhadores, em contrapartida ao apoio que os mesmos devem conferir às classes burguesas industriais.

Os anos 1960-63 representam, em particular, um período de gestação da consciência nacional-popular e de engajamento de amplas camadas sociais na luta pelas reformas de estrutura. Os processos de conscientização e de politização[1] atingem operários e camponeses, estudantes e intelectuais.

Vive-se uma fase de ascenso das classes operárias em sua estratégia pela hegemonia e "uma das mais marcantes características de todo grupo que se desenvolve no sentido do domínio é sua luta pela assimilação e pela conquista 'ideológica': dos intelectuais tradicionais, assimilação e conquista que são tão mais rápidas e eficazes quanto mais o grupo em questão elaborar simultaneamente seus próprios intelectuais orgânicos".[2] Valendo-se, pois, das brechas abertas nos flancos do sistema, grupos diversos de intelectuais brasileiros prestam sua adesão aos interesses das classes subalternas — urbanas e rurais — tentando estabelecer com elas um vínculo orgânico e iniciar um movimento cultural de reforma intelectual.

O entusiasmo engendrado pela abertura político-ideológica e pelo crescimento econômico registrado nos últimos anos do governo Kubitschek dá origem a um clima de euforia aliado à sensação mais ou menos generalizada de que seria de fato possível empreender mudanças estruturais a curto ou médio prazo. Os reclamos por essas mudanças se difundem com tal intensidade que, progressivamente, os mais variados — e até antagônicos — grupos passam a desfraldar a bandeira das "reformas de base".

---

1. Por conscientização entendemos o processo pelo qual as classes e frações de classes passam a compreender as relações sociais que se estabelecem em uma sociedade historicamente determinada, dele resultando o atuar crítico ao nível dessas mesmas relações. Por politização entende-se aquele processo na relação das forças políticas que, segundo Gramsci, atravessa três graus: o econômico-corporativo, mais elementar, quando a solidariedade se dá no interior das categorias; o da solidariedade de interesses entre todos os membros do grupo social; e o momento mais abertamente político, da solidariedade entre os diversos grupos subordinados, até se transformar em partido (cf. GRAMSCI. *Maquiavel*. Op. cit., p. 49-50).

2. GRAMSCI. *Os intelectuais*. Op. cit., p. 9.

Ao assumir a presidência, Kubitschek enfrentara uma crise que se vinha gestando há vários anos e que se intensifica, sobretudo, na fase imediatamente anterior à sua gestão. O caráter audacioso do presidente, o estilo populista de seu governo e a percepção da dinâmica operada no sistema político brasileiro[3] asseguram-lhe todavia forças para sobrepujar as dificuldades e gerar um clima de otimismo e confiança no país. A crise é por ele interpretada como uma transição, e a pobreza como um estágio, bastando apenas "despertar as energias latentes e lançar os alicerces de uma nação poderosa, capaz de proporcionar a seus filhos dignas condições de existência".[4]

Segundo JK não há países condenados irremediavelmente à pobreza, toda gleba pode vir a ser fecundada, qualquer espécie de obstáculo natural é passível de superação. Estribado nestas ideias ele conclama os brasileiros à luta pela "libertação econômica", que deveria vir com a industrialização e seria capaz de trazer ao país a riqueza e a prosperidade que beneficiaria a sociedade inteira.

Ao avaliar sua gestão em 1960, tentando justificar a ênfase de seu governo nas variáveis econômicas do desenvolvimento, o presidente afirma que a valorização do homem foi sua meta suprema e que, ao deslanchar o processo de industrialização, ao cuidar da infraestrutura econômica e abrir novas frentes pioneiras, sua "preocupação dominante foi a de vencer o pauperismo, elevar o nível de vida, preparar o nosso povo para usufruir as conquistas da civilização contemporânea".[5]

O plano do governo JK assegura que o desenvolvimento econômico terá como consequência a eliminação da pobreza e sua perspectiva de mudança se manifesta pelo reconhecimento de que se impõe ampla reforma do sistema educacional do país: pelo estímulo

---

3. Cf. LAFER, Celso. O planejamento no Brasil. Observações sobre o Plano de Metas. In: LAFER, Betty Mindlin. *Planejamento no Brasil*. São Paulo: Perspectiva, 1970. p. 32-44.

4. OLIVEIRA, Juscelino Kubitschek. "Mensagem", 1960. In: CARDOSO, Miriam Limoeiro. *Ideologia do desenvolvimento. Brasil*: JK-JQ. Rio de Janeiro: Paz e Terra, 1977. p. 78.

5. BRASIL. Presidente, 1930-1964. *Mensagens Presidenciais*: 1947-1964. Brasília: Câmara dos Deputados, 1978. p. 336.

à emergência de novos setores da economia; pelo investimento em áreas até então inexploradas pelo incentivo ao surgimento de novas hegemonias — desde, entretanto, que este se processe nos limites da classe dominante, bem como se respeitem a estrutura de classes e o modo de produção que a sustenta.

O presidente proclama que o desenvolvimento representa uma garantia à segurança nacional, uma defesa contra as ideologias antidemocráticas e põe frequentemente em evidência o papel das forças armadas que, "com alto senso patriótico prestaram ao governo colaboração pronta e eficaz na pacificação dos espíritos",[6] permitindo "que a nação, liberta de inquietações, se entregue ao trabalho, tranquila e confiante".[7]

Os balanços no governo JK, efetuados no início da década de 1960, asseguram-lhe considerável êxito. Suas metas, na quase totalidade, haviam sido alcançadas, chegando várias delas a ultrapassar as previsões iniciais. É o caso, por exemplo, do setor de rodovias, que alcançou 150% da meta inicial quanto à sua construção e 207%, no que tange à sua pavimentação; da produção siderúrgica, cujo intento inicial visava à elevação da capacidade de aciaria a cerca de 2.300.000 toneladas de aço bruto em lingotes em 1960 e 3.500.000 toneladas, em 1965. Já em 1961 a produção atingia 2.485.000 toneladas.[8]

Favoreciam ainda a imagem do governo JK os índices de crescimento econômico nacional. Enquanto nos dois quinquênios anteriores (1947-1951, 1952-1956) a taxa média de crescimento anual do PIB era de 5,2% e o crescimento da renda real *per capita* não ultrapassava 2,1%, após o Plano de Metas a taxa do PIB eleva-se para 7% e a renda real *per capita* atinge os 3,9%.[9]

As contradições geradas pela aceleração do crescimento econômico vão gradualmente se tornando mais evidentes: a inflação se

---

6. Id., p. 266.
7. Id., p. 283.
8. Cf. LAFER, Celso. In: LAFER, Betty M. Op. cit., p. 44-6.
9. Id., p. 42.

agrava assustadoramente[10] e os salários reais dos trabalhadores tendem a cair, enquanto se registra sensível elevação da produtividade. Em face desse descompasso a classe operária tenta recuperar seu poder aquisitivo e inicia o movimento de reivindicação por melhores salários, negando-se a carregar o fardo da poupança forçada que se impõe sob a forma de reajustamentos salariais que jamais acompanham o ritmo da inflação nem dos crescimentos da produtividade do trabalho.

A emergência política das classes populares permitida desde governos anteriores exerce uma pressão que redunda em transformações no interior do regime populista e a ampliação das chances de participação popular na política atua sobre a estrutura do mercado no sentido da geração de empregos e de maior possibilidade de consumo.[11]

As exigências de uma nova estrutura de mercado de trabalho consentânea com o modelo de desenvolvimento econômico criado pela industrialização levam Kubitschek a defender a formação técnica e profissional e a especialização da mão de obra de grau médio. "Na educação se joga, sem dúvida, o destino do nosso desenvolvimento", dizia ele, "o governo está realizando grande esforço para prover a essa crescente demanda de pessoal especializado em vários níveis, através da ampliação, do aparelhamento e da diversificação do sistema do ensino superior, bem como do incremento ao ensino profissional".[12]

A despeito de falar em ampla reforma no sistema educacional do país, a política de JK, em seus primeiros anos de governo, confina-se ao âmbito da qualificação profissional. O II Congresso Nacional de Educação de Adultos, realizado em 1958, marca, entretanto, o início de uma nova fase no Brasil.[13] No final do período JK, inicia-se

---

10. Cf. SINGER, Paul. Evolução da economia brasileira: 1955-1975. *Estudos Cebrap*, n. 17, p. 68-74, jul./ago./set. 1976.

11. Cf. WEFFORT, Francisco. Estado e massas no Brasil. *Revista Civilização Brasileira*, v. 1, n. 7, maio 1966.

12. OLIVEIRA, Juscelino Kubitschek. "Mensagem", 1959. In: CARDOSO, Miriam Limoeiro. Op. cit., p. 180.

13. Cf. PAIVA, Vanilda P. Op. cit., p. 162 e 206-221.

a emergência de movimentos que tentam responder a questionamentos levantados pelo II Congresso e se dedicam especialmente ao problema da educação de adultos e da participação política dos contingentes populares. Esses movimentos são liderados, em sua maioria, por intelectuais preocupados e comprometidos com os interesses dos camponeses e operários urbanos e representam, talvez, a tentativa de se constituírem em vínculo orgânico das classes trabalhadoras.[14]

As fontes que inspiram esses movimentos são as mais variadas, indo desde as mais radicais correntes marxistas até às orientações humanistas cristãs europeias que a essa época se difundem rapidamente no Brasil.[15] A educação de adultos é, então, concebida não mais enquanto mera alfabetização de adultos, nem objetiva exclusivamente a formação de eleitores que ampliem as bases de representação da democracia liberal. Ela pretende, sim, formar indivíduos conscientes de sua posição no mundo e da relevância de sua contribuição à mudança das estruturas socioeconômicas do país e vincula-se à cultura popular. Em tal conjuntura entra em cenário a figura de Paulo Freire, que ensaia os primeiros esboços de seu método pedagógico e suas propostas — projetadas em nível nacional a partir do II Congresso de 1958 — inspiram-se nos pensadores europeus, principalmente Piaget, Maritain e Mounier.

Embora a mobilização em favor da educação de adultos se intensifique a partir de 1962, desde o II Congresso germinam e se desenvolvem ideias de extrema relevância para a evolução do pensamento pedagógico brasileiro. Uma delas diz respeito ao preconceito contra o analfabeto e à luta pelo direito ao seu voto. Desde 1958, a União Nacional de Estudantes (UNE) promove debates em torno do assunto e a esses debates encontram-se presentes representantes da UDN, que exprimem sua simpatia pela ideia. Acreditam eles que o voto do analfabeto lhes é favorável, enquanto poderia solapar as oligarquias agrárias super-representadas no Parlamento e modificaria

---

14. Cf. Conceito de vínculo orgânico, segundo Gramsci, no final do Capítulo I.

15. Tendo como principais representantes da corrente humanista: J. MARITAIN, T. CHARDIN, J. LEBRET e E. MOUNIER.

o equilíbrio de forças na área rural, onde o PSD era majoritário. Mesmo os técnicos do MEC, a partir da experiência de educação de adolescentes e adultos, passam a defender o voto do analfabeto. A campanha é, entretanto, assumida primordialmente por marxistas e cristãos de esquerda, sob o argumento de que o analfabeto, enquanto homem e enquanto cidadão, assume tarefas tão complexas como a escolha consciente de dirigentes para a nação.

Nessa conjuntura, expande-se a Campanha Nacional de Erradicação do Analfabetismo (CNEA) criada em 1958, em decorrência do II Congresso. Seu programa constitui-se em mais uma tentativa de implantação do método de Desenvolvimento de Comunidade,[16] desta feita pretendendo "ensinar métodos e processos de elevação do nível cultural de nossa população e, portanto, também de erradicação do analfabetismo [...] e determinar seu custo e sua possibilidade de ampliação em massa, a curto prazo, com eficiência e certo êxito".[17]

Iniciando suas atividades através do projeto-piloto de Leopoldina, posteriormente implantadas em um município de cada região brasileira, a CNEA expande suas atividades nos anos 1959, 1960 e 1961, chegando a atuar em 34 centros nas diversas regiões do país.

Simetricamente, passa a difundir-se o Serviço Social Rural (SSR), após a formação de seu quadro de pessoal e encampação de várias experiências de Desenvolvimento de Comunidade, em 1959. Em junho de 1960 aquele órgão firma convênio com o Ponto IV no sentido de "incentivar e assistir as instituições educacionais brasileiras no treinamento de professores de ciências sociais, pesquisadores sociais e técnicos em Desenvolvimento de Comunidade rurais, bem como colaborar com os órgãos do governo na realização de cursos intensivos para a formação de pessoal qualificado para orientar programas de desenvolvimento socioeconômico das áreas rurais do país".[18] O primeiro

---

16. Cf. PAIVA, Vanilda P. Op. cit., p. 217.

17. MOREIRA, João Roberto. "Uma experiência de educação". In: PAIVA, Vanilda P. Op. cit., p. 215.

18. BRASIL. Serviço Social Rural. SEMINÁRIO NACIONAL SOBRE AS CIÊNCIAS SOCIAIS E O DESENVOLVIMENTO DE COMUNIDADE NO BRASIL, Anais... Rio de Janeiro, p. 9, 1961.

resultado desse convênio é o Seminário Nacional sobre as Ciências Sociais e o Desenvolvimento de Comunidade Rural no Brasil, realizado no Rio de Janeiro em julho do mesmo ano, sob a orientação de um grupo de técnicos do Ponto IV.

O Seminário pretende obter de especialistas de diferentes instituições e regiões do país[19] sugestões e recomendações, com o intuito de preparar maior número de cientistas sociais e técnicos para os programas de desenvolvimento rural do país; dar aos técnicos necessários aos programas de desenvolvimento de comunidade rural um preparo mais adequado em Ciências Sociais e demais disciplinas relacionadas com o trabalho em programas dessa natureza; e promover entrosamento entre as universidades rurais, institutos de pesquisa social e entidades que realizam programas de desenvolvimento rural, a fim de que as atividades de ensino e investigação tenham articulação mais efetiva com as necessidades desses programas.[20]

Define-se, destarte, o SSR como um programa de Desenvolvimento de Comunidade e, através do seminário, pretende fundamentar seus técnicos nas Ciências Sociais e promover uma articulação dos diversos serviços atuantes na zona rural brasileira.

O discurso mantido pelos técnicos brasileiros durante o conclave deixa transparecer, aqui e ali, a absorção do pensamento nacional, que começa gradativamente a reclamar reformas estruturais. É a primeira vez (como analisaremos no próximo item) que durante reuniões de Desenvolvimento de Comunidade seus intelectuais se preocupam com mudanças macrossocietárias.

A partir desse seminário, no decorrer dos anos 1960-63, tornam-se cada vez mais eloquentes os reclamos por reformas estruturais com participação das camadas populares, postulados estes que

---

19. Participaram do Seminário 97 representantes de órgãos atuantes no meio rural: universidades, ministérios, centros de pesquisas, entidades privadas e do próprio Serviço Social Rural, além de seis assessores do Ponto IV e de catorze observadores de várias instituições públicas e privadas interessados em assistir aos debates.

20. BRASIL. Serviço Social Rural. Op. cit., p. 9.

recebem o apoio do regime populista brasileiro, cujo clímax é atingido nesse período.

Desde sua campanha eleitoral Jânio Quadros se proclama intérprete da vontade do povo e toda sua ideologia se fundamenta em uma propalada identidade entre governo e governados.

O novo presidente se diferencia de seu antecessor e pretende apontar caminhos distintos para o Brasil. Propõe um modelo cujo epicentro seja o homem e não mais o crescimento econômico.[21] Denuncia a inadequação das instituições vigentes que entravam o próprio curso do desenvolvimento dentro dos moldes por ele concebidos. A seu ver, tanto a Constituição quanto a legislação estão a requerer modificações que as tornem compatíveis com a realidade social e consentâneas com as exigências da conjuntura nacional. Julga ser imperiosa a reforma institucional também no que tange ao regime fundiário, abolindo os latifúndios improdutivos, a predação da terra e seu uso por especulação e entesouramento. Predica uma reforma agrária — com desapropriação da terra por interesse social — que incorpore o homem do campo à comunidade econômica nacional.

Confere grande ênfase à educação, mercê do investimento que a longo prazo representa para a revitalização da mão de obra nacional, elevação cultural do povo e a ampliação das bases sociais brasileiras. Postula a reforma do Ministério da Educação e Cultura que primará pelo estabelecimento de um sistema de igualdade de oportunidades e educacionais com vista a: promover um movimento de âmbito nacional contra o analfabetismo; combater o academicismo do ensino médio; orientar a educação superior às exigências do desenvolvimento; intensificar e ampliar o ensino técnico-profissional em todos os níveis, inclusive o superior, apontando como exemplo a criação de Universidade do Trabalho. Em síntese, a racionalidade e a redemocratização do sistema educacional, de modo a ampliar a participação das camadas populares em relação ao mesmo. A criação do

---

21. BRASIL. Presidente, 1930-1964. *Mensagens Presidenciais*. Op. cit., p. 345-8.

Movimento de Educação de Base (MEB) e da Mobilização Nacional Contra o Analfabetismo (MNCA), a sanção da Lei de Diretrizes e Bases, consubstanciam, em nível da prática, a política de redemocratização educacional.

As diretrizes de racionalização e moralização postuladas por JQ encontram-se imbricadas à sua política trabalhista. Esta representa, ao lado da educação e da saúde, a terceira pedra basilar de suas metas sociais. Reorientando a educação, liberalizando e profissionalizando o mercado de trabalho, ele pretende alcançar a racionalidade de seu sistema de governo. A produtividade — colocada como centro de sua política trabalhista — supostamente beneficiaria o capital e o trabalho, baixando os custos e aumentando o lucro dos empresários e, simetricamente, oferecendo ao trabalhador incentivos à sua qualificação e especialização. Ao tratar dos salários, Jânio assegura que seu governo "não irá prosseguir na falaciosa política de aumento nominal de salários"[22] e que a substituirá pelo salário mínimo real, fixado no mercado.

O presidente defende um sindicalismo representativo e independente, e propõe a participação efetiva do trabalhador na direção dos sindicatos e das empresas públicas e nos conselhos dos institutos de Previdência Social. Como vemos, a alusão à instância social é uma constante da retórica janista. "O progresso nacional deve ser resultante do desenvolvimento continuado e harmônico do econômico e do social. O homem, razão de ser do desenvolvimento, não pode, pois, ficar à margem de qualquer programa que objetive o ritmo de crescimento do país. [...] O processo de desenvolvimento a que almejamos enseja a participação do homem na solução dos seus problemas, tornando-o agente de seu próprio bem-estar. É aí que o Serviço Social se transforma em um instrumento da democracia, ao permitir a verdadeira integração do povo em todas as decisões da comunidade. [...] Os programas de desenvolvimento comunal [...] constituem hoje meio eficaz à consecução dos objetivos nacionais, pois que despertam

---

22. In: CARDOSO, Miriam L. Op. cit., p. 277.

vocações adormecidas, estimulam as iniciativas individuais e asseguram a participação efetiva do homem no meio social que lhe está mais próximo, no estudo e na solução de seus próprios problemas."[23]

É certamente inusitado que o Serviço Social e o Desenvolvimento de Comunidade mereçam alusão expressa de um presidente da República em suas mensagens ao Congresso Nacional e que lhe seja conferida oficialmente a tarefa de incorporar o povo às decisões comunitárias e garantir que o processo de desenvolvimento enseje "a participação do homem na solução dos seus problemas, tornando-o agente de seu próprio bem-estar".

Tal plataforma, assumida publicamente, repercute no II Congresso Brasileiro de Serviço Social realizado no Rio de Janeiro em 1961, como preparação à XI Conferência Internacional de Serviço Social, programada para agosto de 1962. O texto da fala presidencial é discutido durante o aludido Congresso e serve de base ao relatório final do Grupo de Estudo sobre a posição do Serviço Social nos novos rumos da Previdência Social. Outrossim, o debate em torno das transformações estruturais pulveriza quase todas as conferências e relatórios de comissões e grupos de estudos.

A renúncia de Quadros, em setembro de 1961, não interrompe o teor do discurso, mas, ao contrário, a pugna por reformas de base se exacerba quanto mais se caminha em direção ao ano 1964.

Ao assumir a direção do país, João Goulart amplia o espaço concedido à luta pelas transformações estruturais e institucionais da sociedade brasileira, quando postula as reformas agrária, urbana, tributária, administrativa, política, bancária e universitária. "Os obstáculos ao desenvolvimento de natureza institucional surgem de todos os lados", afirma o presidente. "O mais gritante deles está em nossa estrutura agrária, responsável pelo atraso, cada vez mais flagrante, da produção agrícola do país. O sistema fiscal, poderoso instrumento de que dispõe o governo para promover o desenvolvimento e

---

23. Quadros, Jânio. "Mensagem". In: II Congresso Brasileiro de Serviço Social, 2., Anais... CBCISS, Rio de Janeiro, p. 185-6, 1961.

corrigir as injustiças sociais, necessita ser colocado à altura das funções que o Estado tem o dever de desempenhar".[24]

Em sua mensagem de 15 de março de 1964, o presidente esboça em contornos mais nítidos sua proposta de reformas, defendendo, por exemplo, o voto do analfabeto e dos baixos escalões militares, no que tange à reforma política; a abolição da vitaliciedade de cátedra e liberdade docente, no exercício do magistério universitário; desapropriação por interesse social da terra improdutiva — segundo critérios que a lei estabelecer — com alteração do art. 141, § 16, que prevê a indenização prévia, em dinheiro.

A promulgação do Estatuto do Trabalhador Rural, pela Lei n. 4.214, de 2 de março de 1963, surge como uma conquista do camponês brasileiro, no momento em que se acentua sua mobilização, pela via das Ligas Camponesas e dos sindicatos de trabalhadores rurais.

Paralelamente, cresce o movimento operário urbano e se multiplicam as greves: 180, em 1961, envolvendo 954 empresas e 254.215 grevistas; 154 greves em 1962, em 980 empresas, mobilizando 158.891 grevistas.[25] A greve geral de 1962 — cujos alvos são formulados pelas mais representativas federações nacionais de trabalhadores — aponta para a luta contra a inflação; para as reformas agrária, urbana, bancária, eleitoral e universitária; a "ampliação da política externa do Brasil, a conquista de novos mercados, em defesa da paz, do desarmamento total e da autodeterminação dos povos"; o desmascaramento da política financeira do FMI; a aprovação da lei que assegura o direito à greve; a participação dos trabalhadores nos lucros da empresa; o 13º salário; a criação da Aerobrás, o fortalecimento da Eletrobras e Petrobras.[26]

Tais apelos, além de revelarem a magnitude da batalha política que se travara, demonstra a infiltração de outros interesses não tipi-

---

24. BRASIL. Presidente, 1930-1964. *Mensagens Presidenciais*. Op. cit., p. 368.

25. Revista de estudos socioeconômicos. In: IANNI, Octavio. *O colapso do populismo no Brasil*. 3. ed. Rio de Janeiro: Civilização Brasileira, 1975. p. 99.

26. MIGLIOLI, Jorge. Como são feitas as greves. In: IANNI, Octavio. Op. cit., p. 102-3.

camente proletários em meio às reivindicações trabalhistas. Nesse embate unem-se intelectuais e trabalhadores de orientação comunista, socialista, católica e mesmo sem filiação explícita a tais posturas. Uma das táticas adotadas pela corrente comunista no movimento sindical é a seguinte: "nos marcos da estrutura sindical [...], dentro da lei, organizar e unir os trabalhadores na luta por suas reivindicações econômicas, sociais e políticas".[27] A palavra de ordem é atrair todos os trabalhadores à vida sindical, inclusive as mulheres. A fim de atraí-las, utilizar cursos de corte e costura, culinária, recreação, podendo ser promovido pelo Sesi, Senai, Sesc, Ministério do Trabalho, desde que se preservem "seus aspectos negativos como pregação da 'paz social'".[28]

Dentro de tal clima, proliferam os movimentos políticos que clamam por reformas. Além das ligas camponesas e dos sindicatos rurais, expandem-se outros órgãos com atuação no campo e na cidade: Movimento de Educação de Base, Centros Populares de Cultura, Movimentos de Cultura Popular, Ação Popular e outros. Essas organizações reúnem intelectuais que tentam "elaborar uma concepção de mundo de maneira crítica e consciente [...] e participar ativamente na produção de história do mundo",[29] mediante o engajamento na luta pelas mudanças de estrutura.

A Igreja Católica encontra-se envolvida em vários desses movimentos,[30] patrocinando mesmo alguns deles, como é o caso dos Sindicatos de Trabalhadores Rurais e do Movimento de Educação de Base. Sua adesão a outros movimentos se faz extraoficialmente, pela atuação da esquerda cristã junto às bases populares.

O Desenvolvimento de Comunidade — pelo seu vínculo com o Serviço Social, que por sua vez mantém ainda íntima conjunção com

---

27. TELLES, Jover. "O movimento sindical no Brasil". In: IANNI, Octavio. Op. cit., p. 104.
28. Ibid.
29. GRAMSCI. Concepção dialética. Op. cit., p. 12.
30. Cf. DE KADT, Emanuel. *Catholic radicals in Brazil*. London: Oxford University Press, 1970. p. 51-118.

a Igreja — recebe influência desse novo posicionamento dos cristãos de esquerda e, como ressalta Rodrigues, principalmente no Nordeste adquire, a partir de 1962, uma linha reivindicatória, de conscientização e de politização[31] em função das mudanças estruturais. O movimento estudantil nacional irradia-se às escolas de Serviço Social e seus alunos passam a exigir um engajamento efetivo da profissão nas reformas postuladas por estudantes, operários intelectuais e pelo próprio governo. Técnicos e professores, alguns dos quais integrantes dos aludidos movimentos políticos, unem-se às reivindicações dos alunos e passam a proclamar as mudanças estruturais com participação popular, postulado este que é incorporado ao discurso e às práticas do Desenvolvimento de Comunidade. Isto se dá na esfera das próprias escolas de Serviço Social e por ocasião de reuniões nacionais ou regionais, como é o caso dos I e II Encontros de Escolas de Serviço Social do Nordeste realizados em 1963 (Aracaju) e em janeiro de 1964 (Campina Grande).

O I Encontro, particularizando a contribuição do assistente social no desenvolvimento, recomenda seu engajamento na organização de grupos "para arregimentação de forças nas zonas rurais", apontando, a título de exemplo, os sindicatos, que devem funcionar como veículos de reconhecimento e defesa dos direitos dos trabalhadores rurais. Afirma como urgente a necessidade de "engajamento total das escolas de Serviço Social a serviço do povo, o que implica um imperativo de mudança radical". As escolas devem "constituir-se em centros dinâmicos de justiça social, de promoção das classes populares [...] abrangendo a imensa comunidade que forceja por se libertar, a fim de sair para um tempo novo". Defende a formulação de uma política agrária consentânea às necessidades do trabalhador rural e a aprovação de um instituto legal que lhe permita o acesso à terra, enquanto medidas imprescindíveis à ação eficiente do Serviço Social. Dentre as dificuldades levantadas, os grupos de estudos apontam a existência

---

31. RODRIGUES, Ivany Lopes. *Análise da dinâmica do processo de desenvolvimento de comunidade no Brasil*. Rio de Janeiro: Abess, 1966. p. 20.

do espírito burguês nas escolas e recomendam "a aquisição de uma real experiência de trabalho, por uma reação de intolerância à burguesia capitalista".[32]

O II Encontro proclama "a necessidade de uma tomada de posição do assistente social no panorama socioeconômico-político do Brasil, engajando-se como o profissional do social, desde o planejamento à execução dos programas de bem-estar social".[33] Em memorial dirigido às autoridades competentes, as escolas do Nordeste afirmam na voz de seus representantes que "vivem uma fase de transição, reflexo da situação nacional, a exigir uma reestruturação de seus quadros para atender aos reclamos do movimento histórico", no sentido de corresponder às "reivindicações constantes do povo nordestino, que passou a tomar consciência dos seus direitos e da sua participação na sociedade como agente da história".[34] Dentro desse quadro, o Serviço Social deve promover a preparação das populações locais para a inserção contínua e progressiva no processo de desenvolvimento.

Eis a linguagem que passa a se infiltrar nas reuniões oficiais do Serviço Social e de Desenvolvimento de Comunidade. No item que se segue trataremos do conteúdo e do significado das propostas colocadas pelos intelectuais dessas disciplinas durante o período em foco.

2.2 Reformas de estrutura preocupam intelectuais

O discurso mantido pelo Desenvolvimento de Comunidade brasileiro revela novas preocupações durante os anos que decorrem de 1960 a março de 1964. Se de um lado são ainda conservados vários traços típicos da disciplina no período anterior, a partir de 1960 ten-

---

32. I Encontro de Escolas de Serviço Social do Nordeste. *Relatório Final*. Aracaju: Abess, 1963. p. 2-4.

33. II Encontro de Escolas de Serviço Social do Nordeste. *Relatório Final*. Campina Grande: Abess, 1964. p. 1.

34. Id. Memorial às autoridades competentes, p. 1.

ta-se conferir-lhe um caráter político, crítico e classista. O Desenvolvimento de Comunidade passa a ser inserido no contexto do desenvolvimento nacional, em uma dimensão macrossocietária e em função de mudanças estruturais. Isto se esboça pela primeira vez por ocasião do Seminário Nacional sobre as Ciências Sociais e o Desenvolvimento de Comunidade Rural no Brasil, promovido em 1960 pelo Serviço Social Rural (SSR).

Conforme vimos no item anterior, vive-se no Brasil uma fase de marcantes preocupações com a inadequação e a reforma das estruturas do país e respira-se um clima de intensa permissividade de expressão e ação político-ideológica. Essas preocupações e esse clima revelam-se no discurso sustentado por alguns intelectuais do Desenvolvimento de Comunidade a partir de 1960.

O Seminário Nacional promovido pelo SSR polariza seu temário em torno de dois grandes núcleos: a) ensino, pesquisa e aplicação das Ciências Sociais; b) desenvolvimento rural e pessoal técnico. Ambos são desenvolvidos pela apresentação de conferências e mediante a discussão em painéis e grupos de trabalho. São objetos desta análise as conferências e debates que refletem o pensamento dos participantes em relação ao Desenvolvimento de Comunidade, permanecendo excluídos os temas que não trazem contribuições diretas ao mesmo e/ou conferências pronunciadas por estrangeiros, que não expressam um posicionamento brasileiro, principalmente por não serem discutidas durante o Seminário.[35]

Iniciemos, pois, a análise pelo painel que discorre mais direta e profundamente sobre o Desenvolvimento de Comunidade: "As Ciências Sociais nos programas de desenvolvimento rural".

O Desenvolvimento de Comunidade é definido pela primeira expositora, Josephina Albano, do setor de Desenvolvimento de Comu-

---

35. Seria de extrema relevância a análise da conferência ("Um Programa de Estudo de Comunidade a Serviço de Educação") de Oracy Nogueira, já que alguns desses estudos fundamentaram o Desenvolvimento de Comunidade brasileiro. Esta conferência não pode, contudo, ser publicada por problemas técnicos de gravação.

nidade do SSR, como "um processo de mudança cultural dirigida"[36] e através dele a comunidade é motivada para conhecer e analisar seus principais problemas, buscar soluções e obter o apoio dos órgãos locais para seu desenvolvimento global. Imprescinde este processo da participação das lideranças e dos grupos locais e supõe a mudança cultural da população que é compelida a sair da inércia para uma atitude ativa, cooperando para a concretização de uma aspiração que é comum à maioria.

Para Albano, "o Desenvolvimento de Comunidade é mais do que um programa local de desenvolvimento. Ele é um movimento que implica transformação das estruturas em todos os planos: nacional, estadual e local".[37]

Nessa perspectiva, a expositora levanta os principais objetivos a serem perseguidos, figurando em primeiro lugar a conscientização da população para o seu desenvolvimento, mediante sua ativa participação em atividades para seu bem-estar. Seguem-se a elevação da capacidade de produção; melhoria e criação de serviços locais; melhoria do ambiente e, finalmente, a criação de uma estrutura administrativa que vise ao completo desenvolvimento da comunidade.

Albano afirma que os programas de Desenvolvimento de Comunidade "restituem, por assim dizer, um equilíbrio ao progresso que atinge as várias áreas, realizando melhor distribuição e aproveitamento de forças e riqueza. [...] No que toca ao meio rural, particularmente uma série de inovações se fazem necessárias e urgentes e a mudança de atitudes que elas envolvem deve se processar com o máximo de atenção às suas tradições culturais. O povo precisa sentir a necessidade de mudar, encontrar razões, motivos para querer mudar, encarando-se essa mudança pela adesão espontânea e consciente. Daí dizer-se que o Desenvolvimento de Comunidade é um trabalho educativo".[38]

---

36. BRASIL. Serviço Social Rural. In: SEMINÁRIO NACIONAL SOBRE AS CIÊNCIAS SOCIAIS E O DESENVOLVIMENTO DE COMUNIDADE RURAL, *Anais...* Rio de Janeiro, p. 88, 1961.

37. Ibid.

38. Id., p. 89.

A expositora passa a questionar-se sobre o direito que têm os técnicos de provocar mudanças culturais nas comunidades. Entre tanto àquela época buscava-se resposta às inquietações, não em depoimentos colhidos no contato com as classes destinatárias do Desenvolvimento de Comunidade, mas nas "suposições básicas" importadas de outras realidades e postuladas por intelectuais da classe dominante. Elas predicam que "as pessoas querem e podem mudar" e que "as mudanças participadas têm uma estabilidade muito maior do que as mudanças impostas".[39] Embora defendendo um "movimento que implica transformação das estruturas", este postulado não é retomado e as atenções se voltam para a "mudança cultural" das populações, como se o desenvolvimento dependesse mais da cultura do que das estruturas do país.

Pode-se, destarte, inferir que a postura de Albano expressa a transição de uma abordagem localista para uma nacional, de um Desenvolvimento de Comunidade acrítico e aparentemente apolítico para uma tomada de consciência da problemática estrutural brasileira. Subsistiam contudo as contradições que despontavam da teoria positivista bebida na fonte do Serviço Social: encara-se ainda o Desenvolvimento de Comunidade como uma estratégia para "restituir o equilíbrio ao progresso"; justifica-se a mudança pelo princípio do consenso existente na comunidade; aborda-se esta como um "povo único", solidário, harmônico, vinculado por laços de cooperação: defende-se a participação ("mudança participada") pelo fato de que ela é funcional ao sistema, ao garantir maior estabilidade à mudança dirigida.

O discurso de Albano assume relevância, na medida em que abre perspectivas para uma abordagem em âmbito macrossocietário objetivando a mudança das estruturas do país.

Outros expositores clamam também pelas reformas chegando a afirmar que se pretende "a mudança da estrutura e não de aspectos dessa estrutura".[40] A reforma agrária representa o foco nuclear do

---

39. Ross, Murray G. *Community organization*. New York: Harper & Bro., 1955.
40. MEDINA, Carlos. In: BRASIL. Serviço Social Rural. Op. cit., p. 140.

seminário, mas é igualmente apontada a necessidade de uma "modificação estrutural de alto a baixo" nas universidades, que "têm uma estrutura inadequada, arcaica, rígida, incapaz de acompanhar o desenvolvimento".[41]

De par com os postulados por reformas estruturais, o seminário deixa transparecer com maior frequência uma ótica pautada nas orientações americanas da extensão rural, onde a preocupação máxima é a modernização da agricultura, para a qual se faz necessária uma mudança cultural, invocando-se o argumento de que o processo de inovação esbarra com resistências colocadas pelas populações interioranas.

Como forma de solucionar tais barreiras e lograr a "mudança dirigida", sugere-se a adoção do "método da experimentação por participação" que objetiva "alterar certos aspectos da vida real dos membros de uma comunidade, como se se tratasse de acontecimentos naturais. [...] A natureza destes experimentos por participação "está implícita na manipulação de certas áreas da cultura local, de forma tal a permitir inovações de modo controlado, capaz de decidir, em última análise, a mudança sociocultural. Daí este fenômeno vir a se produzir como sendo um fato natural esperado pelos membros da comunidade".[42]

Tal declaração fala por si mesma e dispensa qualquer comentário. Apresenta-se uma proposta de "participação" que se propõe expressamente a *manipular* as classes subalternas, e, como se não bastasse, que utiliza técnicas capazes de ocultar seu caráter manipulador e de ludibriar essas classes, fazendo-as acreditar que são autoras de tais inovações.

Afirma-se, outrossim, que o procedimento de "experimentação por participação" não é o único método de realização da mudança dirigida, pois existem outras técnicas capazes de conduzir as mudanças para os fins desejados, citando-se, como exemplos, os centros de

---

41. DIEGUES JR., Manuel. In: BRASIL. Serviço Social Rural. Op. cit., p. 66.
42. FERRARI, Alfonso Trujillo. O desenvolvimento de comunidades rurais através do método de experimentação por participação. In: BRASIL. Serviço Social Rural. Op. cit., p. 120.

demonstração, os conselhos de comunidades, a utilização dos líderes naturais, as campanhas de extensão rural etc.[43]

Permanece desta forma bastante ambígua a definição do Desenvolvimento de Comunidade como processo de mudança cultural dirigida. Tal mudança, pergunta-se, diz respeito a transformações estruturais que dependem de uma "reforma intelectual e moral" (na linguagem gramsciana), ou se trata da manipulação de certas áreas da cultura local "para decidir sobre a direção das mudanças socioculturais?"

Torna-se difícil responder a essas indagações de vez que o relatório do seminário deixa-as sem elucidação.

Não obstante, o discurso permite, isto sim, incluir que ao Serviço Social rural interessa uma reforma agrária que viabilize a "modernização", uma "maior produtividade" e a "formação de um capital agrícola", pelo fato de que "deixar o desenvolvimento agrícola para trás envolve um grande perigo".[44] Em nenhuma oportunidade se faz alusão às relações sociais de dominação existentes no campo e ninguém jamais trata dos movimentos políticos campesinos emergentes naquela ocasião, sobretudo no Nordeste brasileiro. O trabalhador rural representa o grande ausente das preocupações do Seminário, a não ser no momento em que se pretendem remover, *nele*, as resistências culturais à modernização da agricultura ou quando se confessa estar "plenamente aceito o princípio de que melhores condições de vida são essenciais à consecução dos objetivos econômicos da produção".[45] Em outras palavras, é preciso garantir a reprodução física da força de trabalho para que seja assegurada a produção da mais-valia.

---

43. FERRARI, Alfonso T. Op. cit., p. 121.
44. BRASIL. Serviço Social Rural. Op. cit., p. 188.
45. SILVEIRA, Napoleão F. Presidente do Conselho Nacional do SSR. Id., p. 167. Conforme foi explicado anteriormente, o SSR decorreu de convênio do Ponto IV (missão norte-americana de cooperação técnica no Brasil) e durante muitos anos sua filosofia de trabalho foi pautada sobre as experiências de extensão rural americana. O maior inspirador destas — considerado o "papa" da extensão rural — Arthur T. Mosher, aborda o Desenvolvimento de Comunidade sob a seguinte ótica: "Os projetos de Desenvolvimento de Comunidade podem contribuir em forma direta para apressar o desenvolvimento agrícola, provendo facilidades públicas de importância tais como estradas, instalações de armazenamento, ou canais. Outros projetos de Desenvolvimento de Comunidade podem afetar o progresso agrícola só em forma indireta. Podem fazer

O Serviço Social reproduz, nestas condições, a posição tomada por vários setores da burguesia nacional que defendem a reforma agrária enquanto uma técnica de "racionalização da economia agrícola".[46] O que se busca, iniludivelmente, é a modernização das relações de trabalho — com a superação dos padrões expoliativos tradicionais — tendo em vista a ampliação do mercado interno para a indústria e a introdução do sistema empresarial capitalista no meio rural. Tangencialmente a reforma agrária provocaria a atenuação das tensões e conflitos entre campesinos e patrões, sem que fosse necessário modificar o modo de produção, a estrutura de classe e as relações de dominação.

De resto, o problema agrário vinha preocupando as classes hegemônicas em razão de sua relevância para o processo de industrialização brasileira. Conforme ressalta Furtado, "a inexistência de uma agricultura moderna, de base capitalista, ligada ao mercado interno, é em grande parte responsável pela tendência permanente ao desequilíbrio interno que se observa neste país. [...] A incapacidade da agricultura para responder a uma procura crescente de alimentos nas zonas urbanas constitui uma verdadeira mordaça ao desenvolvimento industrial".[47]

Constata-se, nesses termos, o que já observou Lefebvre em relação a outras partes do mundo: as áreas rurais são esquecidas pelo Estado e pelas classes dominantes até o momento em que elas passam a se constituir em um problema prático.[48] No caso brasileiro o "problema prático" são os métodos arcaicos de produção agrícola, ausência de tecnologia e de organização empresarial, "o primitivismo e a

---

mais atrativa a vida local. Podem iniciar o processo de melhoramento do lar, provendo água pura ou drenagem pública e isto pode levar a que se elevam as aspirações das famílias rurais, aumentando o desejo da gente por ter outras melhoras em seu modo de vida, as quais requerem dinheiro e, em consequência, constituem incentivo para aumentar a produção agrícola. O progresso que experimentam pode mudar os valores sociais em direção tal que tornem mais aceitáveis para a comunidade as inovações de alguns agricultores" (Mosher, Arthur T. *Como hacer avanzar la agricultura*. México: Unión Tipográfica Ed. Hispano Americana, 1969. p. 147).

46. Cf. Ianni, Octavio. Op. cit., p. 46.

47. Furtado, Celso. Perspectiva da economia brasileira. *Ensaios de Administração*, Rio de Janeiro, Dasp/SD, n. 15, p. 18-9, 1958.

48. Lefebvre, J. Perspectives de la sociologie rurale. *Cahiers Internationaux de Sociologie*. Paris, n. 16, 1953.

estagnação das forças produtivas", que necessitam de tornarem-se "dinâmicas, ao nível dos demais setores da economia", que estão a preocupar os técnicos do Serviço Social rural.[49]

No ano seguinte (1961) o II Congresso Brasileiro de Serviço Social retoma algumas das preocupações gestadas no Seminário do SSR, ampliando-as, aprofundando-as e tentando uma postura mais definida. O discurso se torna mais eloquente e mais agressivo no que tange à denúncia das estruturas vigentes no país.

Afirma-se que as condições estruturais, políticas e administrativas não conseguem acompanhar o ritmo das mudanças no plano técnico e econômico, vez que estão alicerçadas em padrões arcaicos e superados;[50] que a estrutura agrária, assentada no latifúndio, é incompatível com o desenvolvimento socioeconômico;[51] que "a universidade brasileira não vem formando líderes para o desenvolvimento nacional, por lhe faltarem condições de autenticidade",[52] que se registra marcante "desarticulação institucional no plano público e privado e que certos "órgãos assistenciais, tais como LBA, Sesc, Sesi, SSR e Pioneiras Sociais estão montados sobre estruturas paternalistas ou de privilégios, em desacordo com as modernas concepções" da problemática do Serviço Social. "Essas entidades detêm, pelo poder econômico de que dispõem, de um quase monopólio, de fato, dos setores assistenciais, e dão ao patronato a falsa impressão de já ter satisfeito todas as obrigações sociais".[53]

Essas denúncias encontram-se conjugadas à busca de soluções para a problemática estrutural e conjuntural do país, e algumas sugestões são oferecidas no decorrer do Congresso.

---

49. BRASIL. Serviço Social Rural. Plano de ação e de trabalho para 1962. In: CONFERÊNCIA INTERNACIONAL DE SERVIÇO SOCIAL, 11., Relatório do Brasil, CBCISS, p. 18, 1962. (Mimeo.)

50. Cf. CONGRESSO BRASILEIRO DE SERVIÇO SOCIAL, 2., Anais... Rio de Janeiro, CBCISS, p. 162 e 168, 1961.

51. Id., p. 108.

52. II CONGRESSO. CBCISS. Op. cit., p. 196.

53. MANCINI, Luís Carlos. A posição do Serviço Social no desenvolvimento nacional para o bem-estar social. In: II CONGRESSO. CBCISS. Op. cit., p. 128-9.

Acena-se para a mudança da estrutura administrativa que deve significar uma "reforma completa da organização social, abrangendo a área das empresas públicas e privadas". Aponta-se a adoção de formas de participação nos lucros e a cogestão como um imperativo político, social e econômico[54] e afirma-se que é possível provocar a mudança através da planificação de uma série de atividades que se fundamenta na iniciativa dos grupos sociais e na exploração dos recursos existentes.[55]

Postula-se a "urgência de uma medida realista por parte do governo em favor de uma modificação da estrutura de nosso meio agrário",[56] devendo-se levar em conta "que a simples alteração nos aspectos de distribuição da terra não acarreta por si só mudanças radicais".[57] Uma reforma agrária como está o Brasil a carecer, implica, pois, mudança da legislação rural e do próprio Serviço Social rural.

Proclama-se uma reforma universitária que propicie maior adequação do ponto de vista pedagógico, maiores oportunidades de mercado de trabalho e democratização de ensino. Recomenda-se "a constituição de grupos de trabalho nos planos nacional, regional e local, integrados por professores, cientistas, técnicos, profissionais e alunos de diversas categorias para estudo capaz de levar até à formulação adequada do assunto".[58]

Algumas recomendações são apresentadas pela comissão sobre as reformas na Previdência Social: que se proceda a uma pesquisa para verificar a causa do desemprego e o número de desempregados e que seja regulamentado o seguro-desemprego, previsto no Regulamento Geral da Lei Orgânica; que o Serviço Social estude o auxílio-desemprego como uma das soluções deste problema social, procurando educar os trabalhadores.[59]

---

54. II Congresso. CBCISS. Op. cit., p. 57.
55. Id., p. 163.
56. Id., p. 54.
57. Id., p. 158.
58. Id., p. 197.
59. Mancini, Luís Carlos. Op. cit., p. 140.

Posto que ressaltem a necessidade dessas reformas, os congressistas reconhecem a complexidade do empreendimento, afirmando que "cada mudança mantém íntima conexão com as demais". Assim, por exemplo, "a questão da vivenda está condicionada remotamente ao equacionamento correto de problemas básicos como a reforma agrária, planejamento e o desenvolvimento regionais, a industrialização inteligentemente orientada, o saneamento econômico e financeiro, a recuperação e dinamização administrativa".[60]

O Desenvolvimento da Comunidade é concebido sob esse prisma de complexidade e apresentado "como instrumento hábil para o desenvolvimento nacional" de vez que: os problemas são focalizados em sua globalidade; cada comunidade é individualizada em sua história, seus costumes, suas possibilidades; os membros da comunidade são chamados a participar em todos os momentos do processo de desenvolvimento, permite um desenvolvimento solidário de todas as comunidades. O Desenvolvimento de Comunidade deveria, consoante Aylda Reis, ser programado em âmbito nacional, como expressão de uma política social definida pelo poder público, tendo como pontos de apoio programas regionais e locais, com a cooperação de instituições particulares.[61] Reis defende que o bem-estar social requer a condição da especificidade brasileira, chamando a atenção para as marcantes diferenças geográficas, as disparidades socioeconômicas provocadas pela concentração da renda e a existência de "uma administração e equipamento muito aquém das necessidades e exigências de um país em crescimento".[62]

O processo de desenvolvimento, para que conduza ao bem-estar e para que atenda às exigências do homem como pessoa humana, abrangendo "cada homem e todos os homens" deve ser harmônico, autêntico, democrático e solidário. Um desenvolvimento é harmônico quando se processa "em sentido global e equilibrado"; é autêntico

---

60. Id., p. 119.
61. REIS, Aylda Pereira. O desenvolvimento e a Organização de Comunidade como instrumento do desenvolvimento nacional. In: II CONGRESSO. CBCISS. Op. cit., p. 69.
62. Id., p. 59-60.

se respeita as características do país; democrático, se realizado "com a participação consciente e livre do povo"; e finalmente, solidário, quando objetiva a promoção "de todos" e não de "uns poucos".

Para a consecução de um desenvolvimento nestes moldes, três fatores são apontados como coadjuvantes: uma política social centrada na pessoa humana onde "coexistam autoridade e liberdade uma administração dinâmica e flexível, que permita a visão do todo e de seus diversos ângulos; e a atividade particular "entendida como o esforço particular organizado no sentido de dotar a sociedade [...] dos recursos [...] indispensáveis à satisfação das diferentes necessidades do homem".[63] Ao Desenvolvimento de Comunidade, defende a autora, é possível exercer significativa influência na reformulação da política social, na reforma das estruturas administrativas e na vitalização e ordenação da atividade privada.

A segunda Comissão, que estuda o problema da urbanização e o Desenvolvimento de Comunidade, define este como "o processo pelo qual a comunidade se torna mais capaz de atingir seus fins, pela tomada de consciência de seus problemas e de seus recursos e por uma ativa participação dessa mesma comunidade no trabalho criador que promove a adequação desses recursos àqueles problemas".[64]

A aludida Comissão oferece um elenco de sugestões, entre as quais figura a implantação de "uma política nacional de Desenvolvimento de Comunidade que [...] vise a evitar ou diminuir o sacrifício social que ocorre em qualquer processo de desenvolvimento econômico".[65]

Em inúmeros debates aponta-se o Serviço Social como grande responsável pela difusão do Desenvolvimento de Comunidade. Os próprios organizadores do II Congresso — consoante assertivas postas na introdução de seus *Anais* — reconhecem que "se o Serviço Social não quiser ser relegado a um segundo plano deve preparar-se

---
63. REIS, Aylda Pereira. Op. cit., p. 66-7.
64. II CONGRESSO. CBCISS. Op. cit., p. 51.
65. Id., p. 152-3.

para poder competir na mesma igualdade de condições com os demais profissionais. [...] Torna-se necessário, de um lado, aperfeiçoar o aparelhamento conceitual do Serviço Social e, de outro, elevar o padrão técnico, científico e cultural dos profissionais desse campo de atividade. [...] Vincular estreitamente o Serviço Social ao processo de desenvolvimento nacional e dar aos assistentes sociais na área de sua estrita competência as atribuições que lhes são próprias e que ainda não foram devidamente definidas [...], pois eles devem desempenhar na sociedade brasileira um papel pioneiro relevante no que toca ao desenvolvimento nacional".[66]

Mancini salienta que "o assistente social, sem avocar a si todo o problema, deve ser um provocador das soluções fundamentais" e postula que tanto mais o Desenvolvimento de Comunidade "afete o processo produtivo tanto mais motivador e realista".[67]

A quinta Comissão expressa a necessidade de reformulação das posições e técnicas do Serviço Social para que ele se coloque à altura das novas exigências; formação de profissionais para uma atuação em nível profundo nos problemas sociais atingindo suas estruturas mesmas; conhecimento aprofundado dos problemas nacionais, regionais, locais e os recursos existentes.[68]

Como vemos, o II Congresso Nacional de Serviço Social deriva de um desafio que a própria conjuntura brasileira gerou em relação ao assistente social: caso não se engaje no discurso e nas práticas mantidas pelos demais técnicos em termos de desenvolvimento nacional será inevitavelmente postergado. A disjuntiva coloca-se, assim, como uma questão de afirmação ou de marginalização profissional.

Em início do ano de 1962 o comitê brasileiro prepara o relatório a ser apresentado na XI Conferência Internacional de Serviço Social, cujo tema central é o Desenvolvimento de Comunidades urbanas e rurais.[69]

---

66. II Congresso. CBCISS. Op. cit., p. 19-20.
67. Id., p. 120 e 127, respectivamente.
68. Id., p. 171, 174 e 176, respectivamente.
69. O relatório da aludida XI Conferência não é aqui analisado por expressar o pensamento internacional (e não brasileiro) sobre o tema.

Fundamenta-se ele no resultado de levantamento empreendido pelos comitês estaduais do CBCISS e se vale das conclusões do II Congresso Brasileiro de Serviço Social, de seminários e encontros nacionais ou regionais, além de incorporar dados de pesquisas recentes publicadas sobre o tema em questão. O relatório intenta, por esse meio, apresentar "a média das opiniões atualmente aceitas no Brasil quanto à conceituação e filosofia do Desenvolvimento e Organização de Comunidade".[70]

De vez que o mencionado relatório trata prioritariamente das experiências práticas do Desenvolvimento de Comunidade no Brasil, e não apresenta modificações relevantes no plano teórico-conceitual em relação aos demais documentos aqui analisados, será o mesmo estudado no próximo item.

Em julho de 1963 realiza-se no Rio de Janeiro o Seminário de Desenvolvimento e Organização de Comunidade (DOC), promovido pela Associação Brasileira de Escolas de Serviço Social (Abess), reunindo docentes de várias Escolas do Brasil. O Seminário representa importante marco no sentido de pensar a disciplina com base nas peculiaridades conjunturais e estruturais brasileiras, sendo apresentada a seguinte definição pela professora Junqueira: "DOC é intervenção deliberada e metódica de um agente ou equipe técnica que utiliza conscientemente o processo natural de mudança, provocando-o, acelerando-o, orientando-o, visando obter melhoras de vida e amadurecimento da comunidade, mediante ativa participação e trabalho cooperativo de seus membros."[71]

Na proposta da autora percebe-se a tentativa de desvincular a disciplina em foco do apoio governamental, variável que se encontra sempre presente nas propostas da ONU.[72] Permanece, contudo, inerente ao processo, a intervenção de agentes técnicos, que provocam a mudança com participação dos membros da comunidade.

---

70. Conferência Internacional de Serviço Social, 11., Relatório do Brasil. Rio de Janeiro: CBCISS, 1962. (Mimeo.)

71. Junqueira, Helena Iracy. In: Seminário de Desenvolvimento e Organização de Comunidade. ABESS, 1963. (Mimeo.)

72. Cf., por exemplo, definição segundo a ONU, constante na Introdução deste trabalho.

Junqueira, na qualidade de expositora do tema: "Dinâmica do processo e o método em Desenvolvimento e Organização de Comunidade", afirma que tal dinâmica se processa mediante etapas — não estanques — que se iniciam com a conscientização da comunidade, "entendida como um processo de tornar as populações de todo o país conscientes da realidade nacional com todas as suas deficiências, principalmente das suas estruturas inaceitáveis e da necessidade de uma ação pronta no sentido das reformas de base, chamadas por alguns de revolução".[73]

Tem-se, destarte, uma assertiva que revela as preocupações do momento conjuntural brasileiro, embora alguns princípios colocados no decurso da exposição deixem transparecer vestígios de postulados "universais e absolutos" que se afirmam independentes de situações concretas historicamente determinadas.

Compete-nos analisar ainda, no âmbito das produções teóricas, os resultados do "Encontro de Técnicos promovido pela Secretaria de Saúde Pública e de Assistência Social do Estado de São Paulo". Malgrado somente em 1965 ter sido publicado pelo CBCISS, por ocasião do III Congresso Brasileiro de Serviço Social, o relatório daquele Encontro reflete o pensamento dos intelectuais do Desenvolvimento de Comunidade relativo ao ano de 1962, quando foi o mesmo realizado (novembro).

O Encontro objetiva o conhecimento da situação de planos e programas de Desenvolvimento de Comunidade existente em São Paulo, bem como o contato multiprofissional dos técnicos vinculados a essa disciplina. Três grandes temas orientam as discussões: a) relação entre o Desenvolvimento e Organização de Comunidade e o planejamento socioeconômico; b) necessidade de coordenação de programas em Desenvolvimento e Organizações de Comunidade; c) funções específicas dos diversos técnicos em uma equipe interdisciplinar para trabalho em Desenvolvimento e Organização de Comunidade. O primeiro tema é desdobrado em três subtemas atinentes à

---

73. JUNQUEIRA, Helena Iracy. Op. cit., [s.p.]

situação de educação, saúde e qualificação profissional em São Paulo, permitindo, pela primeira vez no Brasil, pensar um Desenvolvimento de Comunidade aplicável a áreas metropolitanas.

O relatório do Encontro reflete, posto que em menor frequência, as preocupações com os problemas e as reformas estruturais. Um dos expositores afirma que temos "um aparelhamento administrativo que apresenta sinais sensíveis e conhecidos de esclerose e em cujos postos-chave encontram-se frequentemente funcionários cuja experiência e cuja formação são incompatíveis com os métodos exigidos pelos programas de Desenvolvimento e Organização de Comunidade". Outra dificuldade é apresentada no que tange à implantação de tais programas: "a desconfiança e o temor que inspiram nos círculos conservadores os esforços dirigidos no sentido de tornar as massas populares conscientes de seus problemas e o explicável receio de que surjam grupos de pressão capazes de criar embaraços de natureza política".[74] Outros conferencistas são mais radicais e mostram que a técnica de autoajuda (mutirão) utilizada pelo Desenvolvimento de Comunidade, "aceita a estrutura existente, atenua suas contradições, modera suas insuficiências e de modo geral a reforça. A outra alternativa seria trabalhar contra a estabilidade da estrutura existente, introduzir elementos que a perturbem e, desenvolvendo as contradições que ela apresenta, permitir que seja derrubada, criando-se em seu lugar as condições que levam ao desenvolvimento e à integração da comunidade na economia nacional, de modo a incluí-la futuramente na planificação socioeconômica dos poderes públicos".[75]

Esta é a primeira vez que são questionadas a filosofia e as técnicas do Desenvolvimento de Comunidade e que se denuncia seu

---

74. MONTEIRO, Duglas T. Desenvolvimento e Organização de Comunidade e o problema da qualificação de mão de obra. In: ENCONTRO DE TÉCNICOS PROMOVIDO PELA SECRETARIA DE SAÚDE PÚBLICA E DE ASSISTÊNCIA SOCIAL DO ESTADO DE SÃO PAULO: 1962. Rio de Janeiro, CBCISS, p. 53, 1965. (Mimeo.)

75. NOGUEIRA, Oracy; SINGER, Paul. Relação entre desenvolvimento e organização de comunidade e planejamento socioeconômico. In: ENCONTRO DE TÉCNICOS PROMOVIDO PELA SECRETARIA DE SAÚDE PÚBLICA E DE ASSISTÊNCIA SOCIAL DO ESTADO DE SÃO PAULO: 1962. Rio de Janeiro, CBCISS. Op. cit., p. 13.

caráter conservador e sua função de reforçar o *status quo*. É a primeira vez, outrossim, que se admite a possibilidade de "trabalhar contra a estabilidade" do sistema, desenvolvendo as contradições, e sob tais condições propiciar a mudança das estruturas vigentes.

Sem embargo, outros expositores e debatedores continuam a privilegiar as técnicas e frentes de ação específicas do Desenvolvimento de Comunidade e postulam-nas, enquanto instrumentos hábeis para alcançar a mudança cultural das populações, "canalizando as energias humanas nas *direções consideradas desejáveis* e reduzindo os efeitos traumáticos das transformações".[76]

As conclusões e recomendações do Encontro tratam da conexão entre Desenvolvimento e Organização de Comunidade e o planejamento socioeconômico; sua contribuição aos problemas educacionais, sanitários e migratórios; necessidade de coordenação dos programas de Desenvolvimento e Organização de Comunidade; funções específicas e treinamento de equipes interdisciplinares para esses programas.

Entre elas, o Encontro sugere a criação do Ministério de Desenvolvimento e Organização de Comunidade e em âmbito estadual, da Secretaria de Serviço Social; a necessidade de uma política migratória federal, capaz de disciplinar as migrações; a realização de treinamento de técnicos, em níveis de pós-graduação, graduação e nível médio para técnicos de várias disciplinas atuantes em Desenvolvimento e Organização de Comunidade.

O problema da qualificação da mão de obra assume relevo no Encontro, pois considera-se que o Desenvolvimento de Comunidade deve capacitar os homens a "participarem de uma civilização cujo caráter industrial se acentua dia a dia".[77] A necessidade de qualificação profissional deriva, nestas condições, de exigências da expansão capitalista consubstanciada no crescimento da indústria no Brasil e particularmente em São Paulo.

---

76. MONTEIRO, Duglas T. Op. cit., p. 52; o grifo é nosso.
77. ENCONTRO DE TÉCNICOS PROMOVIDO PELA SECRETARIA DE SAÚDE PÚBLICA E DE ASSISTÊNCIA SOCIAL DO ESTADO DE SÃO PAULO: 1962. Conclusões e recomendações. Rio de Janeiro, CBCIS, p. 114.

Os grupos de estudo, em suas conclusões finais, reconhecem que. a indústria brasileira requer grande quantidade de mão de obra semiqualificada, cuja aprendizagem se processa em prazos relativamente curtos; a necessidade de trabalhadores altamente qualificados é baixa; o problema do subemprego e o grande desnível dos salários entre as ocupações representam graves fatores de perturbação do mercado de trabalho: é necessário combater tais males, mediante amplos programas de preparação profissional.[78]

Dentro deste raciocínio, os participantes concedem ao Desenvolvimento de Comunidade a tarefa de formar um exército de reserva mais consentâneo às necessidades do crescimento industrial brasileiro, mediante a qualificação da força de trabalho exigida por aquela fase do modo de produção capitalista.

Opera-se agora sob outra roupagem a exploração da força de trabalho. No período anterior ela se processa no meio rural, incrementando a acumulação do capital pela modernização das técnicas agrícolas, aumento da produtividade e consequente estímulo à apropriação do excedente gerado pelo trabalhador.[79] No período em foco, atuando em áreas urbanas, os técnicos do Desenvolvimento de Comunidade atentam para o problema da desqualificação da mão de obra, em face das exigências "de uma civilização cujo caráter industrial se acentua dia a dia", e para a possibilidade de cooperar com a preparação do "exército de reserva" na forma e no tempo ditados pelas classes burguesas que comandam a expansão industrial capitalista.

Da análise do discurso sustentado pelo Desenvolvimento de Comunidade durante este período, podemos inferir as seguintes orientações, que ora se entrelaçam, ora se entrechocam: mudança *versus* persistência do sistema; mudança cultural *versus* mudança estrutural; defesa *versus* denúncia dos modelos tradicionais do Desenvolvimento de Comunidade.

---

78. Encontro de Técnicos promovido pela Secretaria de Saúde Pública e de Assistência Social do Estado de São Paulo: 1962. Rio de Janeiro, CBCIS, p. 113-4.

79. Cf. Capítulo I.

Resgatemos dos textos alguns exemplos que possam ilustrar as orientações em apreço. Há passagens ou momentos em que a reforma agrária supõe transformação "que afete o processo produtivo"; existem outros em que representa a modernização das técnicas e a formação de um capital agrícola, com vistas à expansão do modo de produção capitalista. Aqui se proclama que a mudança cultural deve ser espontânea e consciente; ali se predica "a manipulação de certas áreas da cultura local [...] para decidir sobre a direção das mudanças socioculturais",[80] ou — parafraseando Gramsci —, para "o consentimento espontâneo das grandes massas da população à direção impressa à vida social, pelo grupo fundamental dominante".[81] Ora se postula a participação que veicule "as energias humanas nas direções desejáveis e reduza os efeitos traumáticos das transformações", ou se chega mesmo a defender a persistência do sistema; ora se denunciam as estruturas injustas e se pensa a participação como luta de todos os brasileiros por "uma modificação de alto a baixo", nesse mesmo sistema. Agora se mantêm as técnicas de ação tradicionais do Desenvolvimento de Comunidade (autoajuda, por exemplo); mais tarde se as denunciam enquanto formas de aceitar as estruturas existentes, atenuar suas contradições, moderar e reforçar suas insuficiências, bem como se chega a admitir a possibilidade de trabalhar contra a estabilidade do sistema.

Em que pese tal diversidade de orientações, uma característica é uníssona e unívoca em todas as produções teóricas em análise: a abordagem da sociedade brasileira, enquanto uma unidade, um bloco constituído de partes, onde jamais o antagonismo das classes vem à tona. A única "cisão" admitida é a "dos dois Brasis", típica interpretação dualista — largamente refutada — que analisa o subdesenvolvimento como formação histórico-econômica singular, decorrente da oposição formal de setores "atrasados" e "modernos".

Ao deitar raízes neste modelo, as produções teóricas passam a retratar um conceito de participação que supõe a modernização dos

---
80. FERRARI, Alfonso T. Op. cit., p. 121.
81. GRAMSCI. *Cultura y literatura*. Op. cit., p. 35.

setores tradicionais, integrando-os aos setores modernos e assim garantindo o equilíbrio do desenvolvimento brasileiro.

O conceito de participação — embora se confine aqui e ali à dimensão localista típica do período anterior — como regra geral, evolui para uma perspectiva nacional. A função dos intelectuais passa a ser a de provocar mudanças culturais de forma controlada, tendo em vista a modernização das estruturas. A "participação" se dará na medida em que se registrem essas mudanças no seio de uma sociedade concebida monolítica e harmonicamente. Daí resulta que a "participação" deixa permanecer intocável a estrutura de classes e, como decorrência, as relações de produção e de dominação que geram em última instância todas as demais estruturas do país. Os intelectuais do Desenvolvimento de Comunidade não conseguem, pois, em suas produções teóricas, vincular-se com clareza às classes dominadas.

2.3 Tentativas de unidade orgânica entre intelectuais e classes trabalhadoras

As práticas de Desenvolvimento de Comunidade realizadas e divulgadas durante o período de 1960 — março/64 —, registram, da mesma forma que as produções teóricas, grandes incongruências. De um lado, têm continuidade os trabalhos caracterizados no período anterior, isto é, que reproduzem o Desenvolvimento de Comunidade ortodoxo, de caráter acrítico e aparentemente apolítico e aclassista. Simultaneamente emergem e se difundem movimentos que concebem a participação numa perspectiva crítica e que postulam mudanças estruturais na sociedade brasileira. Alguns desses movimentos evoluem e seus intelectuais tentam estabelecer vínculos com as classes subordinadas, incorporando-se aos seus interesses, reivindicações e ações políticas.

A mais crucial e significativa distinção entre as orientações que se produzem ou reproduzem no período não diz respeito ao seu nível de abordagem. Ou melhor, não é a esfera geográfica que diferencia substantivamente os trabalhos então realizados. As distinções que em profundidade os singularizam devem ser procuradas na "direção" do vínculo orgânico dos intelectuais — com as classes dominante ou dominada — e nas teorias diferenciais que inspiram os aludidos trabalhos. Isto não equivale a dizer que essas teorias possam ser identificadas em seu estado puro. Bem ao contrário, elas por vezes se permeiam e se apresentam entrelaçadas, em um verdadeiro sincretismo ideológico.

2.3.1 Experiências ortodoxas de Desenvolvimento de Comunidade[82]

Os trabalhos realizados sob esta denominação inspiram-se quase exclusivamente nos postulados funcionalistas, e abordam a comunidade como uma unidade constituída de partes interdependentes que devem colaborar para o equilíbrio do todo. Essa unidade deriva da existência de um núcleo de valores compartilhados por todos os membros da comunidade, os quais originam as "pautas sociais moralmente sancionadas". A integração é, nesses trabalhos, postulada como fundamental para a harmonia do sistema, devendo ser assegurada mediante uma combinação das diversas funções e papéis diferencialmente conferidos às várias partes do todo. Sobre a concepção de "funções" e "papéis" repousa o conceito de participação: cada indivíduo ou grupo participa mais da sociedade na medida em que desempenha melhor as funções e os papéis que lhes são confiados segundo as pautas moralmente sancionadas (pelas camadas dirigentes). Este

---

82. As expressões ortodoxo e heterodoxo guardam relação com os modelos internacionais consagrados principalmente pela ONU. Outros países, além do Brasil, tentaram experiências que fogem aos parâmetros internacionais. Cf., por exemplo,

SALBERG, Jean-François; WELSH-BONNARD. *Action communautaire*: une introduction. Paris: Les Editions Ouvrières, 1970.

MEISTER, Albert. *Participation, animation et développement*. Paris: Editions Anthropos, 1969.

ALINSKY, Saul D. *Reveille for radicals*. New York: Vintage Books, 1969.

_____. *Rules for radicals*. New York: Vintage Books, 1972.

tipo de participação objetiva a preservação da harmonia, da continuidade e da estabilização do sistema. Não persegue a mudança em dimensão estrutural-crítica, pois no funcionalismo as modificações ocorrem dentro de um sistema equilibrado, dotado de elementos automantedores e estabilizadores. A mudança é assim representada pela passagem de um a outro estado de equilíbrio, como movimento unilinear, interno, gradual e unívoco, sem a presença de conflitos relevantes ou permanentes.

Em tal postura não sobra lugar para o problema das contradições e antagonismos, abordando-se, pois, a comunidade como um todo regido pelo consenso, com problemas e interesses comuns. Em nome desse consenso, todos, e em particular os "líderes", são mobilizados para a solução de seus problemas, mediante utilização de técnicas cooperativas (ajuda mútua, mutirão etc.) ou de organizações "capazes de conduzir as mudanças para os fins desejados":[83] Centros de demonstração, extensão rural, centros sociais, associação de bairros, conselhos de comunidades, centros de desenvolvimento social etc. As atividades não incidem sobre problemas gerados no âmbito das relações sociais de produção e de dominação, enredando-se mais frequentemente em torno de ações residuais vinculadas à urbanização (água, luz, estradas, equipamentos) ou à oferta de serviços ditos "sociais" (educação, saúde, lazer etc.).

Esta visão — comunidade como unidade consensual — redunda em um tipo de intervenção onde os problemas são tratados sem relação com os interesses de classes, o que é garantido pelos critérios que regem a organização dos grupos. Estes são organizados não por classes ou categorias profissionais (posseiros, arrendatários, parceiros, assalariados, "boias frias" etc.), mas por faixa etária e sexo ou, no máximo, segundo o "problema social" (prostitutas, menores abandonados etc.). Oculta-se, destarte, o antagonismo das classes, reproduzindo-se, assim, a ideologia das camadas dirigentes, interessadas nessa ocultação para salvaguarda do sistema.

---

83. Cf. FERRARI, Alfonso T. Op. cit., p. 121.

De outra parte, essas experiências caracterizam-se por aproximações fragmentárias do todo societário, como se os problemas locais encontrassem suas razões e pudessem ser tratados a nível local. Olvidam e assim obscurecem, as conexões existentes entre sociedades civil e política, entre infra e superestrutura, entre as políticas de governo e os vários programas e projetos implantados em diversos níveis e setores. Surgidos em décadas anteriores, esses trabalhos foram continuados ou deram origem a outros em moldes similares durante os anos 1960.

Analisemos algumas dessas experiências, tomando como base o relatório do CBCISS para a XI Conferência Internacional de Serviço Social.[84] Trataremos especificamente dos trabalhos realizados na área urbana, de vez que os da zona rural ali estudados não se diferenciam substancialmente da experiência de Itaperuna, já analisada no Capítulo I.

Somente a partir de 1960 tem incremento no Brasil o Desenvolvimento de Comunidade em áreas urbanas, com programas que nascem e evoluem de forma incipiente e isolada, em termos nacionais.

Esses programas são agrupados no Relatório do CBCISS da seguinte maneira: planejamentos e programas gerais; planejamentos e programas visando a determinados problemas ou campos; coordenação de recursos.

Na primeira categoria encontram-se incluídos o planejamento de novas comunidades, a descentralização administrativa (em grandes metrópoles) e implantação de centros sociais urbanos. Entre as aludidas experiências, é privilegiada a descentralização administrativa, mediante o Desenvolvimento de Comunidade, que "poderá eliminar ou diminuir os resultados negativos de um processo de urbanização que se desenvolve de modo desordenado".[85] Em outras palavras, o Desenvolvimento de Comunidade passa a funcionar como mecanismo

---
84. CBCISS. Relatório para a XI Conferência Internacional. Op. cit.
85. Id., p. 13.

capaz de corrigir as "disfunções"[86] da urbanização e de reconduzir o sistema ao equilíbrio almejado pelas classes hegemônicas. Seguindo sugestões da II Comissão do II Congresso Brasileiro de Serviço Social no sentido de se promover a descentralização da estrutura político-administrativa, pela formação de unidades distritais na base de grupos funcionais,[87] o Serviço Social da Guanabara e de São Paulo iniciam experiências com esses objetivos.

Na Guanabara, a cidade é dividida em administrações regionais que passam a gerir os serviços públicos criando-se em cada área um conselho de obras com representantes de todas as entidades ali existentes. O assistente técnico do administrador regional — um assistente social — coordena o conselho, estuda os problemas da comunidade, sugere soluções e procura suscitar ou aproximar os grupos e associações para a "execução das soluções adequadas aos problemas sociais da área".[88]

Em São Paulo, a descentralização dos serviços sociais é efetivada pela divisão de serviço social da Secretaria de Saúde e Assistência da prefeitura, que divide a cidade em áreas e implanta um núcleo em cada área. A cada núcleo compete o atendimento dos casos sociais, mobilização dos recursos locais, celebração de convênios com obras etc.

O planejamento de novas cidades diz respeito a Brasília, onde o Serviço Social — como reconhece o relatório do CBCISS — de fato não teve influência, senão após o funcionamento da cidade; os centros sociais urbanos foram organizados pelos institutos de Previdência Social, pelas paróquias da Igreja Católica ou pelo Sesi, Sesc e LBA, em bairros pobres ou favelas das grandes cidades. Esses centros não propiciam a participação dos "beneficiários" na administração, pois

---

86. "Funções são aquelas consequências observadas que propiciam a adaptação ou o ajustamento de um dado sistema e disfunções são aquelas consequências observadas que diminuem a adaptação ou o ajustamento do sistema" (MERTON Robert K. *Sociologia, teoria e estrutura*. São Paulo: Mestre Jou, 1970, p. 118; o grifo é nosso).

87. Cf. II CONGRESSO. *Anais...* CBCISS. Op. cit., p. 153.

88. CBCISS. Relatório para XI Conferência. Op. cit., p. 14.

sua diretoria é composta por representantes do Serviço Social e dos seus órgãos criadores. Tanto quanto os centros sociais rurais, os da área urbana são inspirados na Organização Social de Comunidade, postulando as normas e a ideologia dos países e das classes dominantes: "casa do povo", onde é possível um intercâmbio harmônico entre as pessoas, "sem distinção de raça, religião e filiação política";[89] "unidade polivalente capaz de oferecer a uma localidade todo tipo de assistência e de serviço"[90] — alfabetização, educação sanitária, formação profissional, lazer; esporte etc. — serviços estes que, necessários à reprodução da força de trabalho, tentam (sem conseguir) compensar os déficits deixados pela crescente exploração dessa mesma força, no âmbito do processo produtivo.

Na segunda categoria de programas urbanos, ou seja, os que objetivam problemas ou campos específicos, incrementam-se projetos de erradicação ou transformação de favelas, bem como a organização e coordenação de recursos.

O problema das favelas nas metrópoles brasileiras tem-se agravado dia a dia, principalmente pelo crescente deslocamento das populações rurais em direção aos grandes centros. Este deslocamento, necessário (numa ótica capitalista) à criação de um exército de reserva capaz de garantir a expansão industrial, pode, no entanto, redundar em vários percalços, tais como o gigantismo e a inchação das grandes cidades, a desqualificação profissional dos migrantes, o excedente do próprio exército de reserva, o prejuízo "à estética e ao renome da cidade", bem como "uma mentalidade e um gênero de via *sui generis* em relação aos moradores dos demais bairros". Em face desses problemas, "em várias épocas o governo tentou por diversos meios, nem sempre os mais adequados, extinguir as favelas existentes; qualquer tentativa de mudança ou transformação é, portanto, muito mal acolhida pelos favelados".[91]

---

89. Nações Unidas. Op. cit., p. 25.
90. Rios, Arthur. Op. cit., p. 268.
91. CBCISS. Relatório do Brasil. Op. cit., p. 15.

As experiências de erradicação e transformação das favelas analisadas no relatório do CBCISS propiciam a orientação ao favelado para ocupar uma moradia, o auxílio às famílias que desejam voltar ao interior do país, e igualmente a colocação de famílias nas zonas suburbanas em desenvolvimento.

As entidades patrocinadoras organizam grupos de técnicos que planejam o desfavelamento (transferências) ou a urbanização das favelas. Os trabalhos, via de regra, iniciam-se pela melhoria ou criação da infraestrutura urbana — vias de acesso, esgotos, água, lixo etc. — utilizando-se o método de ajuda mútua, com apoio das sociedades de moradores e de comissões constituídas pela mão de obra local, segundo as especializações exigidas em cada atividade.

Como ressalta o relatório do CBCISS, o Serviço Social esteve presente em todos esses programas e, entre outras tarefas, serviu de elemento de ligação entre os favelados e os técnicos que participam do programa.

A organização e coordenação de recursos em áreas urbanas dizem respeito prioritariamente a obras sociais destinadas ao atendimento de uma clientela específica, tal como: mendigos, delinquentes, menores abandonados, velhos, prostitutas, cegos etc. Inspiram-se esses trabalhos na Organização Social de Comunidade[92] e pretendem, também eles, minorar ou corrigir as "disfunções" do sistema, "integrar" os diversos subsistemas ao todo "harmônico" societário, segundo a ideologia e os objetivos do estrutural-funcionalismo parsoneano, ou mesmo como vimos no Capítulo I do Positivismo comteano.

A reflexão que se nos coloca neste momento é a seguinte: se interessa ao governo (sociedade política que assegura pela coerção a supremacia das classes dominantes) a erradicação e urbanização das favelas; se esses programas são "muito mal acolhidos"; se os técnicos "preparam" o favelado "para ocupar uma moradia provida dos requisitos da habitação higiênica moderna"; se o assistente social coor-

---

92. Cf. Capítulo I, item 1.1.1.

dena os vários serviços existentes e se, finalmente, a despeito de ser "mal acolhido", mobiliza "os habitantes para uma melhor integração na *sua* comunidade" (o grifo é nosso), indaga-se: estarão os técnicos, e com eles o Assistente Social, exercendo a função de meros "funcionários das classes dominantes" — as maiores interessadas no desfavelamento e no ajustamento das demais "disfunções" do processo de urbanização — sem que esses programas representem um benefício efetivo para os favelados? Será possível ocultar o fato de que só é necessário "integrar" os ex-favelados à "sua" comunidade, por que iniludivelmente aquela "comunidade" não é sua?

São questionamentos que podem permanecer presentes no decorrer deste trabalho e que merecem a atenção dos assistentes sociais.

2.3.2 Ensaio de um Desenvolvimento de Comunidade heterodoxo

A partir de 1960, vários movimentos vão se gestando, em decorrência de uma visão mais abrangente da problemática brasileira e de uma maior abertura do espaço político. O proletariado urbano e rural vê modificada sua relação de forças com as classes dominantes, e em conjunção com outras frações da classe dominada — como é o caso do campesinato — adquire inusitada força reivindicatória por seus direitos e pelas mudanças estruturais, como requisito fundamental ao desenvolvimento socioeconômico do país.

A crescente mobilização dessas frações, somada à organização de estudantes, professores e intelectuais, dá emergência a um número incontável de programas, movimentos, partidos das mais variadas cores políticas e ideológicas, aglutinados todos eles em torno de um mesmo objetivo terminal ou tático: as reformas de base.

Dentre os aludidos programas concederemos especial foco neste item ao Movimento de Educação de Base (MEB), pelas seguintes razões:

a) caracterizou-se como um programa de Desenvolvimento de Comunidade;[93] b) realizou uma ação abrangente nas áreas de educação, trabalho, cultura popular, sindicalismo rural etc.; c) teve repercussão nacional atuando nas regiões Norte, Nordeste e Centro-Oeste; d) obteve significativa influência política no meio rural dessas regiões, durante o período de 1960 — março/64; e) surgiu como movimento de intelectuais vinculados às classes dominantes e tentou progressivamente estabelecer um vínculo orgânico com as classes dominadas.

O Movimento de Educação de Base (MEB) deriva da experiência de alfabetização pelo rádio iniciada pelo Serviço de Assistência Rural (SAR) da Arquidiocese de Natal e implantada posteriormente na Arquidiocese de Aracaju. Em face do êxito alcançado pela mesma e da ênfase conferida pelo presidente Quadros à educação de adultos, a Conferência Nacional dos Bispos do Brasil (CNBB) dirige-lhe, antes mesmo de sua posse (11/11/1960), uma carta propondo a criação de um movimento educativo, a funcionar sob sua responsabilidade (da CNBB).

Tal proposta inscreve-se em uma fase de marcantes preocupações da Igreja Católica com a educação de adultos, primordialmente no meio rural. A Igreja de Natal desempenha, àquela época, um papel pioneiro, ao iniciar programas de cooperativismo, artesanato, colonização, orientação às migrações internas, treinamento de lideranças, politização, sindicalização rural e educação pelo rádio.[94]

Em 21 de março de 1961 o novo presidente da República assina o Decreto n. 50.370 de criação do MEB, estatuindo o artigo 2º, que em 1961 serão instalados quinze mil escolas radiofônicas e que nos anos subsequentes a expansão da rede escolar deverá ser sempre maior do que a do ano anterior.[95] O decreto assegura o respaldo técnico-finan-

---

93. No documento do I Seminário de Animação Popular constam dois objetivos gerais do MEB: "autopromoção do homem; organização e desenvolvimento de comunidade" (p. 4). Cf. também objetivos do MEB, adiante.

94. Cf. FERRARI, Alceu. *Igreja e desenvolvimento*. Natal: Fundação José Augusto, 1968. p. 85-107.

95. BRASIL. *Diário Oficial da União*, 22 mar. 1961. MEB. *Documentos Legais*. Apostila 1, série A, s/d., p. 4. (Mimeo.)

ceiro por parte do poder público mediante a celebração de convênios com os Ministérios da Educação e Cultura, Agricultura, Saúde, Aeronáutica e Viação e Obras Públicas, sendo ainda órgãos cooperadores a Superintendência do Desenvolvimento do Nordeste, o Serviço Social Rural, a Comissão do Vale do São Francisco e a Superintendência de Valorização da Amazônia.

As instruções gerais de criação do MEB definem para ele os seguintes objetivos: a) ministrar educação de base às populações das áreas subdesenvolvidas do país, através de programas radiofônicos especiais com recepção organizada, visando à valorização do homem integral no surgimento das comunidades; b) suscitar, em torno da escola radiofônica, a organização da comunidade, despertando-lhe o espírito de iniciativa e preparando-a para as indispensáveis reformas de base, como a da estrutura agrária do país; c) velar pelo desenvolvimento espiritual do povo, preparando-o para o indispensável soerguimento das regiões subdesenvolvidas e ajudando-o a defender-se de ideologias incompatíveis com o espírito cristão da nacionalidade.[96]

Tem-se, nestas condições, um movimento que, em sua fase embrionária, postula a mudança de estrutura, com a condição de que seja preservado "o espírito cristão da nacionalidade".

Consentâneas ao caráter espiritualista que marcou a primeira fase do MEB, as produções teóricas de sua equipe de coordenação refletem intenções preeminentes de evangelização e se fundam nos princípios da doutrina social da Igreja. A medida que evolui e se aprofunda seu contato com a problemática dos trabalhadores rurais, à medida ainda, que se vai maturando o sentimento "nacional-popular" e que as classes subalternas tentam "criar o terreno para um desenvolvimento ulterior da vontade coletiva" proclamada por Gramsci,[97] os princípios e objetivos do MEB se vão tornando menos religiosos e mais políticos, menos comprometidos com a hierar-

---

96. MEB. Instruções Gerais. *Documentos Legais*. Apostila 1, série A, s/d., p. 23-4. (Mimeo.)
97. GRAMSCI. *Maquiavel...* Op. cit., p. 8-9.

quia católica e mais engajados às reivindicações e ações da classe trabalhadora.[98]

O I Encontro de Coordenadores, realizado em dezembro de 1962, com base na reflexão sobre as necessidades da classe trabalhadora rural, inaugura uma segunda fase do MEB, cujos fundamentos e métodos são reinterpretados e cuja "direção" é reorientada naquele momento histórico brasileiro. Buscam os coordenadores, juntamente com outros movimentos de caráter popular, um "ideal histórico", cujas bases se apoiavam na lógica dialética e ao mesmo tempo se permeavam com o otimismo de Chardin e com o personalismo de Mounier.[99]

Um dos resultados do I Encontro é a conclusão de que a educação, como um processo global, não se pode confinar à simples instrução, dissociada do processo produtivo e da luta dos trabalhadores rurais pela sua libertação, a partir de suas relações sociais de trabalho. A educação deveria ser um processo de transformação de "mentalidade e de estruturas", uma "comunicação a serviço da transformação do mundo".

O MEB se propõe a realizar junto a essa classe um trabalho que resulte em processo de politização, em "ação política ao mesmo tempo crítica e eficaz", resultante de uma conscientização fundada na própria cultura do povo e no conjunto de suas relações sociais.

A conscientização representa para o movimento a "tomada de consciência pelo educando, de seus valores, de significação vivencial de seu trabalho de Homem no mundo. [...] Significa ajudar alguém a

---

98. Ao elegermos o MEB como exemplo de vínculo orgânico com as classes subalternas, não pretendemos atribuir esse mérito exclusivamente a seus intelectuais, sem levar em consideração o contexto global da realidade e a conjuntura política que caracterizava o país. Surgindo em um momento histórico que gestava a consciência "nacional-popular", partindo da experiência construída por avanços e recuos e contando com uma equipe comprometida e preparada em termos políticos, teve o MEB condições concretas de ensaiar o "salto qualitativo" que poderia ter dado o Desenvolvimento de Comunidade brasileiro.

99. Cf. CHARDIN, Teilhard de. *L'apparition de l'homme*. Paris: Seuil, 1956. MOUNIER, Emmanuel. *Le personnalisme*. Paris: Maspero, 1950.

tomar consciência do que ele é (consciência de si) do que são os outros (consciência de dois sujeitos), do que é o mundo (coisa intencionada) que são, sem dúvida, os três polos de toda a educação integral. [...] A mudança de atitudes intrinsecamente ligada à conscientização representa a disposição para a ação consciente e livre a partir da compreensão e da crítica das situações concretas".[100]

A transformação das estruturas afigura-se como "imperiosa e urgente" no Brasil e o MEB passa a definir-se como um movimento "engajado com o povo nesse trabalho de mudança social, comprometido com esse povo e nunca com qualquer tipo de estrutura social ou qualquer instituição que pretenda substituir o povo".[101] Pretende, assim, o MEB, romper com quaisquer compromissos com as classes dominantes, aliar-se a um "povo" que para ele significa classes dominadas especificamente rurais, das áreas subdesenvolvidas do país. Concebe esse "povo" não como uma unidade solidária, harmônica e equilibrada. Ao contrário, afirma que "a luta de classes existe no Brasil, como existe em toda sociedade onde os desequilíbrios sociais causam conflitos entre os interesses dos diversos grupo",[102] e se recusa a constituir-se em "mais um paliativo para um trabalho de amaciamento do povo, em face da injusta situação socioeconômica do nosso país".[103]

A teoria sobre a qual se assenta a filosofia do MEB insere-o numa visão dialética da história, segundo a qual a sociedade é constituída por um conjunto de forças em desequilíbrio, uma realidade dinâmica — um constante vir-a-ser que só permanece porque se transforma — campo de contradições e antagonismos.

Aceitando princípios da filosofia da práxis, o MEB pretende intervir de forma global na sociedade cujas partes não são "interdepen-

---

100. MEB. O MEB em 5 anos. In: BRANDÃO, Carlos Rodrigues. *Da Educação fundamental ao fundamental em educação*. Proposta, supl., n. 1, set. 1977. p. 35.
101. MEB. Sua origem, sua ação, seu conteúdo. In: PAIVA. Op. cit., p. 241.
102. MEB. Sua origem, sua ação, seu conteúdo. In: PAIVA. Op. cit., p. 241.
103. MEB. O MEB em 5 anos. In: PAIVA. Op. cit., p. 241.

dentes", mas dialeticamente regidas por relações sociais de dominação, relações estas determinadas, em última instância, pelo modo de produção dos bens materiais.

Tem-se, destarte, que uma distinção marcante entre a segunda fase do MEB e as experiências relatadas no item 2.3.1 encontra-se muito mais na base teórica que lhe serve de fundamento e nos objetivos que pretende alcançar do que na dimensão de suas áreas geográficas de atuação.

Mas não é só: a diferença fundamental entre eles está no antagonismo do vínculo orgânico que seus intelectuais estabelecem. Vinculando-se às classes ou frações de classe no poder, os intelectuais "da sociedade harmônica" perpetuam as relações de dominação que impedem a participação da classe trabalhadora nos processos decisórios da sociedade brasileira; vinculando-se às classes subalternas, os intelectuais do MEB (2ª fase) tentam modificar o equilíbrio de forças no seio do bloco histórico e contribuir para uma possível hegemonia das aludidas classes.

Isto assentado, vejamos como o MEB se estruturou e desenvolveu seu trabalho no período em foco (1960-64).

De acordo com o artigo 15º do Regulamento do MEB, cada unidade da federação das áreas Norte, Nordeste e Centro-Oeste, deveria contar com uma Comissão Estadual de Representação e consulta e uma Equipe Estadual de Execução, todas coordenadas por uma Equipe Técnica Nacional. Em cada Estado poderiam funcionar vários "sistemas radioeducativos", entendendo-se, como tal, uma equipe treinada e equipada para a radicação e supervisão das escolas radiofônicas, bem como para a produção e emissão de programas radioeducativos; uma rede de escolas radiofônicas, sendo cada uma equipada com um receptor cativo para a recepção organizada dos alunos, sob orientação de um monitor.[104]

---

104. A partir da redefinição do MEB, sua atuação poderia prescindir da existência do "sistema radioeducativo" exercendo um trabalho direto com as populações rurais, como veremos na experiência do Maranhão, adiante.

No final de 1962 o MEB atingia onze Estados, com 30 sistemas, 5.598 escolas radiofônicas e 108.571 alunos. Em 1964 o número de escolas era reduzido para 4.598 e de alunos para 63.758.[105]

Até o ano de 1965, o MEB atravessou cinco etapas: 1ª) instalação de escolas por solicitação de entidades locais; 2ª) preparação das comunidades e dos monitores para melhor funcionamento das escolas; 3ª) participação da comunidade nas escolas e organização de grupos locais (sindicatos de trabalhadores rurais, jovens, mães etc.; 4ª) escolas engajadas na ação política; 5ª) animação popular.[106]

As 3ª e 4ª etapas (setembro 1962 — março/64) correspondem ao que denominamos de "segunda fase do MEB", tomada como exemplo de intelectuais que tentam estabelecer um vínculo orgânico com as classes subalternas. Compreende a fase reivindicatória do MEB, em função das mudanças estruturais e principalmente o seu trabalho de educação política junto aos sindicatos de trabalhadores rurais, mediante a animação popular.

No final de 1962, após estágio de um dos membros da Coordenação Nacional junto a experiências de Desenvolvimento de Comunidade na África (Marrocos e Senegal), decidiu o MEB iniciar a Animação Popular, como técnica a serviço da Educação de Base e da Cultura Popular.[107]

Partindo da reflexão de que "o povo não participa do progresso, das descobertas, é mantido pouco informado, o que não lhe permite trocar informações mais atualizadas que o ajudem a participar, na vida nacional", o MEB considera a animação popular "o caminho necessariamente não diretivo, não paternalista, não imposto, para a

---

105. Cf. MEB. Relatório anual, p. 9, 1962. DE KADT. Op. cit., p. 133.
106. Cf. BARTHY, Aldayr Brasil; PERALVA, Maria Sylvia. *MEB e animação popular*. Rio de Janeiro: CBCISS, 1965. p. 10-9. (Mimeo.)
107. "Educação de Base e Cultura Popular significam para nós fornecer ao povo elementos que o motivem a tomar consciência de si mesmo e, daí, pela própria iniciativa, crescer, ascender em todos os níveis, descobrir seus próprios valores e aprender a lutar para obtenção daquilo que considera ser direito" (MEB. MEB e cultura popular. *Apostila 2*, série A, 1962, p. 22. [Mimeo.])

participação do povo no trabalho de sua própria formação cultural, social, econômica, política, religiosa".[108]

A animação popular é definida como "um processo de estruturação de comunidades, progressivamente assumido por seus próprios membros, a partir de seus elementos de liderança. A comunidade organiza-se como consequência da descoberta de seus valores, recursos e suas necessidades, em busca da superação de seus problemas e no sentido da afirmação de seus membros como sujeitos".[109] Para o MEB, essa "estruturação de comunidade" deriva de um processo de conscientização e de educação onde o povo é autor e sujeito da transformação, que jamais deve ser realizada de fora para dentro, mas a partir de um movimento interior.

O trabalho deveria, pois, ser sustentado, não por técnicos estranhos ao meio, e sim por um animador, "representante autêntico do meio em que vive e onde vai atuar",[110] treinado e assessorado supletivamente pelas equipes regionais e/ou locais do MEB, até que ele e os grupos locais se encontrassem capacitados para se autodirigir.

A animação popular encontra-se, pois, calcada em princípios e métodos do Desenvolvimento de Comunidade difundidos internacionalmente, mas dele se distingue substancialmente quando, superando seu caráter aclassista e acrítico, passa a atuar com o camponês, pensando-o dialeticamente enquanto classe, e preparando-o para a militância política dos sindicatos de trabalhadores rurais.

O sindicalista rural brasileiro, até 1960, não passara de projeto e de algumas experiências isoladas (seis sindicatos), a despeito da organização dos trabalhadores rurais ter sido regulamentada desde 1944.[111] A mobilização das massas trabalhadoras durante o regime populista expande-se até ao campo, e as ligas camponesas constituem as primeiras organizações de trabalhadores rurais, a partir de 1955.

---

108. MEB. MEB e cultura popular. *Apostila 2*, série A, 1962, p. 23. (Mimeo.)
109. MEB. Animação popular. *Apostila 5*, série A, 1965, p. 4. (Mimeo.)
110. Ibid.
111. De Kadt. Op. cit., p. 107.

O movimento pró-sindicalização rural do Nordeste é iniciado pelo Serviço de Assistência Rural (SAR) em 1960 e expandido à Arquidiocese de Recife em 1961. Com base nessas experiências, a Conferência Nacional dos Bispos (CNBB), através de seu Plano de Emergência, enfatiza a necessidade de uma atuação dos cristãos junto ao sindicalismo rural, após o que o MEB passa a incorporar a suas programações a educação sindical, criando em 1962 a assessoria para assuntos ligados à sindicalização rural junto à Coordenação Nacional. O trabalho inicial diz respeito à formação e treinamento de equipes de coordenação e supervisão nos Estados, instruções sobre os meios legais para a fundação de sindicatos, orientação sobre o encaminhamento de processos, estímulo à ação sindical.

Ao MEB competiria a educação sindical, porém "em face da carência de lideranças e despreparo dos trabalhadores rurais para o sindicalismo", as equipes estaduais procuram assessorar, em caráter supletivo e transitório, as equipes responsáveis pela sindicalização, na fundação dos sindicatos, na organização e treinamento das diretorias e na própria ação política pelos seus direitos e pela reforma agrária. Em muitos Estados é o MEB quem deflagra o movimento de sindicalização rural. A extrapolação de sua missão educativa preocupa as equipes dirigentes e o trabalho é reavaliado. Ponderando que a suspensão da assessoria política aos trabalhadores poderia redundar em enfraquecimento ou parada do processo de sindicalização em alguns Estados, o MEB nacional decide, em agosto de 1963, continuar sua ação supletiva, até que outras organizações assumam a assessoria desse trabalho.

Tal foi a ênfase dada a partir do final de 1962 à sindicalização rural, que em alguns Estados o programa do MEB é polarizado nessa frente de ação e passa a independer da existência do sistema radiofônico. É o que ocorre, por exemplo, no Maranhão. A Equipe Estadual de MEB inicia seu trabalho (set. 1962) pelo treinamento dos trabalhadores, preparando "sindicatos rurais, cujos sócios tivessem um mínimo de conscientização, com lideranças autênticas, começo de formação comunitária e uma organização interna que permitisse a participação real das bases (sócios) nos sindicatos, num sistema, de ida e retorno entre o grupo dirigente e essas bases".[112] Seguem-se a assessoria à fundação dos sindicatos e às lutas que alguns deles têm que travar contra a exploração de proprietários rurais (como foi o caso da expulsão de camponeses da terra onde trabalhavam, prisão de seus representantes etc.). A terceira fase do trabalho no Maranhão é realizada pela organização da Federação de Trabalhadores Rurais, a qual era disputada por elementos estranhos à classe trabalhadora. A equipe do MEB oferece aos camponeses apoio e orientação para que a federação tenha um caráter autêntico, fundada em bases legítimas de representação.

A educação e ação política do Maranhão (como nos demais Estados) foi interrompida pelo Movimento de 1964.

Avaliando sua atuação no Maranhão a equipe do MEB conclui: "Aqui o lavrador, analisando a realidade, descobre como seu trabalho é relegado a plano inferior. Vê assim necessidade da modificação desta realidade para que o trabalho seja valorizado, e ele e seus companheiros se realizem em toda a sua dimensão de pessoa humana. A ele cabe não apenas a atividade braçal na lavoura, mas também um trabalho definido no campo social de superação desta realidade que o amarra. [...] Pouco a pouco os lavradores foram vendo que os casos isolados tinham raízes comuns às estruturas sociopolítico-econômicas. Tomaram também toda uma dimensão comunitária. A luta não é só para reivindicações pessoais, mas *para a promoção de toda a classe rural, e, mais além, de todo o povo brasileiro* na construção de uma sociedade nova".[113]

Ao concluir o presente capítulo, podemos estabelecer algumas ilações quanto à postura dos intelectuais do Desenvolvimento de Comunidade e quanto aos conceitos de participação propostos e operacionalizados no decorrer do período 1960-março/64, no Brasil.

As reformas de base durante os anos em foco eram defendidas pelos mais variados grupos, inclusive por setores da burguesia nacional.

---

112. MEB. *Experiência de sindicalização rural no Maranhão*, 1962-64. p. 4. (Mimeo.)
113. MEB. *Experiência de sindicalização rural no Maranhão*, 1962-64. p. 19. (Mimeo.)

O fato, portanto, de postular a mudança estrutural não indica "per se" a "direção" que os intelectuais do Desenvolvimento de Comunidade pretendiam com a mesma. Ela é inferida mediante o compromisso expresso ou subjacente dos intelectuais com uma ou outra classe fundamental, ou seja, com a classe dominante ou com a classe dominada.

Se fundamentalmente são duas as teorias que embalam o discurso e a prática do Desenvolvimento de Comunidade neste período, no que tange ao compromisso de seus intelectuais, podemos desvelar três posturas mais ou menos distintas, delas derivadas.

A primeira postura, identificada, menos ao nível do discurso e mais ao nível da prática, é assumida por alguns intelectuais que dão continuidade aos postulados e às experiências difundidos na década anterior. Abordam a realidade social numa visão acrítica e a-histórica, reduzida aos horizontes da pequena localidade, e estimulam indivíduos e grupos a participarem do estudo de problemas residuais e periféricos, na elaboração e execução de programas para "melhoria de vida local". Tratam os "comunitários" como unidade homogênea, solidária e cooperativa e encaram o conflito como problema tangencial a ser solucionado, com vistas à preservação do sistema. Reciprocamente, difundem no bojo do senso comum a ideologia das classes dominantes — reproduzindo seu vínculo orgânico com as mesmas — ao se apoiarem na interpretação das "lideranças locais", quanto aos problemas e aspirações da "comunidade"; ao omitirem as contradições de classes; ao desvincularem os problemas locais das políticas nacionais; ao "erradicarem" os problemas que prejudicam a estética da cidade; ao admitirem uma "participação" que manipula as classes subalternas, dirigindo de modo controlado as inovações e fazendo-as acreditar que se trata de "um fato natural esperado pelos membros da comunidade".[114]

Um segundo grupo de intelectuais extrapola a visão localista do Desenvolvimento de Comunidade e passa a conceber a participação

---

114. Cf. FERRARI, Alfonso Trujillo. In: BRASIL. SSR. Op. cit., p. 120.

numa perspectiva macrossocietária, capaz de provocar as mudanças estruturais. Este grupo encontra-se presente no discurso (parte teórica) e na primeira fase da experiência do MEB. Alguns adotam essa "direção" por razões táticas ("para que o Serviço Social não seja relegado a segundo plano"); outros, conscientemente ou não, defendem as mudanças porque são necessárias à expansão capitalista no Brasil (como é o caso da reforma agrária, da preparação do exército de reserva nas grandes cidades etc.). Têm-se, assim, intelectuais vinculados àquelas frações da classe dominante cujos interesses são beneficiados por algumas das reformas de base. A participação é por eles concebida como a contribuição de "todo povo brasileiro" às mudanças estruturais e, também aí, as relações de dominação são frequentemente olvidadas, o que, ao lado das razões já mencionadas, os impede de estabelecer um vínculo orgânico com a classe subalterna.

O terceiro grupo de intelectuais — tomado a título de exemplo na segunda fase do MEB — mantém alguns pontos comuns com o segundo grupo, enquanto pensa uma participação que objetiva a transformação e não a manutenção do próprio sistema, em nível nacional. Como ingrediente adicional e de fato substantivo, este último grupo tenta firmar um vínculo orgânico com as classes subalternas e só lhes interessam as mudanças que resultem em liberação das mesmas. Não abordam, pois, as comunidades como um todo único e harmônico, senão como uma realidade constituída de forças antagônicas, regidas por relações sociais de dominação. Para este grupo, participação social significa luta pela hegemonia das classes subordinadas, transformação a partir da estrutura de classes, a qual por sua vez, é determinada em última instância ao nível das relações sociais de produção.

Sumariando, identificam-se no período intelectuais vinculados às classes dirigentes, alguns defendendo, e outros não, as mudanças estruturais. De outra parte, intelectuais que tentam incorporar-se aos interesses e lutas das classes subalternas em função de transformações estruturais capazes de alterarem as relações sociais de trabalho responsáveis pela estrutura de classes vigentes no país.

CAPÍTULO III

Participação enquanto recurso para legitimar a sociedade política (1964-77)

3.1 Política social[1] e desenvolvimento de comunidade no período

A cisão do bloco histórico a nível superestrutural institucionalizada pelo regime militar em abril de 1964 afeta em profundidade a vida do país e resulta na desmobilização, paralisação e/ou mudança de rumo dos movimentos políticos emergentes durante o período populista, dentre os quais figuram o Movimento de Educação de Base (MEB) e o sindicalismo rural, exemplos de experiências de Desenvolvimento de Comunidade no período anterior.

O destino desses movimentos vem a ser regido pela nova correlação de forças instaurada entre classes e frações de classes hege-

---

1. Em 1964 a política social é traduzida como um "conjunto de medidas destinadas a criar condições favoráveis ou a eliminar obstáculos ao desenvolvimento econômico". A partir do II PND tais medidas visam nominalmente a "'beneficiar especialmente as pessoas que se encontram no nível da "pobreza absoluta" (cf. ANDRADE, Antonio Cabral. *Notas sobre política social e política de emprego*. Brasília, 1977. p. 4. [Mimeo.]) O Desenvolvimento de Comunidade se inscreve no âmbito das políticas sociais, daí a relação que se focaliza nesta seção. Conferimos maior relevo às políticas que se encontram mais diretamente articuladas ao Desenvolvimento de Comunidade.

mônicas que inauguram outras regras de jogo no campo das relações sociais.

A estratégia do grupo militar que assume o poder apresenta, dentre suas peculiaridades — segundo parecer de Stepan — frontal rejeição ao estilo de governo nacionalista; compromisso intelectual com um gênero de democracia que, segundo sua lógica, exige uma tutela provisória; e uma política externa anticomunista, em nome da interdependência do mundo livre.[2]

Do ponto de vista desse raciocínio, os movimentos políticos populares representam uma ameaça para o equilíbrio e a ordem do sistema, para a implantação do novo regime e para a consolidação do modo de produção capitalista. Eis por que, sob o respaldo e ao encontro dos interesses das classes hegemônicas, no coração da sociedade civil, a sociedade política aciona seus aparatos coercitivos com o propósito de controlar ou desbaratar os grupos que no período populista se constituíam em expressão e prática de caráter político-ideológico: ligas camponesas, sindicatos, partidos políticos, movimentos de educação e/ou de cultura popular etc.

O Movimento de Educação de Base (MEB), por exemplo, suspende imediatamente o assessoramento aos sindicatos rurais e susta todas suas atividades de natureza política. A animação popular tributária do Desenvolvimento de Comunidade senegalês passa a constituir-se em objetivo mesmo do MEB, por ocasião do I Seminário Nacional de animação popular, realizado em fevereiro de 1965.[3]

Para que não tenha todas as atividades suspensas, vários técnicos são demitidos, o que não é, todavia, suficiente para impedir um corte quase total de verbas. Procede-se ao reequacionamento do problema MEB, redefinem-se seus objetivos e a partir de então ele passa a se caracterizar como um movimento evangelizador, com propósitos de alfabetização e catequese, "visando colaborar na formação do

---

2. STEPAN, Alfred. *The military in politics changing patterns in Brazil*. New Jersey: Princeton University Press, 1971. p. 231.

3. Cf.: BARTHY, Aldair B.; PERALVA, Maria Sylvia C. Op. cit., p. 18.

homem para que este se torne consciente de sua dignidade de ser humano, feito à imagem de Deus e redimido por Cristo, salvador da humanidade".[4] Parte do episcopado brasileiro discordante da orientação impressa à segunda fase do MEB passa a exercer vigilância cuidadosa sobre o mesmo, do que se origina uma relação conflituosa entre alguns bispos e os técnicos adeptos daquela postura, ainda integrantes de seus quadros. A pressão exercida sobre estes acarreta paulatinamente sua evasão ou anuência gradativa à nova linha, ao mesmo tempo em que se renovam as equipes, com pessoal mais ligado à hierarquia ou politicamente menos comprometido.

A partir de 1965 o MEB desloca o eixo de sua área física de atuação — do Nordeste e Centro-Oeste para o Norte — no sentido de implantar mais facilmente a nova filosofia de ação.

Os sistemas de Pernambuco, Bahia, Minas Gerais e Alagoas são extintos e é atribuída irrecusável prioridade à região amazônica, onde a forma de abordar a realidade é marcadamente distinta daquela adotada durante suas duas primeiras fases. Na Amazônia, nem os técnicos nem o povo haviam experimentado o momento político do MEB, encontrando-se, pois, naquela área, condições mais próprias à sua terceira fase.[5]

O sindicalismo rural, por sua vez, assiste, no ano de 1964, à intervenção federal em seus sindicatos, federações e Confederação Nacional de Trabalhadores na Agricultura. Em 1968 o ministro do Trabalho condiciona a posse dos dirigentes sindicais rurais e urbanos à apresentação de atestado de ideologia e coloca sob intervenção o Sindicato dos Metalúrgicos de Osasco, em decorrência da greve deflagrada em julho. Em setembro do mesmo ano, os trabalhadores encaminham memorial ao presidente da República assinado pelas mais importantes confederações, onde reivindicam, entre outros pontos, o restabelecimento da estabilidade, com supressão da opção pelo

---

4. In: PAIVA, Vanilda P. Op. cit., p. 283.

5. DE KADT, Emanuel, op. cit., capítulos 10 e 11. A caracterização do MEB, em 3 fases, é de nossa autoria, para fins analíticos deste trabalho.

Fundo de Garantia; criação do Código do Trabalho; apressamento da reforma agrária; representação dos trabalhadores nos órgãos decisórios da política salarial.[6]

O Ato Institucional n. 5 vem a ser a resposta mais eloquente às manifestações dos trabalhadores, bem como às dos estudantes, professores, intelectuais e artistas, que protestam contra o arrocho salarial, contra o teor da política anti-inflacionária, contra a repressão desenfreada.[7]

Se a partir de 1964 o povo brasileiro vira cerceado seus mecanismos de expressão e ação política, o Ato Institucional n. 5 completa o cerco em torno das liberdades democráticas, conferindo poderes absolutos ao presidente da República: decretar o recesso do Congresso, o estado de sítio, a intervenção nos Estados e municípios; suspender os direitos políticos de quaisquer cidadãos; cassar mandatos; baixar atos complementares para execução do próprio ato institucional. Por ele ficam suspensas as garantias de vitaliciedade, inamovibilidade e estabilidade do trabalho, bem como o direito a *habeas corpus*, nos casos de crimes políticos.

O movimento sindical passa, então, a ser totalmente marginalizado do processo político e os sindicatos são reduzidos a meros órgãos de prestação de serviços, sem direito a reivindicações e a greves, salvo contra o atraso de pagamento salarial. A classe trabalhadora, não só no plano político, mas na esfera econômica, se vê igualmente saqueada. A nova legislação trabalhista dota a sociedade política de amplos poderes para fixar as margens de reajustamento dos salários em todo o país, no que tange aos salários mínimos, aos reajustamentos salariais coletivos que emergem de acordos entre sindicatos de empregadores e trabalhadores, e no que tange ao funcionalismo de empresas públicas, subsidiárias etc. Antes de 1964, as taxas de registros salariais coletivos eram negociadas livremente pelos sindicatos de trabalhadores com os sindicatos patronais, sob controle governa-

---

6. MAGALHÃES, Maria Irene et al. Segundo e terceiro ano do governo Costa e Silva. In: *Dados*, n. 8, p. 152-233, p. 155-63, 1971.

7. Cf. 1968: de erro em erro, a caminhada rumo ao Ato n. 5 (*Veja*, 29 mar. 1978, p. 70-83).

mental. Após 1964, com o fito "de evitar envolvimento da agitação social e política nas negociações dos reajustes salariais"[8] as greves são proibidas e os reajustes coletivos na área coberta pela política passam a ser determinados pelos índices publicados mensalmente pelo governo. A sociedade política passa, então, a mediar a luta entre patrões e operários.

A política de contenção salarial, intentanto combater os surtos inflacionários, redunda em declínio iniludível dos salários mínimos reais, comprimindo a renda das classes mais baixas e acentuando as desigualdades sociais.[9] Em São Paulo, exemplo apanhado por Cardoso, o salário mínimo real que era de Cr$ 234,64 em 1964 vai gradualmente sendo reduzido, atingindo Cr$ 185,71 em 1969.[10] À medida que se contrai o salário mínimo real, evidencia-se uma cumulativa concentração de rendas nas mãos das frações mais elevadas. Observa-se um comportamento da taxa decenal de variação na distribuição das rendas entre 1960-70 (com base na renda *per capita* anual) da seguinte ordem: 105, no grupo que representa 1% da população de renda mais alta no Brasil; 63, nos 4% seguintes; 33, nos 15% seguintes; 12, nos 30% seguintes e 4, nos 50% restantes de renda mais baixa. Analisando os dados agregadamente, tem-se um índice de concentração de renda de 0,49 em 1960 para 0,58 em 1970.[11]

Reproduzindo seu vínculo orgânico com as classes dentetoras do capital, os intelectuais da sociedade política formulam uma estratégia de combate à inflação que, irrefutavelmente, privilegia os interesses das mesmas em detrimento das classes trabalhadoras. "Procura

---

8. Cf.: MACEDO, Roberto B. M. Uma revisão crítica da relação entre a política salarial pós-1964 e o aumento da concentração da renda na década de 1960. In: *Estudos Econômicos*, v. 6, n. 1, p. 63-96, jan./abr. 1976.

9. Ibid.

10. CARDOSO, Fernando H. O modelo brasileiro de desenvolvimento. In: *Debate e Crítica*, n. 1, p. 18-47, jul./dez. 1973. O deflator utilizado foi o índice do custo de vida da cidade de São Paulo, calculado pela Fundação Getúlio Vargas. Fonte: *Anuário Estatístico do Brasil*.

11. CARDOSO, Fernando H. O modelo brasileiro de desenvolvimento. Op. cit. Fontes: DUARTE, João Carlos. *Aspectos de distribuição de renda no Brasil*, 1970; Censo Demográfico, 1970, Fundação Getúlio Vargas, Centro de Contas Nacionais.

transferir às classes de rendas baixas o ônus desse combate, buscando que as alterações no custo de reprodução da força de trabalho não se transmitam à produção, ao mesmo tempo em que deixa galopar livremente a inflação que é adequada à realização da acumulação, através do instituto da correção monetária, prática já iniciada em períodos anteriores, de fuga aos limites estreitos da lei da usura. A circulação desse excedente compatibilizará os altos preços dos produtos industrializados com a realização de acumulação, propiciada por um mercado de altas rendas, concentrado nos estratos da burguesia e das classes médias altas."[12]

Ao suprimir a estabilidade por tempo de serviço, a nova legislação acentua o *turn-over* dos empregados, acelera a expulsão dos maiores de 40 anos e coopera para o aumento da taxa de exploração da força de trabalho.[13]

Até ao II PND, a política social não passa de uma variável dependente de caráter residuário, e lhe cumpre exclusivamente a função de eliminar os pontos de estrangulamento do crescimento econômico, bem como criar pré-condições, para que este alcance maiores índices. Difunde-se a ideia de que o desenvolvimento social resultará, como consequência automática do crescimento econômico, tendo-se tornado célebre a frase do ministro da Fazenda do governo Médici: "É preciso primeiro fazer o bolo crescer, para depois pensar em sua distribuição".[14]

Posto que nominalmente se acenasse para o desenvolvimento social, entendido este como "elevação do nível de bem-estar da população", factualmente "todo o esforço deveria concentrar-se na aceleração do desenvolvimento econômico, para reduzir o prazo em que, alcançado um grande volume de excedente seria viável adotar políticas redistributivas".[15]

---

12. OLIVEIRA, Francisco de. Op. cit., p. 52.

13. Cf. dados de pesquisas do Dieese. In: OLIVEIRA, Francisco de. Op. cit., nota 52, p. 77.

14. In: DEMO, Pedro. *Desenvolvimento e política social no Brasil*. Rio de Janeiro: Tempo Brasileiro, 1978. p. 19.

15. Cf. Andrade, Antônio Cabral. Op. cit., p. 1-4.

Do ponto de vista da sociedade política caberia à política social a eliminação de obstáculos ao crescimento econômico — tais como resistência cultural às inovações — e criação de condições imprescindíveis à eficácia do mesmo. Nestas condições, a prestação dos "serviços de tipo social" como educação, saúde, habitação, assistência etc., representa um ingrediente coadjuvante do bom desempenho econômico, porquanto contribui para a reprodução e maior produtividade da força de trabalho.

Em tal perspectiva, atribui-se ao sistema educacional a tarefa de preparar recursos humanos para atender às demandas dos projetos de investimento no campo econômico, evitando assim que se verifiquem embargos na implementação dos mesmos e, em decorrência, que se interponham fatores danosos ao crescimento global do país.

A educação passa a assumir relevância pelo fato de produzir uma taxa de retorno para a nação e o educando é encarado como "capital humano" indispensável e estratégico para o desenvolvimento econômico.

O Plano Decenal de 1967/76 estatui, quanto ao sistema educacional, o imperativo de consolidar a estrutura do capital humano no país para acelerar o desenvolvimento econômico, e indica a quantidade de profissionais necessários nos diversos níveis e ramos de especialização para o período, a partir dos objetivos do PIB.[16]

Empresta-se, nestes termos, supremacia às necessidades do sistema — que representam, a rigor, os interesses das classes detentoras do capital — e não às necessidades e aspirações dos sujeitos mesmos da educação. Materializando essa ideologia, é decretada a profissionalização do ensino de segundo grau (art. 4, §§ 1º ao 5º, art. 10, da Lei n. 5.692/71).

Os objetivos oficiais de profissionalização conferem-lhe a função de reprodutores da força de trabalho e de subsidiária da "economia nacional, dotando-a de um fluxo contínuo de profissionais qualifica-

---

16. BRASIL. Ministério do Planejamento e Coordenação Econômica. EPEA. Plano Decenal de Desenvolvimento Econômico e Social. In: FREITAG, Bárbara. Op. cit., p. 92.

dos, a fim de corrigir as distorções crônicas que há muito afetam o mercado de trabalho, preparando em número suficiente e em espécie necessária o quadro de recursos humanos de nível intermediário de que o país precisa".[17]

"Se aplicada racional e sistematicamente, admitem estudiosos do assunto, a Lei n. 5.692 poderia abrir no Brasil o caminho para a profissionalização do nível médio [...] Mas seis anos após sua promulgação, constata-se seu fracasso total. Se nos últimos anos foram alcançados aparentes sucessos quantitativos na educação, qualitativamente a situação deve ser considerada como alarmante."[18]

O nível do ensino é baixo, os professores continuam desqualificados, as escolas mal equiparadas, os currículos e os métodos não preparam adequadamente os alunos para a realidade brasileira, com seus problemas e desafios.

Sem embargo, as verbas destinadas pelo orçamento nacional à educação vêm apresentando uma baixa relativa anual. Em 1965 observa-se que 11,07%. do orçamento são destinados à educação, registrando-se um decréscimo anual sempre maior até que em 1976 esse percentual não ultrapassa os 4,4%.[19] O Banco Interamericano de Desenvolvimento divulgou uma lista demonstrativa da percentagem dedicada à educação em 1974, em 21 países da América Latina: o Brasil ocupa o último lugar (6%) enquanto a Bolívia, por exemplo, apresenta um índice de 26% e Costa Rica 27%.[20]

O privilégio aos interesses do capital infiltra-se sorrateiramente em todas as áreas e encontra-se igualmente presente na política do ensino Supletivo. E o que ocorre com o Mobral (Movimento Brasileiro de Alfabetização — criado em 1969), que ao ministrar a alfabeti-

---

17. BRASIL. MEC. Dem. Do ensino de 2º grau. Lei. Pareceres. Brasília, 1975. Parecer n. 76/75, 2º objetivo, p. 285.

18. AMMANN, Paul. Bildungs-reform and Schulplanung in Brasilien. *Orientierung*, Zürich, n. 17, p. 187, 1973; Wirtschaftswachstum und Lebensqualität in Brasilien. *Orientierung*, Zürich, n. 6, p. 71, 1977.

19. MAGALHÃES, Cecília. O dinheiro anda curto. In: *Movimento*, 20 dez. 1976.

20. Cf. *Movimento*, 13 dez. 1976.

zação visa, a longo prazo, o aumento da produtividade do trabalhador. Um dos manuais do professor do Mobral apresenta a fórmula: "alfabetização + educação continuada (= melhor nível de vida, melhores salários, maior produtividade) = promoção do desenvolvimento do país".[21]

Como se vê, o aumento da produtividade da força de trabalho tendo em vista o crescimento econômico goza sempre de preeminência, dentre os objetivos da educação. A melhoria de vida, a passagem, posto que molecular dos indivíduos ao grupo superior, desponta tangencial e instrumentalmente: A política social ganha, pois, relevo, na medida em que enseja "corrigir as distorções crônicas" ou que representa um artifício político válido para enfrentar um problema econômico conjuntural, como passaremos a ver, no que tange ao setor habitação.

Em 1964 o Brasil estava a carecer da criação de um milhão e cem mil novos empregos por ano, a fim de poder absorver a mão de obra que aflui anualmente ao mercado. O ritmo de expansão do emprego se vinha dando a uma taxa inúmeras vezes inferior à necessária, provocando um índice cada vez mais acentuado do desemprego estrutural. "A superação dessa deficiência estrutural — conforme esclarece Martone — somente seria possível, em primeiro lugar pela retomada do crescimento e pelo aumento do nível de investimento e, em segundo lugar, pelo estímulo governamental às atividades que usam mais intensamente o fator trabalho, como é o caso da construção civil e boa parte do setor agrícola."[22]

Concebem então os intelectuais da sociedade política um programa de habitação popular capaz de absorver amplo contingente de mão de obra desqualificada e/ou semiqualificada e de, simetricamente, minorar a deficiência estrutural que estava a ameaçar o bom funcionamento e o equilíbrio do sistema. De resto, a ativação da construção

---

21. BRASIL. MEC. Mobral (Ed.). Roteiro do alfabetizador. In: FREITAG, Bárbara. Op. cit., p. 84.
22. MARTONE, Celso L. Análise do Plano de Ação Econômica do governo (Paeg): 1964-66. In: LAFER, Betty M. *Planejamento no Brasil*. São Paulo: Perspectiva, 1970. p. 75.

civil provocaria o incremento das indústrias básicas fornecedoras de material desse ramo, bem como tangencialmente "daria saída ao problema social representado pela aguda carência de habitações nas cidades".[23]

São criados para estes fins o Banco Nacional de Habitação (BNH) e o Sistema Financeiro de Habitação, pela Lei n. 4.380, de 21/8/1964, que obtêm pleno apoio dos governos subsequentes.

O plano de habitação, reza o Programa Estratégico do Desenvolvimento (PED), deve "contribuir para o principal objetivo do governo que é o desenvolvimento, caracterizado pela elevação da taxa de crescimento econômico, os programas habitacionais constituem um fator de progresso social e de expansão do emprego, mediante a melhoria das condições de vida das populações".[24]

Vale salientar que o sistema financeiro engendrado pelo governo, e colocado sob a gestão do BNH, tornou viável a drenagem dos recursos gerados no setor privado em direção à construção civil, quando em 1967 aquele Banco assume a gerência dos depósitos do Fundo de Garantia por Tempo de Serviço (FGTS).

O grande segredo desse estratagema, diga-se de passagem, reside no fato de que o FGTS não onera praticamente as empresas privadas, de vez que as libera das reservas necessárias ao pagamento das indenizações compulsórias e reciprocamente amortece ou anula grande parte dos conflitos gerados no âmbito das relações sociais do trabalho. Por outro lado, o FGTS, em vez de constituir-se em mecanismo de redistribuição tem, ao contrário, servido como instrumento de concentração de rendas. Considerando que o fundo gera um salário respectivo integral em apenas doze meses seguidos de trabalho (8% ao mês sobre o salário) e considerando a alta rotatividade dos trabalhadores de baixa renda, o resultado é que na época da aposentadoria só os empregados mais estáveis — justamente os de renda mais elevada

---

23. BAER, Werner. *A industrialização e o desenvolvimento econômico no Brasil*. Rio de Janeiro: Fundação Getúlio Vargas, 1966. p. 201.

24. BRASIL. Ministério de Planejamento e Coordenação Geral. *Programa Estratégico de Desenvolvimento*, 1968-70. v. II, p. xvii e xviii.

— podem dispor de uma soma compensadora. Isto sem falar no mercado informal de trabalho, excluído dos benefícios do FGTS.

Como último adendo a esta pequena digressão, cabe-nos evocar o fato de que o aludido mecanismo veio substituir, com prejuízo, um direito arrancado ao trabalhador: a estabilidade do trabalho. Tanto é desvantajoso o FGTS, que em 1968 os trabalhadores reivindicam sua extinção e a reconquista do direito à estabilidade.

Retomemos agora o fio de nosso raciocínio: a partir de 1969 o BNH tornar-se-ia o segundo maior Banco do país em decorrência da magnitude dos recursos nele injetados.

Não obstante, o relatório anual de 1971 declara que "os recursos utilizados pelo Sistema Financeiro da Habitação só foram suficientes para atender a 24% da demanda populacional e o BNH indica para cada ano um aumento crescente do déficit habitacional que deverá exceder 37,8% do incremento das necessidades em 1980".[25]

Tudo indica, por conseguinte, que o objetivo "social" de suprir a carência de habitações não vem sendo atingido e se, a despeito, o BNH continua a merecer sempre maior apoio e incentivo governamental, é que seus objetivos econômicos de fortalecer a burguesia financeira são, em essência, prioritários, e estão sendo satisfatoriamente alcançados.

O I PND define sua política social em termos de integração social. Segundo aquele instrumento, deve-se processar a "abertura social, para assegurar a participação de todas as categorias sociais nos resultados do desenvolvimento, bem como a descentralização do poder econômico, com a formação do capitalismo do grande número e a difusão de oportunidades. São instrumentos financeiros dessa política os programas de Integração Social, como o PIS, o Pasep, o Pro-Rural e a abertura do capital das empresas".[26]

---

25. In: BOLAFFI, Gabriel. Habitação e urbanismo: o problema e o falso problema. Comunicação apresentada para o Simpósio de Habitação da XXVII Reunião Anual da SBPC, 1975, p. 16. (Mimeo.)

26. BRASIL. *I Plano Nacional de Desenvolvimento*: 1972-74, p. 9.

Em que pese, entretanto, a frequência com que passa a apontar formalmente para o "social", em que pese o enunciado de "assegurar a participação de todas as categorias sociais no desenvolvimento", o I PND deixa cair de forma indefensável sua tônica nos fatores que vão redundar em acumulação e concentração do capital.

Um dos exemplos mais cristalinos dos resultados de tal estratégia pode ser apanhado nos Programas de Integração Social e de Formação do Patrimônio do Servidor Público (PIS-Pasep). Criados em 1970, segundo postulados manifestos, deveriam esses programas "propiciar aos trabalhadores e servidores públicos a participação direta nos faturamentos das empresas e nas receitas das instituições públicas".[27]

Conforme sustenta, contudo, a Fundação Getúlio Vargas, a redistribuição da renda não se vinha registrando, e os mais favorecidos eram exatamente os beneficiários de renda mais elevada e os vinculados ao Pasep.[28]

A Lei Complementar n. 26, de 11/9/1975, funde os dois programas (PIS-Pasep) com o propósito de oferecer benefícios mais equitativos, de vez que a fusão se realiza contabilmente, e os critérios de distribuição das quotas vêm a ser únicos a partir dos saldos credores dos beneficiários. De resto, essa lei instaura a distribuição anual de um salário mínimo regional a todos os participantes cadastrados há cinco anos ou mais, que tenham renda mensal até cinco vezes o maior salário mínimo vigente no país, ao passo que os saques permitidos pelo sistema anterior à mesma, pouco adicionaram em termos reais às remunerações dos participantes de baixa renda. Em contrapartida, passam a ser proibidos os saques da quota de participação para a aquisição de casa própria e da correção monetária anual aplicada ao saldo credor das contas dos beneficiários.

Nestas condições, indaga-se, quais os benefícios que restam do PIS-Pasep em termos de "participação direta nos faturamentos da

---

27. Fundação Getúlio Vargas. PIS/Pasep, mecanismo de redistribuição. *Conjuntura Econômica*, v. 30, n. 1, p. 107-8, jan. 1976.

28. Ibid.

empresa"? Um remoto, incerto e circunstancial saque por ocasião de casamento, aposentadoria e invalidez e um salário mínimo anual às classes de mais baixa renda. Incomparáveis, sem dúvida, são os benefícios prestados ao Banco Nacional de Desenvolvimento, responsável direto pela administração e aplicação dos recursos provenientes do PIS-Pasep... Tinha razão, portanto, Demo, ao afirmar que "esse programa significa uma invenção genial de mais uma alavanca econômica e, certamente o governo naquela época (de sua criação) esperava dele mais resultados econômicos que sociais".[29]

Aliás o I PND é bastante claro no que tange à primazia conferida aos aspectos quantitativos do desenvolvimento. O terceiro governo da Revolução afirma que pretende "elevar o Brasil à categoria dos países de alto nível de desempenho em todos os setores, com taxas de crescimento do Produto Interno Bruto, estavelmente na ordem de 9% ao ano e expansão industrial acima de 10%..."[30] Enquanto isso, fontes vinculadas ao governo anunciam que o II PND inaugura uma nova era para a política social.[31] Ao nível do discurso o governo Geisel repudia, com efeito, a teoria economicista concentradora de renda, e "não aceita a colocação de esperar que o crescimento econômico, por si, resolva o problema da distribuição de renda, ou seja, a teoria de esperar o bolo crescer". Destaca a "necessidade de, mantendo acelerado o crescimento, realizar políticas redistributivas enquanto o bolo cresce", e proclama que "a estrutura da distribuição de renda é insatisfatória", e que não se solidariza com a mesma.[32] A estratégia de desenvolvimento social se propõe a garantir aumentos substanciais de renda real, particularmente às classes média e trabalhadora e a eliminar, no menor prazo, os focos de pobreza absoluta, primordialmente do Nordeste e da periferia dos grandes centros. Isto, porém,

---

29. DEMO. Op. cit., p. 19. O parêntese é nosso.

30. BRASIL. I Plano Nacional de Desenvolvimento (PND): 1972-74, p. 13.

31. Cf. ANDRADE, Antônio Cabral e DEMO, Pedro, ambos do CNRH. Op. cit. Acresce, de DEMO Pedro. *Emergencia del planeamiento social en el Brasil*. Trabajo realizado para la Unesco. Brasília: CNRH/Ipea, 1976. (Mimeo.)

32. BRASIL. Presidência da República. *II Plano Nacional de Desenvolvimento*: 1975-1979, p. 69.

num contexto estratégico que privilegia a "importância de consolidar um *modelo brasileiro de capitalismo industrial*".³³

De resto, o II PND não abre a possibilidade a qualquer forma de expressão, mobilização e organização da classe trabalhadora, salvo quando no tocante ao "esforço de modernizar e de dotar de bases empresariais o setor agropecuário, principalmente no Centro-Sul, confere seu "apoio às formas de organização dos produtores, especialmente cooperativas, objetivando o ganho de escala nas operações de compra e venda, assistência técnica e prestação de serviços". Atrela-se, por conseguinte, a organização social aos fins econômicos da modernização do sistema e do aumento da produtividade da força de trabalho, bem como se reforça um modelo de política social que exclui todas as chances de organização e participação política, e que se reduz, como salienta Kowarick, a "lubrificantes que servem para fazer funcionar a engrenagem econômica".³⁴

Tal concepção, gestada e desenvolvida sob diversas nuances a partir de 1964, exerce marcada influência nas produções teóricas e práticas do Desenvolvimento de Comunidade brasileira. Se no período populista a tônica do discurso nessa disciplina cai sobre as reformas de estrutura, tal plataforma vai sendo gradualmente substituída pelo foco no "processo de desenvolvimento socioeconômico". É evidente que isso não se dá abruptamente. A consciência gerada no período anterior deixa suas marcas nos anos pós-64, porquanto inúmeros intelectuais daquele período continuam a inspirar o Desenvolvimento de Comunidade e a buscar um reequacionamento de sua prática no Brasil. Assim é que, em várias produções vinculadas àquela disciplina, pode-se surpreender nas entrelinhas o choque de concepções antagônicas ou pelo menos nitidamente diferenciadas. Isto se verifica plausivelmente, por exemplo, nos documentos da Sudene, primeira superintendência regional a adotar oficialmente o Desenvolvimento de Comunidade, concebendo-o enquanto "um

---

33. Brasil. II PND. Op. cit., p. 37.
34. Kowarick, Lúcio. Op. cit., p. 13.

conjunto de atividades pelas quais a comunidade participa, consciente e deliberadamente, do processo de desenvolvimento econômico".[35]

Desde seu estado embrionário, a Divisão de Ação Comunitária recebe assim a incumbência de estimular a adesão do povo ao incremento das variáveis econômicas. De par com postulados dessa natureza, conseguem ainda vicejar proclamos em função de um trabalho comprometido com as classes subalternas, sob uma visão global de sociedade, sem dicotomia entre as instâncias social e econômica.[36]

Desde 1963, a partir do I Encontro de Escolas de Serviço Social do Nordeste, vinha a Sudene promovendo reuniões com assistentes sociais e com eles estudando a problemática do Desenvolvimento de Comunidade. Em fevereiro de 1964 realiza-se em Recife um treinamento para professores e técnicos daquela disciplina, sendo o desenvolvimento econômico o enfoque central do programa. O curso, patrocinado pela Sudene/Abess-NE e Fisi, lançava os alicerces para uma ação do Desenvolvimento de Comunidade em âmbito regional.

Criada em 1965, e passando a constar do III Plano Diretor da Sudene, a Divisão de Ação Comunitária é alocada no Departamento de Recursos Humanos, na qualidade de "atividade programada a fim de atender às repercussões sociais advindas do processo de desenvolvimento". Sua finalidade específica é "promover a integração e participação ativa de comunidades nordestinas nos programas e projetos do planejamento regional".[37]

Imprime-se, nestes termos, um caráter, a um só tempo instrumental e residual à Ação Comunitária, cuja função precípua é legitimar e implementar os programas e projetos da própria Sudene (enquanto órgão competente pelo planejamento regional) onde, por seu turno, a grande ênfase incide nas variáveis quantitativas. Haja vista,

---

35. BRASIL. Sudene. DRH/AC. *Encontros de Escolas de Serviço Social do Nordeste*. Recife, p. 6, 1965. (Mimeo.)

36. Cf. item 3.3 sobre a Sudene.

37. BRASIL. Sudene. *III Plano Diretor de Desenvolvimento Econômico e Social do Nordeste*: 1966-1968. Recife, p. 107, 1966.

por exemplo, o caráter nitidamente econômico dos objetivos, metas e diretrizes gerais do III Plano Diretor, no bojo do qual tem nascimento a Divisão de Ação Comunitária.

Não nos detenhamos, contudo, nesta seção, em considerações sobre o discurso da Sudene. Fá-lo-emos no item que trata das práticas de participação neste período.

Outras superintendências (Sudam e Sudesul) adotam posteriormente o método de Desenvolvimento de Comunidade, o que vem caracterizar o período como a fase de sua institucionalização em bases regionais.[38]

Criada em decorrência da Lei n. 5.173, de 27 de outubro de 1967, a Superintendência do Desenvolvimento da Amazônia (Sudam) tem como atribuição elaborar, coordenar e executar o Plano de Valorização Econômica daquela região, cujo objetivo oficial é "promover o desenvolvimento autossustentado da economia e o bem-estar da região amazônica, de forma harmônica e integrada na economia nacional".[39]

Desde sua criação vinha a Sudam tentando aplicar o Desenvolvimento de Comunidade, mas somente em abril de 1971 é o mesmo implantado como "a maneira pela qual as comunidades da região serão preparadas a participar do processo de desenvolvimento regional e nacional, acelerando-o e integrando-se efetivamente às diretrizes de governo"[40] e na condição de "instrumento de apoio aos diversos programas setoriais de desenvolvimento".[41]

Em sua primeira etapa (1971-74) o programa de Desenvolvimento de Comunidade propõe-se, numa construção tautológica, a "criar

---

38. A Sudeco (Superintendência de Desenvolvimento da Região Centro-Oeste) não concede ênfase significativa ao Desenvolvimento de Comunidade, razão. por que não é analisada neste trabalho.

39. BRASIL. Sudam. *O novo sistema de ação do governo federal na Amazônia*. Legislação Básica, I. Rio de Janeiro: Spencer, 1967. p. 9.

40. BRASIL. Sudam/DIES. *Programa de Desenvolvimento de Comunidade: 1971-76*. p. 1. (Mimeo.)

41. BRASIL. Sudam. Departamento de Desenvolvimento Local. Desenvolvimento de Comunidade: ação da Sudam. Belém: Coordenação de Informática, Divisão de Documentação, 1975. p. 3.

condições favoráveis ao processo de Desenvolvimento de Comunidade na região" e levanta mais três objetivos, a saber: contribuir para a articulação de entidades e integração de programas; elevar as condições econômicas sociais e culturais das comunidades; contribuir para a utilização do processo de planejamento a nível de governo e de entidades. Num segundo momento (1975-79) o programa passa a adotar objetivos mais nítidos de coordenação e mais diretivos no que tange à incorporação do povo aos planos de governo. Fala-se em "incentivar o preparo e engajamento da população auto-organizada na execução dos programas governamentais"[42] eliminando-se, de partida, qualquer possibilidade de restrição ou crítica aos mesmos e qualquer participação aos níveis de decisão e planejamento. A "auto-organização" da comunidade objetiva a execução incondicional e inquestionável dos programas de governo, concedendo-se, entretanto, à população, o "privilégio" de integrar seus esforços e suas necessidades aos planos governamentais. Aos órgãos locais, regionais e nacionais, oficiais e particulares, recomenda-se a articulação a nível de planejamento e execução, visando a integrá-los aos objetivos mais amplos do desenvolvimento.

A partir de considerandos sobre a realidade Amazônica, no tocante à tradição paternalista, baixo nível de aspiração, falta de integração e participação em programas de desenvolvimento, isolamento institucional, carência de grupos organizados etc., é adotada uma estratégia de capacitação de recursos humanos em Desenvolvimento de Comunidade, sensibilização das cúpulas administrativas e implantação de um sistema composto de coordenações nos níveis regional, estadual/territorial e local, inseridas nos órgãos responsáveis pelo planejamento e coordenação do desenvolvimento nos respectivos níveis.[43]

Vinculado, a partir de 1973, à Coordenação do Desenvolvimento Local da Secretaria Geral do Ministério do Interior (Minter), o programa de Desenvolvimento de Comunidade privilegia a modernização

---

42. Id., p. 5.
43. BRASIL. Sudam/DDL/DDC. *Desenvolvimento de Comunidade*: experiência Amazônica – 1971-1974. Belém: Coordenação de Informática, Divisão de Documentação, 1975. p. 8-9.

do aparelho administrativo a nível dos Estados e prefeituras tendo em vista sua maior eficácia e racionalidade, primordialmente através da adoção da técnica de planejamento. Tal estratégia casa-se perfeitamente com as determinações do I e II PND. A estratégia de desenvolvimento estabelecida pelo I PND define uma política de modernização da empresa privada e pública, bem como estatui que a reforma administrativa "deverá constituir o instrumento para a eliminação de obstáculos institucionais, de qualquer natureza, à eficiente execução dos projetos prioritários incluídos no Plano Nacional de Desenvolvimento" e delibera a "harmonização das diretrizes de planejamento dos Estados com o Plano Nacional de Desenvolvimento para. execução coordenada de um programa realmente nacional".[44] O II PND estatui normas de eficiência e racionalidade, "desenvolvimento da região metropolitana de Belém e das cidades de Manaus e Santarém, através da dinamização das funções administrativas [...] e ação de estímulo e coordenação do planejamento".[45]

De resto, o II Plano de Desenvolvimento da Amazônia (PDA) deixa patente que sua política deve contribuir para a implantação eficiente das [...] linhas de ação do II PND"[46] e ao Desenvolvimento de Comunidade compete "a interpretação, divulgação e preparação das populações para as mudanças que advirão com a [...] implantação" do II PDA.[47]

Resulta, nestes termos, evidente que as intenções da participação perseguida pela Sudam consistem em legitimar as diretrizes estabelecidas pela sociedade política nacional para aquela área, bem como estimular a adesão e apoio da sociedade civil Amazônica para a implementação das mesmas.

Os programas de Desenvolvimento de Comunidade implantados na área da Sudesul (Superintendência do Desenvolvimento da Região

---

44. BRASIL. I PND. Op. cit., p. 21, 69-71.
45. BRASIL. II PND. Op. cit., p. 89.
46. BRASIL. Sudam. *II Plano de Desenvolvimento da Amazônia.* Belém, 1975. p. 28.
47. BRASIL. Sudam/DDL. *Sistema Amazônico de Desenvolvimento de Comunidade.* Belém, 1976. p. 10.

Sul) refletem, *mutatis mutandi*, os mesmos propósitos. Os objetivos de vários projetos ali desenvolvidos enunciam a "integração da comunidade (nível municipal e microrregional) aos projetos de desenvolvimento da área",[48] ou definem o "planejamento local integrado como o processo mediante o qual os responsáveis locais são induzidos por equipe técnica a escolherem alternativas de desenvolvimento mutuamente coerentes e que se integrem nas diretrizes emanadas das instâncias superiores de governo".[49]

A Sudesul vale-se de organismos públicos e privados para, em convênio com os mesmos, realizar programas de Desenvolvimento de Comunidade. O Serfhau (Serviço Federal de Habitação e Urbanismo), órgão (extinto) do Ministério do Interior, foi responsável, com a Sudesul, por uma experiência que utilizou o Desenvolvimento de Comunidade como meio de obter maior participação popular no processo de planejamento a níveis local e microrregional, entre 1971 e 1974. Ao relatar essa experiência Cornely informa que uma equipe de técnicos designados pelo governo federal passava a viver na própria localidade e atuar na sede da prefeitura com o fim de "induzir e orientar diretamente uma série de mudanças nas comunidades municipais, a começar pela administração local".[50] A participação comunitária é, no programa, concebida como "a incorporação dos responsáveis locais nos planos de governo".[51] Isso nos leva a concluir que a função "indutora" dos técnicos equivale a dizer — adotada uma linguagem gramsciana — que os intelectuais da sociedade política desempenham o papel de "comissários do grupo dominante para o exercício das funções subalternas da hegemonia social e do governo político".[52] Ou seja, utilizando poderes concedidos pelo governo, seus técnicos *induzem* os

---

48. Cf. por exemplo: Projeto de Assistência Social e Organização Comunitária do Litoral Sul de Santa Catarina.

49. Tal conceito foi adotado nas experiências desenvolvidas na área pelo Serviço Federal de Habitação e Urbanismo. In: CORNELY, Seno A. *Serviço Social, planejamento e participação comunitária*. São Paulo: Cortez e Moraes, 1976. p. 24-5.

50. Id., p. 23.

51. GRAMSCI. *Os intelectuais*. Op. cit., p. 11.

52. CORNELY, Seno A. Op. cit., p. 45.

representantes locais a se incorporarem às mudanças ditadas por esse mesmo governo. Essas mudanças, configuradas pelo Serfhau na modernização da administração local, obedecem a diretrizes estabelecidas no I PND, postura igualmente partilhada pela Sudam. [53]

Em 1970, atendendo reivindicações que datavam desde o início da década de 1960, o Ministério do Interior cria um órgão nacional de coordenação de Programas de Desenvolvimento de Comunidade (CPDC).

Em meio às considerações justificativas do CPDC, o Ministério do Interior afirma: a importância da participação das comunidades no contexto do desenvolvimento local, regional e nacional; que essa participação deve ser suscitada através da dinâmica do processo de Desenvolvimento de Comunidade; que a comunidade deve ser *induzida* a utilizar racionalmente seus recursos visando a acelerar seu desenvolvimento; e finalmente que a integração dos projetos locais de Desenvolvimento de Comunidade em programas mais amplos devem obedecer a objetivos gerais da política nacional de desenvolvimento.[54]

Em derivação a tal embasar-se, delineiam-se inevitavelmente objetivos de cunho integracionista e altamente diretivo: a) propiciar o entrosamento, no nível de planejamento, a articulação a nível de execução, dos diversos órgãos locais, regionais e nacionais, oficiais e particulares, que atuam em Desenvolvimento de Comunidade, visando a integrá-los nos objetivos amplos do desenvolvimento; b) esquematizar, em nível nacional, os programas de Desenvolvimento de Comunidade a serem iniciados, em primeira prioridade, em cinquenta municípios brasileiros, dentro da primeira etapa do PAC (Programa de Ação Concentrada).[55] Estatui ainda o art. 1º do Regimento Interno da CPDC que a ela caberia fixar as metas nacionais de desenvolvimento comunitário,[56] conferindo-lhe, assim, amplos

---

53. Cf. I PND, op. cit., p. 69-71.
54. BRASIL. Minter. Secretaria-Geral. Portaria n. 114, de 4/9/1970, p. 1; o grifo é nosso.
55. BRASIL. Minter. Secretaria-Geral. Op. cit., p. 1-2.
56. BRASIL. Minter. Secretaria Geral. *Regimento Interno da Coordenação de Programas de Desenvolvimento de Comunidade.* Capítulo I, art. 1º, p. 7.

poderes que posteriormente entram em choque com algumas superintendências regionais.

Na Cepal, a CPDC foi buscar o conceito de Desenvolvimento de Comunidade a ser adotado, casando-se este como uma luva à sua filosofia "integradora" e seu objetivo de subsidiar e acelerar o modelo de desenvolvimento nacional: "instrumento de participação popular e um sistema de trabalho destinado a facilitar a conjugação dos recursos da população e do governo, e obter a maior rentabilidade destes".[57]

Trata-se, segundo o enunciado, de utilizar o Desenvolvimento de Comunidade como recurso capaz de ensejar maior rendimento aos recursos do governo, através da utilização gratuita da força de trabalho local.

Os recursos do governo — saídos do povo — logram tornar-se por tais vias mais rentáveis, graças à adição de mais recursos extraídos novamente do povo. A tal estratagema se ousa dar o nome de participação popular.

A CPDC teve vida efêmera. Em 1973 foi ela substituída pela Unidade de Coordenação dos Programas de Desenvolvimento de Comunidade (UPDC), vinculada à Coordenação de Desenvolvimento local, da Secretaria-Geral do Ministério do Interior, que, por sua vez, foi posteriormente extinta.[58] Atualmente os Programas de Desenvolvimento de Comunidade das Superintendências conjugam-se ao Programa de Ação Concentrada (PAC), órgão também do Minter.

O período ora em análise é marcado pela adoção do Desenvolvimento de Comunidade em larga escala, tanto em âmbito regional, através das superintendências, como por diversos organismos atuantes a nível estadual e mesmo nacional. No primeiro caso, inscrevem-se, por exemplo, os Centros Rurais Universitários de Treinamento e Ação Comunitária (Crutacs), a Unidade Móvel de Orientação Social (Unimos)

---

57. In: SILVA, Maria Lucia C. Op. cit., p. 261.
58. Cf. BRASIL. Minter/Sudam/DDL. *Sistema Amazônico*. Op. cit., p. 3-4.

do Sesc, e outros programas auspiciados por secretarias de governos estaduais.[59] No segundo caso (âmbito nacional), ganha relevo o Projeto Rondon que, nascido de uma experiência de estágio universitário promovida pela Universidade da Guanabara, é brindado pela chancela da sociedade política através do Decreto-lei n. 67.505, de 6 de novembro de 1970, que o torna órgão da administração direta, com autonomia administrativa e financeira no grau e nas condições estabelecidas neste decreto e de acordo com o disposto no art. 12 do Decreto-lei n. 900, de 29 de setembro de 1969.

A política do Projeto Rondon — "integrar para não entregar" — repousa no fundamento básico que diz respeito à participação crescente do universitário no processo de desenvolvimento e se pauta na "economia da educação", que trata o estudante enquanto capital humano, capaz de gerar taxas de retorno compensatórias para o crescimento do país.[60]

Na qualidade de aparato ideológico do Estado[61] o Projeto Rondon esposa a estratégia de integração delineada pelas Metas e Bases para a Ação do Governo (1970), cabendo-lhe contribuir para a ampliação do mercado interno de trabalho e remanejamento dos recursos humanos, atendendo em escala de prioridade às necessidades das áreas ditas mais carentes do país.

Seu objetivo geral consiste em "proporcionar a compreensão pela juventude, da realidade nacional em toda a sua problemática e complexidade, a fim de conscientizar as futuras lideranças, criando uma mentalidade nacional de participação comunitária favorável às mudanças necessárias".[62]

---

59. Dado que nosso intento não é fazer a historiografia dos programas de Desenvolvimento de Comunidade — conforme explicamos na Introdução — não nos entreteremos aqui em analisar cada um desses programas. Elegemos dentre os apontados o Projeto Rondon, pela sua magnitude e pela ênfase que confere à participação.

60. Cf. SOBRAL, Fernanda A. da F. *Educação e mudança social*: uma tentativa crítica. Tese (Mestrado em Sociologia) — Universidade de Brasília, Brasília, 1976. (Mimeo.)

61. Cf. ALTHUSSER, Louis. *Ideología y aparatos ideológicos del Estado*. Buenos Aires: Nueva Visión, 1974. (Col. Fichas, v. 34.)

62. BRASIL. Projeto Rondon. Coordenação Geral. *Projeto Rondon*. Brasília [s.d.], p. 4. (Mimeo.)

Atente-se para a concepção altamente diretiva de uma "participação" que pretende explicitamente criar "uma mentalidade nacional favorável [...] às mudanças necessárias". Necessárias a quê? A resposta é fornecida pelo próprio órgão, sob diversas formas e em múltiplas fontes, valendo como exemplo a afirmativa de que "o universitário estará contribuindo para a realização dos planos, programas e projeto dos órgãos públicos, federais, estaduais e municipais".[63] Constata-se, nas condições dadas, que a "participação" é entendida como a eliminação dos obstáculos à implementação dos planos de governo, pela criação de uma mentalidade favorável aos mesmos. Tanto é, que um dos objetivos instituídos pela Lei n. 6.310, de 15/12/1975, que autoriza a criação da Fundação Projeto Rondon, imputa ao universitário a função de "colaborar na execução da política de integração nacional, em consonância com os planos de desenvolvimento".[64]

Em decorrência, todas as diretrizes, estratégias e metas do órgão apontam nessa direção: segurança, integração e desenvolvimento, segundo conceitos e moldes desenhados pelo bloco no poder. Aos universitários cabe a empreitada de carrear a "participação" dos habitantes do interior para aquelas plataformas, levando "à sedimentação de valores morais, sociais e cívicos, como resultado da mais alta significação na adoção de uma estratégia sensível de desenvolvimento".[65]

O Projeto Rondon espera que o universitário "tenha uma visão global do Brasil capaz de exercer um grande efeito multiplicador na superação dos falsos conflitos entre governo e empresa privada, entre estudantes e instituições, entre empregados e empregadores, entre civis e militares, entre diferentes regiões e tantos outros da mesma natureza".[66]

---

63. BRASIL. Projeto Rondon. *Documento Básico da Fundação Projeto Rondon*. Brasília [s.d.], folheto, p. 3.

64. Cf. por exemplo, a Exposição de Motivos n. 1.077, que fundamenta a criação da Fundação Projeto Rondon.

65. BRASIL. Projeto Rondon. Coordenação Geral. *Projeto Rondon*, Brasília [s.d.], p. 2. (Mimeo.)

66. BRASIL. Projeto Rondon. *Projeto Rondon*: uma escola de realidade nacional. Brasília, [s.n.t.].

Chamamos a atenção para o postulado que vimos de exarar. O Projeto Rondon nega a existência de conflitos na sociedade — qualificando-os de *falsos* — inculca no estudante e no povo do interior essa ideologia e por esse meio assegura a preservação das relações de dominação e das estruturas de classes no âmago do bloco histórico.

Equipes de professores e estudantes aproximam-se das pequenas localidades interioranas impregnadas de tal ideologia, roçam os problemas imediatos de seus habitantes, prestam socorro, assistência e lazer durante o período de férias e voltam aos centros urbanos carregando uma dupla sensação: a primeira, resultante do saldo altamente positivo de seu contato e de sua experiência com áreas rurais e problemas anteriormente desconhecidos; outra, a impressão, esta sim, ilusória, de ter ajudado os habitantes daquelas áreas a solucionarem seus problemas. Impossível, em tão curta dilação, realizar um trabalho válido, mesmo que ele seja de natureza assistencial. Com a pseudossolução dos problemas, ou com a superação imediatista dos mesmos — este não é um erro apenas do Projeto Rondon, mas de vários outros programas — não se pode contribuir para o real desenvolvimento daquela área. Muito pelo contrário, deixando inalteradas as estruturas básicas condicionantes da problemática global, se continua a perpetuar as relações de exploração ao nível das classes e das regiões do Brasil. Simultaneamente se está exacerbando o grau de alienação[67] das classes subalternas interioranas, ao se lhes incutir uma visão distorcida do processo histórico-dialético do desenvolvimento e a ilusão de que uma das razões de sua "desintegração social" encontra-se na esfera de seus valores e atitudes.

Cumpre-nos ainda uma pequena alusão, como passo final deste item, ao Programa Nacional de Centros Sociais Urbanos (CSU) criado

---

67. Entendemos "alienação" conforme é pensada em *A ideologia alemã*, isto é, aquele poder estranho que se situa acima dos indivíduos, e "do qual eles não conhecem nem a origem nem o fim que se propõe". Refere-se o autor ao "poder social, quer dizer, a força produtiva multiplicada que é devida à cooperação dos diversos indivíduos, a qual é condicionada pela divisão do trabalho" (MARX, Karl; ENGELS, Friederich. *A ideologia alemã*. Lisboa: Presença/Martins Fontes, [s.d.]. v. I, p. 41).

em 1975, na qualidade de mais um programa com vistas à integração social.

O Decreto n. 75.922, de 1º/7/1975, dispondo sobre a criação daquele Programa, estatui que a sua finalidade é "promover a integração social nas cidades, através do desenvolvimento de atividades comunitárias".[68]

Partindo da premissa de que se agravam os problemas decorrentes do acelerado processo de urbanização no Brasil, a exposição de motivos n. 004/1975 do Conselho de Desenvolvimento Social, aprovada pela presidência da República, recomenda a "implantação de unidades integradas de prestação de serviços sociais e de promoção das atividades comunitárias".[69] Em que pese a abrangência a que se propõe o CSU, a Exposição de Motivos privilegia nitidamente as áreas de lazer e cultura, chegando a mencionar atividades como a música erudita, modelagem, pintura, dança e ginástica rítmica, ao mesmo tempo que (pelo decreto) se endereça à periferia das grandes cidades, onde predominem as populações de baixa renda.

Ora, sabe-se que a maioria dessa população é analfabeta ou semianalfabeta e a sua problemática, antes de ser o lazer e a cultura, diz respeito à subsistência, ao trabalho, salário justo, e participação no produto do desenvolvimento, não por uma outorga da sociedade, mas como fruto direto conquistado pelo seu trabalho.

O CSU se reconhece como uma "tomada de posição pelo governo federal frente ao problema de desagregação social e comunitária" dos grandes centros urbanos,[70] e pretende, mediante o método do Desenvolvimento Comunitário, "aumentar a participação do habitante das cidades no processo de desenvolvimento urbano".[71]

---

68. BRASIL. Seplan. Coordenação de Relações Públicas. *Programa Nacional de Centros Sociais Urbanos*, Brasília, n. 17, p. 4, 1975.

69. Id., p. 1.

70. BRASIL. Centros Sociais Urbanos. Instrução n. 3, 27/2/1976, p. 1.

71. Id., p. 3.

O Desenvolvimento de Comunidade é definido como "uma tomada de consciência pelo indivíduo, da possibilidade e necessidade de sua participação no equacionamento de problemas e definição de objetivos que atentam para as necessidades do conjunto da população e para o crescimento harmônico do meio em que vive".[72]

Para o alcance de tão elevado escopo, é indigitada a prestação de serviços de educação e cultura, desporto, saúde e nutrição, trabalho, previdência e assistência social, recreação e lazer.

Na área de trabalho — a de maior validade para o tipo de beneficiário do CSU — são indicados o treinamento profissional e orientação para o trabalho, agências de emprego, assistência jurídica e Previdência.

Sem pretender subestimar a validade de tais medidas, indagamo-nos como é possível, mediante sua aplicação, solucionar o impasse — por sua vez altamente questionável, diga-se de passagem — da "desagregação social" e obter a participação popular no equacionamento de seus problemas, tendo em vista o "crescimento harmônico de seu meio".[73]

Resulta, nas condições dadas, um enorme hiato entre os ideais preconizados pelo CSU e os meios por ele utilizados. Parece já amplamente aceito que não é a prestação de serviços — área específica desse programa — que vai ensejar a participação das classes subalternas de mais baixa renda no processo de desenvolvimento urbano. Participação, na acepção abrangente do conceito, implicaria tomar parte nas decisões macrossocietárias que determinam a produção e a distribuição dos bens da sociedade, dispor e usufruir desses bens na dimensão em que aquelas classes contribuem para a geração do produto,[74] em vez de, como permitem os CSUs, receber alguns bens residuais, segundo critérios, opções e interesses das classes hegemônicas das sociedades civil e política.

---

72. Id., p. 2.
73. BRASIL. Centros Sociais Urbanos. Instrução n. 3, 27/2/1976, p. 4.
74. Cf. AMMANN, Safira Bezerra. *Participação social*. 2. ed. São Paulo: Cortez e Moraes, 1978.

3.2 Intelectuais do Desenvolvimento de Comunidade absorvem ideologia da integração

Os lineamentos da literatura produzida pós-1964 revelam a absorção lenta mas progressiva das novas orientações que passam a vigorar na superestrutura do bloco histórico então vigente. Os intelectuais do Desenvolvimento de Comunidade — pelo menos na literatura publicada — vão substituindo paulatinamente as reivindicações de reformas estruturais por apelos à integração dos programas ao processo de desenvolvimento, bandeira largamente desfraldada pelo governo militar. Com efeito, a palavra "integração" — e subjacente à mesma, uma robusta e bem estruturada ideologia — passa a dominar o discurso das classes dirigentes.

Configura-se uma vez mais a observação de Marx ao afirmar que "os pensamentos da classe dominante são também, em todas as épocas, os pensamentos dominantes, ou seja, a classe que tem o poder *material* dominante numa dada sociedade é também a potência dominante *espiritual*".[75] No caso e naquela conjuntura brasileira, o grupo militar é mobilizado pelas classes hegemônicas detentoras dos meios de produção, por ocasião da crise de hegemonia, para se constituírem, a partir de então, em emissários dos pensamentos dominantes da sociedade civil.

A integração representa a categoria-chave que vem a expressar a ideologia dessas classes e frações de classes na condução da nova etapa histórica brasileira. Como vimos no Capítulo I, as teorias fundadas na integração já se difundiam no Brasil, desde anos anteriores. O inusitado é que a sociedade política pós-64 apropria-se dessa categoria e lhe concede foros de polarizadora da instância superestrutural no modelo de desenvolvimento então implantado.

Tal estratégia pode ser sobejamente constatada pela análise da política social vigente, cujo esboço encontra-se presente no item anterior. De resto, a análise de "O discurso político como indicador dos

---

75. MARX, Karl; ENGELS, Friedrich. Op. cit., p. 55-6.

sistemas de poder na América Latina" empreendida por Almeida[76] demonstra que o tema "integração" é o segundo mais abordado (157 vezes) nas falas presidenciais do Brasil, entre 1964-71, somente superado pelo tema "desenvolvimento" (527 vezes). Acresce ainda que a "integração" registra um crescendo acentuado — sendo mencionada 98 vezes em 1971 — e que, após aquele ano, se confere cada vez maior ênfase àquela categoria.

A conotação que vem sendo atribuída pela sociedade política à estratégia de integração encontra-se sintetizada nas primeiras páginas do I PND: "articulação harmônica entre governo e setor privado, União e Estados, entre regiões desenvolvidas e regiões em desenvolvimento, entre empresa e trabalhadores". Igualmente se expressa pela "participação de todas as categorias sociais nos resultados do desenvolvimento"[77] e se mediatiza nos programas PIS-Pasep, BNH, Mobral, CSU, Rondon, já mencionados no item anterior, bem como de outros destinados à integração regional e nacional (PIN, Proterra, Provale, Prodoeste etc.).

A ideia de integração vai buscar suas origens principalmente na imagem do equilíbrio, cujo maior sistematizador foi Parsons. Para ele, há dois tipos fundamentais de processos necessários para a manutenção do equilíbrio dos sistemas sociais: a repartição (*allocation*, no original inglês) e a integração. O primeiro, diz respeito aos processos que mantêm uma distribuição dos componentes ou partes do sistema, compatível com a manutenção de um estado dado de equilíbrio; a integração, por seu turno, refere-se àqueles "processos mediante os quais as relações com o ambiente se realizam de tal forma que as propriedades internas distintivas e os limites do sistema, como uma entidade, se mantêm, apesar da variabilidade da situação externa".[78]

A sociedade — caracterizada como o tipo de sistema social com o mais elevado nível de autossuficiência em relação ao seu ambiente,

---

76. ALMEIDA, Cândido Mendes. In: CBCISS. Desenvolvimento e participação no Brasil. *Documento*, Rio de Janeiro, n. 80, 1974.

77. I PND. Op. cit., p. 7 e 9.

78. PARSONS, Talcott; SHILLS, Edward A. Op. cit., p. 134.

onde se incluem outros sistemas sociais — contém dentro de si uma *estrutura integradora* capaz de controlar os conflitos e os processos competitivos.

A integração brota, portanto, do quadro parsoneano, como uma função primária do subsistema da "comunidade societária", indispensável à ordem tanto quanto a harmonia e a coordenação.[79]

A participação representa, nesse contexto, um dos "métodos de integração em sociedades cada vez mais diferenciadas" e a forma pela qual os membros de uma sociedade legitimam o poder. "O governo, diz Parsons, não pode simplesmente 'governar', mas precisa ser legitimado para governar uma comunidade relativamente comprometida, ao assumir responsabilidade pela manutenção de sua ordem normativa."[80]

A cidadania, fundada nos princípios de "igualdade perante a lei" encontra-se intimamente articulada à ideia de participação e ambas cooperam para a manutenção da ordem, para a preservação e a integração do sistema social.

Sendo a interdependência a propriedade mais geral de um sistema, ela indica a *ordem* nas relações entre os componentes que participam do conjunto, devendo esta apresentar a tendência à automanutenção e ao equilíbrio.

A diferenciação interna dos sistemas, resultante de papéis diferenciados, requer a integração como condição para a realização de certas metas compartilhadas, bem como para evitar seu choque e conflito. "Sem embargo, por mais que a integração social dependa de normas internalizadas, não pode ser lograda unicamente por elas. Requer também de alguma coordenação suplementar, concedida pelas expectativas de papel explicitamente prescritivas ou proibitivas (por exemplo, leis) enunciadas por atores que ocupam papéis espe-

---

79. PARSONS, Talcott. *O sistema das sociedades modernas*. São Paulo: Pioneira, 1974. p. 19 e 22-3. O autor define a comunidade societária como "uma rede complexa de coletividades interpenetrantes e lealdade coletivas, um sistema caracterizado por diferenciação funcional e segmentação" (Id., p. 25).

80. Id., p. 33.

cialmente diferenciados, e aos quais se vincula a responsabilidade coletiva".[81]

Dito noutros termos, segundo Parsons, cabe ao bloco no poder assegurar, através do aparato legal e coercitivo, a efetivação da integração social, como condição para o equilíbrio do sistema.

É isto que passa a ocorrer no Brasil, com algumas singularidades e com as cabíveis adaptações. Dentre as medidas para eliminar os pontos de estrangulamento do crescimento econômico, confere-se grande relevância aos mecanismos de integração social e nacional, resultando subjacente o suposto de que um dos grandes problemas brasileiros *é* a existência de regiões e de populações "desintegradas" do processo de desenvolvimento. De posse desse fundamento, criam-se programas, acionam-se mecanismos, instituem-se incentivos de integração regional e social.

Tal preocupação é gradual e progressivamente absorvida pelos intelectuais do Desenvolvimento de Comunidade e incorporada ao seu discurso e a suas práticas, à medida que se vai tornando mais nítida a diretriz de integração ao desenvolvimento no âmbito da sociedade política.

Essa incorporação não se sedimenta, contudo, automática e bruscamente. Na qualidade de processo dialético, a história vai tecendo em surdina as contradições e o choque de concepções que, malgrado contraditórias, podem às vezes coexistir. Assim é que no período pós-64 as produções teóricas e diversas práticas ainda conservam as marcas do esforço por desnudar o Desenvolvimento de Comunidade de sua ideologia originária e vinculá-lo mais diretamente aos problemas das classes trabalhadoras brasileiras. No Rio de Janeiro, por exemplo, equipes técnicas atuantes em favelas recusam operacionalizar os modelos importados e isso provoca a reação de representantes de organismos internacionais patrocinadores do Desenvolvimento de Comunidade.[82] Em diversas regiões realiza-se ainda uma ação

---

81. PARSONS, Talcott; SHILLS, Edward A. Op. cit., p. 241.
82. Cf. Almeida, Anna Augusta de. *Possibilidades e limites da teoria de Serviço Social*. Rio de Janeiro: Francisco Alves, 1978. p. 103.

educativa de caráter político através do "Método Paulo Freire" até que, em decorrência do AI-5, é formalmente proibida sua aplicação.

Vejamos como se deu a evolução do pensamento dos intelectuais de Desenvolvimento de Comunidade, na assimilação da nova ideologia implantada pelas classes dirigentes.

Em 1965 o CBCISS publica o livro de Reis, *Você e sua comunidade*, que, segundo a autora, se destina às bases comunitárias e não aos técnicos. O trabalho alicerça seus esteios nos cânones do humanismo cristão europeu, com inspiração preponderante em Lebret, Mounier e Chardin.[83] A autora deposita sua crença na transformação de um mundo capaz de coexistir pacificamente e de chegar "um dia à compreensão e aceitação do sentido profundo e transcendente da convivência fraterna [...] pois, sob certos aspectos e em determinadas áreas pode-se perceber que já se esboça a tendência para o surgimento de uma civilização tipo solidarista".[84]

A partir de tais enunciados, Reis procede ao desdobramento de sua proposta de ação comunitária, subsidiada principalmente nas experiências de missões rurais descritas no primeiro capítulo deste trabalho.

Em que pese sua destinação expressa às bases, em que pese ainda a inserção de características típicas de passos anteriores do Desenvolvimento de Comunidade, o livro de Reis obtém alta penetração nos meios acadêmicos e serve de *vade mecum* a inúmeros técnicos durante a década de 1960.

Idêntica inspiração humanista apresenta o trabalho de Rodrigues,[85] publicado em 1966, com a particularidade de que a autora dá maior ênfase do que Reis à categoria "integração", em seu arsenal teórico e metodológico.

A obra de Rodrigues surge como arquétipo da miscigenação de conceitos, na confluência das águas teóricas que começam a esboçar

---

83. Cf. indicações bibliográficas desses autores no capítulo anterior.
84. REIS, Aylda Pereira. *Você e sua comunidade*. Rio de Janeiro: CBCISS, 1965. p. 11.
85. RODRIGUES, Ivany Lopes. Op. cit.

uma nova direção dos intelectuais do Desenvolvimento de Comunidade. Concebendo-o enquanto "propulsor e acelerador do desenvolvimento", a autora faz conviver o postulado de integração com o de transformação das estruturas nacionais; de racionalidade administrativa com o de conscientização das massas; enfim, ao mesmo tempo em que denuncia o alijamento (por parte do movimento militar) das classes subalternas quanto ao processo de participação, vai, talvez sem o perceber, agregando ao seu discurso a linguagem e as diretrizes da nova política implantada.

O Seminário de Teorização do Serviço Social, do qual se origina o conhecido Documento de Araxá, representa inquestionavelmente uma parada para a reflexão, inclusive sobre o Desenvolvimento de Comunidade.

Também aí se pode ainda sentir o amálgama de supostos heterogêneos, onde se permeiam pretensões dialéticas com fórmulas funcionalistas de desenvolvimento.

Os intelectuais presentes ao conclave defendem a necessidade da compreensão da realidade brasileira como suposto basilar para que o Serviço Social possa nela inserir-se adequadamente, com vistas à mudança que aí se deve operar. Entendem eles o desenvolvimento "como um processo de planejamento integrado de mudança nos aspectos econômicos, tecnológicos socioculturais e político-administrativos".[86] Aqui se delineia já o sincretismo que vai caracterizar todo o documento. Postula-se a mudança e atrela-se o desenvolvimento ao planejamento "integrado", resultando ambíguo se essa mudança é estrutural ou meramente ajustadora, se esse processo é dialético ou mantenedor da ordem no interior do sistema. Caminham *pari passu* o reconhecimento da necessidade de mudança estrutural e de participação popular, com o da "valorização dos recursos humanos visando a superar resistências aos programas e projetos a serem implantados".[87]

---

86. CBCISS. *Debates Sociais*. Especial Documento de Araxá. 2. ed., v. III, n. 4, p. 1-80, maio 1977, p. 18.

87. Id., p. 19.

O Desenvolvimento de Comunidade é pensado como "um meio na aceleração do desenvolvimento",[88] na qualidade de "processo interprofissional que visa a capacitar a comunidade para integrar-se no desenvolvimento através da ação organizada, para atendimento de suas necessidades e realizações de suas aspirações".[89] Registre-se no enunciado a presença do componente "integração ao desenvolvimento", enquanto fim para o qual se deve capacitar a comunidade. Esse objetivo é justificado pela demonstração, já consagrada pela ONU, de como o Desenvolvimento de Comunidade pode contribuir ao desenvolvimento nacional: "a) gera o crescimento econômico e social no piano local; b) constitui um canal adequado para a mútua comunicação entre o governo e o povo; c) colabora na formação do capital social básico e na expansão da infraestrutura, pelo incentivo às iniciativas locais nesses setores, liberando recursos governamentais que poderão destinar-se a investimentos nacionais importantes; d) cria, em muitos países, as condições prévias necessárias para a evolução dos órgãos do governo local ou para o fortalecimento de instituições que ficaram estacionárias ou que não se adaptaram às mudanças".[90]

O prosseguimento da reflexão demanda, neste ponto, a consideração dos postulados da ONU acima exarados. Evoque-se que o Desenvolvimento de Comunidade é destinado a áreas subdesenvolvidas e aplicado, via de regra, junto a frações da classe subalterna constituídas na maioria por trabalhadores e pequenos proprietários rurais, por operários urbanos, pelo exército de reserva industrial ou pelas camadas "marginalizadas" do processo produtivo. Usando os termos do próprio Desenvolvimento de Comunidade, ele atua nas áreas e faixas econômica e socialmente mais carentes das populações urbanas e rurais. Não obstante, sua teoria, seus pressupostos, seus objetivos, sua direção e metodologia são definidos, não por aquelas

---

88. Id., p. 39.
89. Id., p. 14.
90. CBCISS. *Debates Sociais*. Especial Documento de Araxá. 2. ed., v. III, n. 4, p. 1-80, maio 1977, p. 15.

faixas carentes, mas por grandes organismos nacionais e internacionais porta-vozes dos interesses das classes hegemônicas.

São, pois, eles e não as classes destinatárias do Desenvolvimento de Comunidade que o consideram "canal adequado para a mútua comunicação entre o governo e o povo". Adequado por que? E a que? A julgar pelos demais enunciados, "adequado" porque gera o crescimento econômico e social em moldes capitalistas, pelo incentivo às iniciativas locais nesses setores, isto é, utilizando as técnicas de ajuda-mútua em horas de folga daquelas frações da classe trabalhadora para, através do trabalho gratuito, construir a infraestrutura dos povoados, vilas e favelas. Institucionaliza-se, por esse meio, uma nova e adicional modalidade de exploração da força de trabalho, capaz de se prolongar até o ambiente da família, fora do processo direto de produção. De resto, liberam-se "os recursos governamentais, que poderão destinar-se a investimentos nacionais *mais importantes*"[91] do que a infraestrutura destinada às classes trabalhadoras urbanas e rurais.

Cabe indagar, neste interstício, por que o mutirão e outras técnicas de autoajuda para abrir esgotos, coletar lixo, construir estradas e escolas não são aplicados às classes detentoras dos meios de produção. A resposta pode ser encontrada de forma inobjetável na própria realidade: a infraestrutura e urbanização das áreas habitadas por estas classes são custeadas por aqueles mesmos recursos governamentais que, no caso dos trabalhadores, carecem de ser "liberadas" para "investimentos nacionais mais importantes". Nas "áreas carentes", ademais de se deixarem os déficits infraestruturais, eles são cobertos mais uma vez às expensas da classe que — mediante o excedente do trabalho agrícola, a mais-valia gerada no processo industrial, a depressão dos salários reais, o pagamento de taxas e impostos — dá maior contribuição, direta ou indireta, para a formação dos tais recursos governamentais.

Pode-se, pois, afirmar com grande margem de segurança, que o Desenvolvimento de Comunidade de fato "constitui um canal ade-

---

91. O grifo é nosso.

quado para a mútua comunicação entre o governo e o povo", porque está a serviço das classes possuidoras e hegemônicas que imprimem a direção que mais lhes convém à sociedade política.

Completemos, neste passo, a visão sobre a proposta do Documento de Araxá. Ao caracterizar as fases por que atravessou o Desenvolvimento de Comunidade brasileiro ele próprio se reconhece inserido no "esforço definido de elaboração técnica", procurando "enfatizar a criação de mecanismos de participação popular no processo de desenvolvimento".[92]

O Documento salienta o "papel do Serviço Social na integração da comunidade no processo de desenvolvimento", a importância do "estímulo ao capital humano, transformando recursos humanos ociosos em capacidade produtiva, dentro dos objetivos explicitados pela própria comunidade".[93]

Uma das inovações do Seminário de Araxá é o trabalho com populações, ao lado dos métodos tradicionais de ação com indivíduos, grupos e comunidades. Com isto os participantes desejam provavelmente se descartar do problema conceitual e metodológico em torno da intervenção em "comunidade" e da polêmica sociológica sobre a existência ou não de tal categoria no Brasil.

No Documento o termo "populações significa um conjunto de famílias e de indivíduos localizados numa determinada área, contínua ou não, apresentando certas características comuns de vida, sem constituírem propriamente uma comunidade".[94]

A parte qualquer discussão sobre a consistência da definição, convém ressaltar que o problema conceitual-metodológico não fica solucionado. Continua ambígua e imprecisa a formação social definida como "população". A propósito, Marx já afirmara que "a população é uma abstração se desprezarmos, por exemplo, as classes de

---

92. CBCISS. *Debates Sociais*. Especial Documento de Araxá. 2. ed., v. III, n. 4, p. 1-80, maio 1977, p. 14.
93. Id., p. 14-5.
94. Id., p. 6, nota de pé de página.

que se compõe. Por seu lado, essas classes são uma palavra oca, se ignorarmos os elementos em que repousam, por exemplo, o trabalho assalariado, o capital etc. Estes supõem a troca, a divisão do trabalho, os preços etc. O capital, por exemplo, sem o trabalho assalariado, sem o dinheiro, sem o preço, não é nada. Assim, se começássemos pela população, teríamos uma visão caótica do todo..."[95]

Não se constitui, pois, uma saída inteligente, trabalhar com "populações", em vez de atuar junto a "comunidades". Ambos conceitos permanecem no nível da abstração e da generalidade.[96] Concebem de forma unitária as formações sociais, omitindo sua historicidade e diversidade, bem como dissimulando sua divisão em classes antagônicas regidas por relações sociais de dominação.

Do ponto de vista de seu conteúdo, suas características e seu alcance, o Desenvolvimento de Comunidade é considerado como um sistema de trabalho destinado a facilitar a conjugação dos recursos da população e do governo para a maior rentabilidade deste.[97] O Documento de Araxá abre o leque dos elementos-chave que caracterizam a disciplina em questão, onde o primeiro diz respeito à possibilidade de fazer surgir na população atitudes, motivações e imagens favoráveis ao desenvolvimento econômico-social, capaz de estimular naquelas aptidões para autogeração do progresso.

Encontram-se assim ainda consagradas as linhas mestras impressas pela Cepal,[98] e subjacente, a Teoria da Modernização que indica os padrões culturais e as condições psicossociais como causas necessárias e até suficientes para o desenvolvimento. O reverso da medalha desta interpretação é que o atraso socioeconômico pode ser tributário de resistência à mudança, tornando-se, portanto, necessário estimular

---

95. MARX, Karl. *Contribuição à crítica da economia política*. São Paulo: Martins Fontes, 1977. p. 218.

96. Este problema foi sentido pelos técnicos reunidos para avaliar o Documento de Araxá (cf. CBCISS, *Debates Sociais*, supl., n. 3, p. 67, 1969).

97. Id., p. 39.

98. Cf. também: CORNELY, Seno A. Novas perspectivas do desenvolvimento. *Debates Sociais*, Rio de Janeiro, v. IV, n. 7, p. 22-9, out. 1968.

o que Lerner denomina de "personalidade empática" para que se atinja a "modernidade".

Na raiz deste raciocínio hiberna a díade "sociedade moderna — sociedade tradicional" à qual aludimos em seção anterior. Para Lerner, a sociedade moderna, dotada de alta capacidade empática, é "participante" na medida em que apresenta grande mobilidade e funciona através do consenso. No extremo oposto, as comunidades tradicionais, "não participantes", encontram-se isoladas, sem divisão de trabalho urbano-rural, sem interdependência e sem uma ideologia nacional que permita às pessoas o engajar-se em controvérsias políticas ou lograr o "consenso" pelo confronto de opiniões.

A empatia, "como o mecanismo interno que permite às novas pessoas móveis agir eficientemente em um mundo em mudança (...) é a capacidade de ver a si mesmo na situação do outro. É a qualificação indispensável às pessoas que abandonam cenários tradicionais".[99]

A pessoa móvel, dotada de empatia, apresenta elevada capacidade de identificação com as novas solicitações do meio ambiente e de adaptação do *self system* às mudanças. Segundo Lerner, cabe à educação — variável independente da modernização — juntamente com os meios de comunicação (*mass media*), difundir nas "comunidades não participantes" uma personalidade empática consentânea ao desdobramento das fases da modernização: urbanização, alfabetização e participação nos meios de comunicação. O resultado da última fase é a geração de caráter mecânico da participação política. Isto assentado competiria às "sociedades tradicionais não participantes" copiarem os modelos das "sociedades modernas participantes", cabendo-lhes, inclusive, formar nos indivíduos uma imagem favorável das mesmas e eliminar quaisquer obstáculos ao curso transicional do polo atrasado ao moderno.

Os intelectuais do dualismo olvidam, entretanto, que as disparidades entre regiões e países não derivam de caracteres individuais,

---

99. LERNER, Daniel. A personalidade empática e a modernização. In: DURAND, José Carlos G.; MACHADO, Lia Pinheiro. *Sociologia do Desenvolvimento II*. Rio de Janeiro: Zahar, 1975. p. 85.

mas resultam, isto sim, da divisão internacional e regional do trabalho e de relações sociais de produção que geram a unidade dialética dos contrários: dominação-subordinação, desenvolvimento-subdesenvolvimento.

Como já salientamos em passagens anteriores, a teoria dual espraiou largamente suas raízes no chão do Desenvolvimento de Comunidades. Tanto os organismos internacionais (ONU e Cepal, por exemplo) como inúmeras produções brasileiras, postulam a criação de imagens e motivações favoráveis ao desenvolvimento, como tarefa a ser realizada pelo Desenvolvimento de Comunidade.

Em que pese, contudo, a ortodoxia às orientações internacionais ainda constatada no Documento de Araxá, pode-se apanhar através do discurso a tentativa que empreenderam alguns intelectuais brasileiros para construir algo mais adequado à nossa realidade. Assim é que, ao situar a disciplina a macronível de atuação, postula-se "a utilização de formas operacionais no sentido da transformação das estruturas e o estabelecimento realístico das condições e das etapas do processo de participação popular, para que os programas se efetivem revigorando as decisões e ações humanas, com vistas ao desenvolvimento".[100]

São levantados alguns questionamentos pelos grupos de trabalho tendo em vista a "formulação e implantação de políticas nacionais que visem mudanças de estrutura socioeconômica (reforma agrária, administrativa etc.) e de sistemas de poder que objetivem uma progressiva participação democrática". Indaga o Documento sobre a instrumentalidade do Desenvolvimento de Comunidade sua metodologia, os agentes técnicos e finalmente sobre sua adequação à realidade brasileira.

O discurso revela a busca de uma teoria e uma prática comprometidas com a realidade brasileira, mas percebe-se a carência de um instrumental explicativo dessa realidade e sistematizador do conhecimento, capaz de indicar formas eficazes de ação.

---

100. *Documento de Araxá*, p. 20.

Este é um percalço divisado pelos assistentes sociais reunidos posteriormente nos "Sete Encontros Regionais" para analisar o Documento de Araxá. Nas considerações sobre a natureza do Serviço Social,[101] apontam eles a "inexistência de uma teorização adequada à realidade brasileira, em faixas de micro e macroatuação, de maneira a proporcionar uma participação popular efetiva nos diversos níveis de classes sociais".[102]

Tal consciência pode ser ainda inferida em outros trabalhos vindos à luz no mesmo período. Assim é que Roth predica a necessidade de melhor compreensão dó que seja a "dinâmica social" como campo específico de ação indicado pelo Documento de Araxá e adverte que essa compreensão exige "décadas de pesquisa e de teorizações, antes que possa passar a uma definição e uma intervenção prática". Refutando a concepção harmônica da sociedade, a autora sustenta que "a estrutura desta dinâmica social não é homogênea, que ela nada mais é do que forças antagônicas em luta"[103] e que somente compreendendo em profundidade o que seja essa dinâmica o Serviço Social poderá descobrir o seu "objeto" e o seu *modus operandi* para intervir melhor na realidade.

O Grupo de Coordenação Nacional do Desenvolvimento de Comunidade organizado em 1966 pelo Setor de Planejamento Regional do Escritório de Pesquisas Econômicas Aplicadas (EPEA), do Ministério do Planejamento,[104] proclama que o "Desenvolvimento de Comunidade, fundamentalmente destina-se a 'fazer pensar', a criar,

---

101. Nos anos 1968 e 1969 observa-se uma tendência a pensar o Desenvolvimento de Comunidade não isoladamente, mas no contexto do Serviço Social, daí por que abordamos aqui trabalhos cuja repercussão sobre o primeiro se dá pela via indireta do segundo.

102. CBCISS. *Debates Sociais*, supl., n. 3, p. 30, ago. 1969.

103. ROTH. Ética. Realidade, opções e lutas em Serviço Social. *Debates Sociais*, v. III, n. 6, p. 25-37, maio, 1968, p. 29 e 31.

104. O aludido grupo era constituído por representantes de várias regiões: Sul: Seno A. Cornely; Sudeste: Josephina Albano, Helena I. Junqueira, Helena Salgado e Maria Lúcia C. da Silva; Nordeste: Hebe Gonçalves e Maria Julieta Calazans. O grupo foi dissolvido em 1967 não chegando a implantar a política nacional por ele delineada. Em seu lugar veio a CPDC de que tratamos na seção anterior.

a decidir: parte do fortalecimento da educação do povo para dar-lhe condições de reflexão, opção e luta pela sua promoção. Portanto, concede um crédito de confiança na sua capacidade, respeita-a e estimula-a. Seus instrumentos operacionais baseiam-se na dinâmica do comportamento humano".[105]

Tem-se neste enunciado uma das mais evidentes tentativas de liberar o Desenvolvimento de Comunidade dos estigmas carregados desde sua criação pela ONU, e de concebê-lo como um esforço a partir das bases. Posto que persistam algumas ambiguidades, parece ter-se logrado pensar mais no "povo" do que nos "modelos" consagrados de "desenvolvimento" e nos requisitos por eles validados, tais como: mudança cultural dirigida, integração do povo aos pianos de governo, modernização etc.

Ainda em maio de 1968 se podia falar em mudanças estruturais, como o demonstra o artigo de Mário Reis. O autor sustenta que o Serviço Social deve contribuir para tais mudanças, denunciando aos técnicos, às autoridades e à opinião pública as falhas das estruturas; preparando o homem para promover reformas sociais; reagindo de forma construtiva contra as instituições e movimentos de caráter individualista e contra aqueles movimentos coletivistas estatizantes despersonalizadores; cooperando para um desenvolvimento social solidário etc. etc.[106]

Dantas afirma que a ênfase conferida à participação do povo no desenvolvimento será estéril, se não admite inclusive o acesso desse povo às "ideias que fazem possível o desenvolvimento" e faz alusão à contribuição que a ciência política pode oferecer à fundamentação teórica do Serviço Social e à melhor compreensão da realidade onde se deve intervir.[107]

---

105. In: GONÇALVES, Hebe. Progresso alcançado pelos programas de Desenvolvimento de Comunidade no Brasil. Rio de Janeiro, CBCISS, *Documento*, n. 15, p. 12, 1969. (Mimeo.)

106. REIS, Mário G. O Serviço Social e as estruturas sociais. *Debates Sociais*, v. III, n. 6, p. 39-41, maio 1968.

107. DANTAS, Maria Leda R. Desenvolvimento e organização de comunidade. *Debates Sociais*, v. III, n. 5, p. 39-44, out. 1967, p. 43-4.

A obra de Ferreira,[108] de cunho didático para os Cursos de Desenvolvimento e Organização de Comunidade, retrata estudos sociológicos do autor desde 1954 e não tem muito a ver com a conjuntara política vivida à época de sua publicação. Enquanto isso — à exceção do "movimento de reconceituação do Serviço Social", do qual trataremos posteriormente — as demais produções deste período[109] vão deixando transparecer com nitidez cada vez mais cristalina a absorção da ideologia da integração pelos intelectuais do Serviço Social e do Desenvolvimento de Comunidade.[110]

Em que pese, contudo, certa diferenciação gradual na assimilação da mesma e na postura crítica frente ao problema da participação popular, essas distinções não chegam a ser substantivas, pois, "grosso modo", todos os autores permanecem — consistente ou inconsistentemente — ancorados nos supostos teóricos da integração e partem de uma visão dual do processo social. Alguns, sob a égide da teoria da modernização, sustentam que se faz míster *integrar* os setores atrasados ou marginais da sociedade ao polo da modernidade; outros,

---

108. FERREIRA, Francisco de Paula. *Teoria social da comunidade*. São Paulo: Herder, 1968.

109. Cf. DANTAS, José Lucena. A reforma do ensino e da profissão de Serviço Social. Debates Sociais, v. III, n. 6, p. 11-19, maio 1968. _____. Desenvolvimento e marginalização social. CBCISS, Documento, n. 91, 1974. (Mimeo.) SILVA, Maria Lúcia Carvalho da. Treinamento de pessoal em Desenvolvimento de Comunidade. Debates Sociais, supl., n. 1, p. 53-60, abr. 1968. _____. Participação da comunidade nos programas integrados de educação e assistência alimentar ao escolar. CBCISS. Documento, n. 53, p. 1-20, 1972. (Mimeo.) JUNQUEIRA, Helena Iracy. A política do Serviço Social de município de São Paulo. Debates Sociais, v. III, n. 6, p. 19-24, maio 1968. BELEZA, Maria Dulce de M.; BARCELOS, Lygia. Serviço Social e o Desenvolvimento de Comunidade. CBCISS, Documento, n. 35, 1971. (Mimeo.) CORNELY, Seno A. A dinâmica do desenvolvimento frente aos problemas contemporâneos. CBCISS, Documento, n. 53, p. 21-32, 1972. (Mimeo.) _____. Considerações sobre conselhos comunitários. Debates Sociais, v. XII, n. 22, p. 44-49, maio 1976. _____. Serviço Social. Op. cit. FIGUEIREDO, Margarida de A. Desenvolvimento de Comunidade: uma abordagem do processo. Debates Sociais, v. IX, n. 16, p. 11-24, maio 1973. CBCISS. Desenvolvimento e participação no Brasil. CBCISS, Documento, n. 80, 1974. (Mimeo.) CBCISS. Desenvolvimento de Comunidade. CBCISS, Documento n. 104, 1975. (Mimeo.) BAPTISTA, Myrian Veras. *Desenvolvimento de comunidade*: estudo da integração do planejamento do Desenvolvimento de Comunidade no planejamento do desenvolvimento global. São Paulo: Cortez e Moraes, 1976.

110. Do final do período em análise é o livro *Participação social*, de nossa autoria. Tendo em vista que sua repercussão se deu na década seguinte. ele será incorporado ao Capítulo 4.

inspirados no modelo explicativo de Myrdal,[111] tratam a unidade dialética desenvolvimento x subdesenvolvimento como dois processos distintos e opostos, e igualmente afirmam ser necessário romper com a espiral descendente do subdesenvolvimento para que os países possam ingressar no processo ascendente do desenvolvimento. Posto que algumas dessas propostas defendam a participação popular nas decisões, a maioria, ou não ultrapassa o micronível social, ou esbarra nos limites de seu contorno teórico, que reduz a participação à conformidade com valores e normas, e ao cumprimento de papéis e funções. De nada adianta, portanto, predicar repetitivamente uma participação "ativa, consciente, deliberada, organizada, eficiente, decisiva e intensiva"[112] sem que se levem em consideração as formas concretas de relações sociais que as classes estabelecem entre si na produção de bens materiais e não materiais, as quais vão definir os tipos e graus de participação em sociedades historicamente dadas. Padecem ditas formulações, na maioria dos casos, de conteúdo explicativo, além de tornarem opacas e inócuas as relações dominação x subordinação no âmbito das infra e superestruturas, como se delas pudesse independer o acesso das classes subalternas ao poder decisório no planejamento nacional regional e local.

Inúmeros programas de Desenvolvimento de Comunidade se encarregam de propagar uma falsa ideia do processo de participação social, pela utilização vazia de predicativos que nada têm a ver com os resultados que suas ações permitem alcançar. A título de exemplo, entre os muitos que poderiam ser mencionados, vejamos até que ponto é possível ludibriar as classes dominadas, dando-lhes a ilusão de que participam de processos decisivos da sociedade.

Trata-se de um projeto de Ação Comunitária montado em gabinete por equipe técnica interdisciplinar — com elaboração altamente sofisticada da teoria sistêmica — onde se encontram adrede definidos

---

111. MYRDAL, Gunnar. *Teoria econômica e regiões subdesenvolvidas*. 2. ed. Rio de Janeiro: Saga, 1968.

112. Tais características são enunciadas em inúmeros trabalhos sobre Desenvolvimento de Comunidade.

para a equipe de campo todos os objetivos, metas, requisitos, indicadores e atividades, inclusive com etapas e passos devidamente programados. Propõe-se o projeto a realizar a urbanização de uma cidade e atribui que sejam realizadas reuniões com os moradores para estimular sua *"participação consciente no processo decisório*[113] no que tange à melhorias físicas e ambientais".

Nestes termos, a possibilidade de decidir se vê confinada à opção entre plantar rosas ou pedras no jardim que já se encontra desenhado a níveis de planejamento. Proclama-se, destarte, uma pseudoparticipação, dá-se-lhe o foro de "consciente", omite-se e disfarça-se a estrutura de dominação e procura-se convencer as classes subalternas de que elas estão participando do poder decisório.

Concedemos destaque ainda nesta seção à obra de Baptista por representar um dos exemplos mais típicos e mais difundidos da adoção da teoria da integração pelo Desenvolvimento de Comunidade brasileira.[114]

A autora parte da hipótese central de que "a vinculação do processo de Desenvolvimento de Comunidade ao sistema de Desenvolvimento Global dependerá principalmente de sua capacitação para efetuar a integração de seus programas aos planos de desenvolvimento dos demais níveis".[115] Com base neste suposto, ela se propõe a oferecer alguns elementos de teorização como contribuição para que o Desenvolvimento de Comunidade possa enquadrar-se como um subsistema do Desenvolvimento Global.

Na qualidade de processo macrossociológico, o desenvolvimento é entendido como um sistema composto de vários subsistemas, entre os quais alinha-se o planejamento, que se deve constituir num conjunto coerente e coordenado do processo de decisão.

Após tecer considerações sobre a história do planejamento no Brasil e sobre os conceitos vigentes de comunidade e Desenvolvi-

---

113. O grifo é nosso. Material não liberado para divulgação.
114. BAPTISTA, Mirian Veras. Op. cit. Por fontes secundárias fomos informados de que a autora atualmente não adota mais aquela postura pró-integração.
115. Id., p. 11-2.

mento de Comunidade, a autora formula sua proposta de integração, sob as "perspectivas estrutural e funcional". Na perspectiva estrutural o Desenvolvimento de Comunidade deve propor-se a atuar em duas direções: a integração vertical que "ocorre pela harmonização e interligação dos planos locais aos de nível municipal, metropolitano, estadual, regional e nacional" e a integração horizontal que opera pela "conjugação dos programas e operações de indivíduos, grupos e organizações de âmbito local. [...] Na perspectiva funcional ou operativa a integração se apresenta como um fenômeno no qual os grupos e organizações diferentes se harmonizam em prol de objetivos genéricos comuns, assumindo cada um deles funções próprias à sua natureza e papel, funções essas que se completam entre si".[116]

Os objetivos básicos do Desenvolvimento de Comunidade concernem à promoção do homem e à aceleração da dinâmica do desenvolvimento geral "através da incorporação das forças locais no sistema de desenvolvimento. Esta incorporação irá ampliar o sistema com o estabelecimento de mais um nível de decisões, delimitado naturalmente pela hierarquia de decisões de níveis superiores".[117] Dentre os objetivos específicos alocam-se o desenvolvimento local, de forma integrada e harmônica; a integração de programas; o fortalecimento da consciência comunitária; a criação de mecanismos de participação e a mudança de mentalidade com o incentivo à cooperação e receptividade. Os objetivos operacionais dizem respeito à criação de condições favoráveis ao desenvolvimento, garantindo-lhe continuidade e segurança.

O Desenvolvimento de Comunidade plasma-se sobre padrões e valores instrumentais; dignidade do homem, sociabilidade, perfectibilidade, segurança social, igualdade dos seres humanos. Por seu turno, o desenvolvimento vem a ser concebido como um "valor em si", o qual "se refere à adesão de todas as camadas sociais e de todas

---

116. BAPTISTA, Mirian Veras. Op. cit., p. 84-5.
117. Id., p. 56.

as faixas etárias e regiões [...] das instituições e entidades, sejam elas públicas ou particulares".[118]

"A função específica do Desenvolvimento de Comunidade, no contexto do Desenvolvimento, se especifica (sic) no estímulo à capacidade humana de se integrar a aceleração do desenvolvimento e dela participar, considerando que é a nível local [...] que se consegue a adesão a novos comportamentos, o envolvimento e a participação consciente de grupos cada vez maiores, em função de metas racionalmente aceitas pela população".[119]

Nas conclusões, a autora arrola uma série de mecanismos que podem ser acionados e agilizados para que se efetive a integração do Desenvolvimento de Comunidade ao planejamento nacional e aponta alguns elementos que vêm prejudicando esse empreendimento, entre os quais figura a propalada resistência à mudança. Valendo-se de sugestões de representante da OEA, por ocasião de encontro de técnicos no Rio Grande do Sul, a autora finaliza seu trabalho indicando três etapas para a instauração de sua proposta de integração:

a) "participação programada" das comunidades nos programas e projetos governamentais desenvolvidos na região; b) instrumentação dessa participação que permita transformar a ação comunitária em mecanismo de integração; c) "programação participada", na qual as comunidades tomem parte na decisão de programas governamentais.[120]

Resulta inconteste, pelo exposto e por outras passagens do discurso, que podem ser comprovadas na própria fonte, que a participação passa a ser concebida como um "função" da integração social e esta é traduzida pela adesão às plataformas das classes dominantes, segundo sua acepção de desenvolvimento. Mediatiza-se, nas condições dadas, o postulado de Parsons, no sentido de que a participação represente uma forma pela qual os membros de uma sociedade dada legitimam o sistema de poder e de que o Estado assegure, pelo aparato legal, o

---

118. Id., p. 67.
119. BAPTISTA, Mirian Veras. Op. cit., p. 79.
120. Id., p. 135.

império da integração, de modo a evitar os conflitos e propiciar o equilíbrio e a ordem do sistema social.

Ao finalizar esta seção trazemos à luz a proposta do "Método Belo Horizonte", como parte integrante do movimento de reconceituação do Serviço Social. Em 1971, uma equipe de professores da Escola de Serviço Social da Universidade Católica de Minas Gerais inicia uma série de estudos — a partir do Método Básico proposto pela Universidade Católica do Chile — e elabora documento sobre a "sistematização da prática como fonte de teoria", que vem dar posteriormente surgimento ao chamado "Método BH". Tal método pretende significar uma ruptura com os modelos positivistas de Serviço Social — inclusive do Desenvolvimento de Comunidade — e propõe uma intervenção profissional com bases epistemológicas na Lógica Dialética. Adotando uma concepção histórica e crítica da sociedade, o método pretende ser "um conjunto de procedimentos interligados e interdependentes que, fundamentados em uma teoria científica de análise da realidade, permitirá orientar as investigações e experimentações profissionais".[121] Como tal, ele se caracteriza por ser um processo de aproximações sucessivas da realidade, realimentado teoricamente por movimentos contínuos de análise e síntese, composição e fusão, indução e dedução. Seus momentos metodológicos se inter-relacionam de tal forma que um determinado momento contém os anteriores e ao mesmo tempo os transcende, formando uma unidade global, em função do objeto e do objetivo da ação profissional. A participação é uma constante em todo o processo, constituindo-se no elemento fundamental à consecução dos objetivos e na expressão da critica e transformação do universo em que estão inseridos os agentes sociais.

Segundo o grupo, qualquer prática profissional implica um mínimo de referências teórico-práticas que possibilitem, de um lado, uma análise global da realidade abrangendo elementos básicos de-

---

121. Universidade Católica de Minas Gerais. Escola de Serviço Social. La relación "teoría-practica" en trabajo social. In: INSTITUTO DE SOLIDARIEDAD INTERNACIONAL. *Compendio sobre*: metodología para el trabajo social. 2. ed. Buenos Aires: Ecro, 1976. p. 115.

terminantes da estrutura social, tais como relações e forças de produção, classes sociais e estruturas de poder, valores, interesses, aspirações e níveis de consciência. De outro lado, referências que permitam compreender e analisar a realidade do trabalho específico, relacionando-a com a estrutura social mais ampla. No caso da realidade brasileira, a teoria da dependência deve constituir um dos subsídios básicos do marco referencial, de modo a garantir um enfoque globalizador e a abordagem das condições históricas particulares.

Na definição do objeto do Serviço Social, o grupo leva em conta a historicidade de toda prática social; o desenvolvimento dependente, no Brasil; as relações entre as diversas classes; e a relação entre o objeto, mesmo, e os objetivos profissionais. A transformação da sociedade e a realização do homem se apresentam como meta final de todo trabalho social, enquanto a conscientização, organização e capacitação surgem como objetivos-meio.

Por conscientização, o grupo entende "o processo através do qual as pessoas elevam seu nível de consciência de forma a permitir: compreender a situação concreta na qual se encontram; analisar as condições reais e atuais de sua existência; exprimir seus verdadeiros interesses e criar formas de ação para a concretização desses interesses".

A coordenação significa "o processo de coordenação sistemática dos interesses de determinado grupo visando alcançar metas específicas".[122] A organização objetiva a "participação racional" na ação coletiva, pois através desta é que são oferecidas alternativas de decisão a um número mais amplo de pessoas na sociedade.

A capacitação diz respeito à instrumentalização para atuar concretamente e ela depende dos processos de conscientização e de organização.

A Escola de Belo Horizonte desenvolveu uma experiência para testar o método no município de Itabira, interior de Minas Gerais. A área foi selecionada em função dos seguintes critérios previamente

---

122. Id., p. 109-10.

estabelecidos: a) atuação junto à população com maior potencial de transformação, sendo consideradas como tais as classes camponesas e/ou operárias, pelo fato de estarem ligadas diretamente ao processo produtivo; b) interiorização do campo de estágio do Curso de Serviço Social; c) atuação em obras mais amplas e abertas, para que o trabalho pudesse ter efeito multiplicador; d) atuação sobre uma realidade mais ampla e não apenas sobre problemas isolados; e) áreas que permitam perseguir os objetivos de conscientização, organização e capacitação; f) realização de uma prática teórica, sendo possíveis questionamentos e reformulações permanentes.

Um dos equívocos fundamentais da prática foi caracterizar toda a população de Itabira como "classe operária", elegendo a propriedade dos meios de produção como critério exclusivo de definição da estrutura de classes sociais. Em consequência, a equipe considera "operários" inclusive os gerentes da Companhia do Vale do Rio Doce, sem levar em conta que, mesmo não sendo possuidores, esses gerentes são aqueles intelectuais que Gramsci chamou de funcionários da superestrutura, representantes das classes detentoras do capital. (Temos aqui uma razão clara pela qual o autor não vê o intelectual como uma classe à parte, mas um grupo que se inclui na classe dominante ou na subordinada, segundo seu compromisso com esta ou aquela classe fundamental.)

Em adição, a experiência não consegue atuar em torno da problemática do "trabalho" e se perde, como tradicionalmente ocorre, em ações residuais e periféricas, quais sejam a realização de festas e cursos, criação de associações e de obras de infraestrutura urbana.

Em que pese seus desacertos, alguns dos quais vêm sendo corrigidos por aquela e por outras escolas que testam o Método Belo Horizonte, ele representa uma tentativa — embrionária, mas plenamente válida — de vínculo dos intelectuais com as classes subordinadas. Essa tentativa afeta não só o movimento de reconceituação do Serviço Social, mas igualmente a história do Desenvolvimento de Comunidade no Brasil, e patenteia a sobrevivência da postura crítica gerada desde períodos anteriores.

3.3 Desenvolvimento de Comunidade como instrumento de despolitização no Nordeste[123]

A Divisão de Ação Comunitária da Sudene, criada em 1965, representou o primeiro programa de Desenvolvimento de Comunidade em âmbito regional e serviu de base para a criação de órgãos congêneres junto às demais superintendências de desenvolvimento.

As razões manifestas que motivaram a Sudene à adoção do Desenvolvimento de Comunidade vêm a ser expostas pelo seu então superintendente adjunto, prof. Fernando Mota, por ocasião de Encontro entre o Departamento de Recursos Humanos e as Escolas de Serviço Social do Nordeste. Ao evocar as discussões que precederam a criação da Divisão, o expositor argumenta com a seguinte lógica de raciocínio: 1º) se os recursos humanos são encarados como insumo para o desenvolvimento econômico, é preferível ter um comerciante cuja mentalidade seja vender pouco e caro visando ao seu interesse individual, ou um comerciante cuja mentalidade seja vender o mais possível a preços mais razoáveis de modo a beneficiar mais amplamente a todos? 2º) seria possível a uma comunidade desenvolver-se sem que se sentisse suficientemente motivada para o desenvolvimento? 3º) o desejável numa comunidade democrática seria impor-se, através do planejamento, um tipo de organização social ou seria fazer com que a própria comunidade participasse eficazmente do planejamento, revelando as suas aspirações, os seus objetivos, as suas metas etc.?[124]

A preocupação central da Sudene era, assim, encurtar os caminhos que deveriam conduzir ao desenvolvimento econômico da região e a Ação Comunitária surge como disciplina hábil para o alcance desse intento. Naquela ocasião ela é pensada como "atividade programada

---

123. Cf. conceito de politização em nota de pé de página no item 2.1. Por despolitização entende-se aqui o processo inverso.

124. BRASIL. Sudene. Departamento de Recursos Humanos, Divisão de Ação Comunitária. *Encontro Sudene/DRH/AC*, Escolas de Serviço Social do Nordeste. Recife, Divisão de Documentação, 1965. (Mimeo.)

a fim de atender às repercussões sociais advindas do processo de desenvolvimento [...] com a finalidade específica de promover a integração e participação ativa de comunidades nordestinas nos programas e projetos do planejamento regional".[125]

Para o alcance de sua finalidade precípua — a integração das populações nordestinas ao desenvolvimento — o III Plano Diretor estabelece três programas para a Ação Comunitária. O primeiro, prioritário em 1966, diz respeito à capacitação dos recursos humanos em apoio a programas e projetos integrados, mediante o assessoramento e a programas de Desenvolvimento de Comunidade localizados em áreas de crescimento.[126] O segundo programa consiste no treinamento de pessoal em Ação Comunitária e o terceiro, finalmente, propõe-se à formação de uma atitude cooperativa entre os cientistas e técnicos.

O Serviço Social é chamado para criar, estruturar e dirigir a Divisão de Ação Comunitária da Sudene, daí por que desde suas nascentes a divisão atuou em conjunção com as escolas de Serviço Social. Já em início de 1964, antes do golpe militar, a Sudene lança as bases de sua nova frente de ação, promovendo o Curso de Desenvolvimento Econômico e Desenvolvimento de Comunidade, destinado a professores e técnicos desta última disciplina.

Por ocasião do I Encontro Sudene/Escolas de Serviço Social do Nordeste os participantes situam o foco das discussões na busca da função do assistente social, na empreitada de integrar as populações no processo de desenvolvimento.

---

125. Id. *Objetivos, programa e estrutura operacional*, [s.n.t.].

126. A partir de 1960 a influência da teoria de polos de crescimento e desenvolvimento passa a exercer grande influência no Nordeste, principalmente após o trabalho de Rochefort, discípulo de Perroux, no Rio de Janeiro, Bahia e Recife. Os conceitos de Perroux serviram de inspiração não só aos trabalhos da Sudene, mas inclusive a várias publicações sobre o Desenvolvimento de Comunidade, que utilizam sua definição de desenvolvimento: "combinação das transformações de ordem mental e social de uma população que lhe possibilitam o aumento cumulativo e duradoiro do seu produto real global" (PERROUX, François. *A economia do século XX*. Lisboa: Herder, 1967. p. 179). Obteve também peneiração no Nordeste a obra sobre o tema de: ANDRADE, Manoel Correia de. *Espaço, polarização e desenvolvimento*. Recife: Centro Regional de Administração Municipal, 1967.

No entender do então superintendente adjunto, sua missão seria idêntica "a dos sapadores nos exércitos, a dos batedores à frente das paradas. Aqueles que, antes de mais nada, vão na frente, motivar as comunidades evidentemente com técnicas que se podem apurar, com técnicas que já hoje não são apenas empíricas, mas resultam, também, do conhecimento teórico. E, por outro lado, a tarefa de manter aceso aquele fogo de mudança, de estar sempre participando da vida da comunidade para que, mediante a criação de motivações, possam as comunidades não receberem a mudança como assistência, como paternalismo, mas receberem a mudança como necessidade e uma necessidade para um melhor bem-estar social." Essa tarefa supunha "motivar a comunidade para aceitar, e mais do que aceitar, para desejar e participar da mudança",[127] dentro do princípio ético de "mudar sem deformar a índole desse povo".[128]

Como se vê, pedia-se ao Assistente Social, na qualidade de técnico da Ação Comunitária, a tarefa de preparar o povo para *aceitar* e *desejar* a mudança, integrando-o aos planos e projetos de planejamento regional.

Que planos e projetos seriam esses? Qual a natureza e a "direção" impressa à política de desenvolvimento preconizada pela Sudene?

A resposta a tais indagações somente poderá ser encontrada mediante o recuo às origens daquela superintendência e através da descoberta, na confluência dos processos históricos macrossocietários, das verdadeiras razões e intenções que informam o modelo de desenvolvimento postulado pela Sudene.

A década de 1950 nos mostra um Nordeste com graves tensões sociais e políticas que passam a assustar as classes possuidoras e a sociedade política brasileira. A emergência e a proliferação das Ligas Camponesas como veículo de mobilização e de ação política da classe trabalhadora rural — em uma área marcada pelo problema das secas, pelos altos índices de desemprego e concentração da renda,

---

127. Encontro Sudene-ESS. Op. cit., p. 12.
128. Id., p. 9.

bem como por tão elevada densidade demográfica — são encaradas como uma ameaça para os grupos no poder em escala nacional e internacional, que temem a irrupção de uma nova Cuba na América Latina. Já em 1959 a cadeia de televisão norte-americana ABC — sob o manto de aparente simpatia pela causa trabalhadora — divulga documentário que na verdade representa um alerta contra as Ligas Camponesas.[129] Pouco depois, o governo norte-americano envia ao Nordeste uma missão (integrada por Henry Kissinger) com o objetivo de observar suas condições políticas e econômicas, da qual se origina o convite especial da Casa Branca a Celso Furtado para debater, com o presidente Kennedy, os problemas da região e as possibilidades de ajuda norte-americana à Sudene. O resultado de tais entendimentos configura-se na chegada de um *team survey* da Aliança para o Progresso ao Nordeste em 1961 e, no ano seguinte, na apresentação do documento chamado Relatório Bohan, com propostas concretas de ação para o Nordeste. O programa a curto prazo, de caráter estritamente assistencialista, tinha o propósito explícito de esvaziar as Ligas Camponesas e desbaratar o movimento camponês. "As Ligas Camponesas", falava o documento, "de inspiração comunista, tomaram vantagem deste vácuo criado pela lei e têm angariado apoio devido a sua boa vontade em ouvir as reclamações individuais do camponês, assessoriá-lo (*sic*) quanto a relações interindustriais (*sic*) e aliviar outras necessidades sociais.

"Por essa razão propomos no nosso programa a curto prazo o estabelecimento de centros na zona açucareira e, possivelmente, em algumas áreas urbanas onde as Ligas Camponesas têm sido mais ativas. [...]

"Além dessa medida a curto prazo, também nos problemas mais básicos (a tarefa) de assistir elementos anticomunistas entre os traba-

---

129. OLIVEIRA, Francisco de. *Elegia para uma re(li)gião*. Rio de Janeiro: Paz e Terra, 1978. p. 120. As considerações aqui desenvolvidas sobre a Sudene como um todo (isto é, as não específicas sobre a Ação Comunitária) têm como fonte, além de Oliveira, o trabalho de Amélia Cohn (*Crise regional e planejamento*: o processo de criação da Sudene. Tese (Mestrado em Sociologia) — Universidade de São Paulo, São Paulo, 1972. (Mimeo.)

lhadores rurais e industriais na formação de organizações trabalhistas mais duradouras como único meio de combate a Castro e outras influências comunistas".[130]

A segunda parte do programa a longo prazo propunha-se a minimizar as pressões e tensões sociais, pelo esvaziamento demográfico, transferindo um número substancial de habitantes para fora da região, bem como facilitando a colonização permanente de emigrantes nordestinos agrícolas e industriais no Sul do país. "Seria ideal que 1.500.000 famílias, acrescidas de 100.000 anualmente, devam eventualmente encontrar oportunidades em outras regiões. [...] As famílias que preferirem permanecer nas atividades agrícolas terão que migrar de suas comunidades."[131]

A redação original do relatório não é aceita pelo governo brasileiro, que julga pouco tático deixar explícito no documento o combate às Ligas Camponesas. Uma segunda versão é preparada, onde permanecem os mesmos conteúdos e propósitos, mas são retiradas as referências abertas ao movimento camponês.

O que importa reter do exposto é que à Sudene coube contribuir para a implementação de tal programa e a ela é confiada, pelas classes hegemônicas nacionais e internacionais a missão de sustar o desenvolvimento das potencialidades revolucionárias emergentes na região. Cohn aponta que "a Sudene, resultante das tensões sociopolíticas nordestinas, representa uma acomodação entre os vários grupos em jogo, diante da impossibilidade de uma solução autônoma, no âmbito da própria região".[132]

Sua estratégia de acomodação entre os grupos e de superação do conflito de classes se expressa, como ressalta Oliveira, quando ela evita o enfrentamento com a oligarquia rural, passando à margem do núcleo do problema fundiário; quando escamoteia a questão da re-

---

130. Versão original do Relatório Bohan da Aliança para o Progresso citada In: OLIVEIRA, Francisco de. Op. cit., nota 58, p. 135-6.
131. Ibid.
132. COHN, Amélia. Op. cit., p. 172.

produção da economia canavieira, com o fito de amaciar suas relações com os barões do açúcar; quando auxilia a Usaid a desmontar o movimento camponês e finalmente quando escapa à análise sobre a migração da classe trabalhadora, compactuando com a redivisão regional do trabalho comandada pela burguesia industrial do Centro-Sul. É no limiar deste último componente que Oliveira encontra a segunda grande função da Sudene: favorecer a expansão do capital monopolista do Centro-Sul ao Nordeste. O autor sustenta que essa Superintendência se constitui em uma "intervenção" planejada do Estado ao consubstanciar uma estratégia de distribuição da própria economia regional nordestina, no contexto da estratégia de integração nacional implementada pela sociedade política.[133] Demonstra o autor que o "planejamento" mediatizado por aquele órgão é um indicador dessa "forma de transformação dos pressupostos da produção, essa passagem da mais-valia captada pelo Estado como imposto, e sua conversão em capital entregue à grande burguesia do Centro-Sul".[134]

Medida inconteste para tal metamorfose é a criação de uma bateria de mecanismos que servem de "correia transportadora" da hegemonia burguesa internacional associada do Centro-Sul para o Nordeste. Os incentivos fiscais do sistema 34/18, deduzindo do Imposto de Renda os investimentos industriais aplicados nas regiões "subdesenvolvidas", atraem para o Nordeste os principais grupos empresariais do Centro-Sul, e sob tais condições, são preparadas a "integração nacional" e a homogeneização do espaço econômico brasileiro.

A Divisão de Ação Comunitária, alocada em 1965 no II Plano Diretor, surge quando o quadro acima exposto já se encontra definido. A organização das classes trabalhadoras já fora desmantelada, restando então vigiar para que não se reacendesse o fogo sob as cinzas.

---

133. Já o relatório da Aliança para o Progresso recomendava: "Conforme foi declarado anteriormente, a solução para o problema do Nordeste tem de ser encontrada na integração mais estreita dessa região com o resto do país, que se acha em rápida expansão (cf. OLIVEIRA, Francisco de. *Elegia para uma re(li)gião*. Op. cit., p. 136).

134. Id., p. 113.

Parecia arriscado deixar essas classes sem qualquer chance de associação, sem um substitutivo para seus antigos grupos de reflexão e ação. Fazia-se, porém, míster encontrar formas organizativas de caráter aparentemente aclassista e apolítico, capazes de esterilizar qualquer ação "subversiva" de ameaça ao novo sistema de poder. Simultaneamente, seria de grande validade, se as novas organizações pudessem drenar as energias das classes subordinadas em direção aos objetivos e diretrizes do novo modelo de desenvolvimento, consubstanciado no Nordeste pelos planos da Sudene.

Transitamos, naturalmente, neste momento, sobre o terreno das hipóteses! Não obstante, acompanhando a trajetória do Desenvolvimento de Comunidade, no mundo e no Brasil, conhecendo sua índole e seus propósitos; observando, reciprocamente, o encadeamento do processo histórico brasileiro, e tentando apanhar as mediações inseridas na correlação das forças políticas, parece-nos amplamente admissível o raciocínio que vimos tentando desenvolver.

Ao aglutinar os indivíduos e os grupos "sem distinção de classe, raça ou credo religioso" — critério este que camufla e dilui as divergências e antagonismos existentes no seio de toda "comunidade" geográfica; ao postular a "colaboração indispensável entre os esquemas de desenvolvimento viáveis e equilibrados",[135] o Desenvolvimento de Comunidade pode ter expressado a saída mais "conveniente" para o problema da organização das classes subalternas após o golpe de 1964. Ademais de propiciar um aparente sucedâneo para as organizações de classe, o Desenvolvimento de Comunidade apoiaria e implementaria os planos e projetos da Sudene, referendando e reforçando a hegemonia das classes possuidoras dos meios de produção, anteriormente ameaçadas pelo ascenso político das classes trabalhadoras.

No nível do real, os processos não se efetivam, entretanto, sem as marcas das contradições dialéticas. Ao mesmo tempo em que o

---

135. Estas são características do Desenvolvimento de Comunidade proclamadas pela ONU: Conceito de 1958, e pela Cepal: 1964 (cf. CBCISS. *Debates Sociais*, Documento de Araxá. Op. cit., p. 37 e 39).

Desenvolvimento de Comunidade desponta como solução mais indicada, ele carrega em seu embrião mesmo, o germe de um novo impasse. Em decorrência das dificuldades da Sudene com a Usaid, não interessava àquela vincular o seu projeto de trabalho comunitário aos organismos internacionais. Tal postura vem à tona em frequentes declarações de seus dirigentes, e já nos primórdios da estruturação da Divisão de Ação Comunitária o superintendente adjunto da Sudene afirma peremptoriamente "o desejo de trabalhar para que possamos realizar nesta região, com a participação ativa e consciente das comunidades, longe de uma tradição arraigadamente paternalista, o desenvolvimento econômico e social. E, sobretudo, este desenvolvimento econômico e social, orientado por brasileiros, com a sensibilidade dos brasileiros, porque somente técnicos com esta sensibilidade permitirão mudar sem deformar. Estas últimas palavras, principalmente, são de minha única, exclusiva e restrita responsabilidade: não temos necessidades de Corpos de Paz aqui para nos ensinar a mudar, e este país ficaria tremendamente triste no dia em que, em cada esquina, estivesse o zabumba do Exército da Salvação".[136]

A adoção do termo Ação Comunitária — em vez de Desenvolvimento de Comunidade — representa uma escapatória à influência dos organismos filiados à ONU. Em 1966, durante o I Seminário de Ação Comunitária, ao lhe buscar um conceito próprio, Fernando Mota recomenda: "Quando países desenvolvidos vieram trazer até nós a sua experiência em Desenvolvimento de Comunidade, nós tenhamos a segurança e a tranquilidade de dizer: tal programa não podemos aceitar porque não é um programa que se enquadre no que nós denominamos de ação comunitária. Isso parece muito importante, principalmente em termos de uma orientação para a ação".[137]

No debate caloroso sustentado pelo superintendente adjunto e a técnica em Desenvolvimento de Comunidade, profa. Hebe Gonçal-

---
136. BRASIL. Sudene. *Encontro Sudene/Escolas de Serviço Social do Nordeste*. Op. cit., p. 10.
137. BRASIL. Sudene, DRH/DAC. *I Seminário de Ação Comunitária*, p. 4, 1966, [s.n.t.].

ves, registram-se alusões negativas aos "Alimentos para a Paz", a "Ações Amenizantes e Paliativas", a "conotações e colorações [...] que não se integram perfeitamente na problemática brasileira e nordestina". A profa. Helena Iracy Junqueira, coloca, através de Hebe Gonçalves, que no conceito das Nações Unidas, "o que se pretende é ajustar a ação do povo à ação do governo" e que a Sudene propõe um conceito novo, "despojado de qualquer conotação histórica pejorativa, prejudicial ou comprometedora" de sua futura ação. A seu ver, no conceito da Sudene, o sujeito não é o agente técnico nem o governo, como postula o conceito consagrado das Nações Unidas. Após expor o pensamento de Junqueira, acrescenta Gonçalves em seu parecer pessoal: "Em termos brasileiros, se nós estivéssemos todos de acordo — eu acredito que estejam alguns de acordo — com a atual estrutura do poder, o que é que seria então o Desenvolvimento de Comunidade, a partir desse conceito universal das Nações Unidas? Um elemento de ajustamento de procedimento coletivo, às exigências ou às imposições desse novo modelo de estrutura de poder".[138] No seu entender, a Ação Comunitária pensada pela Sudene poderia constituir-se em instrumento de renovação ou de pressão no sentido da mudança de estrutura de poder, onde o povo, e não o governo, seria o sujeito da ação.

Ao final do Seminário fica aprovado o conceito que oficialmente — talvez não factualmente — vigora até hoje na Sudene: "Ação Comunitária é o processo social pelo qual um grupo humano, inter-relacionado por laços socioeconômicos e culturais, em uma área determinada, promove, conscientemente, de forma espontânea ou induzida, mudança, a fim de facilitar e de acelerar a emergência de fatores econômicos e psicossociais condicionantes do desenvolvimento e de assegurar-lhe a continuidade."[139]

Com esta definição a Sudene consegue descartar-se do problema teórico e metodológico em torno da categoria "comunidade", uma

---

138. BRASIL. Sudene, DRH/DAC. *I Seminário de Ação Comunitária*, p. 14, 1966.
139. Id., p. 1.

vez que a ação se pode desenvolver junto a qualquer "grupo humano inter-relacionado por laços socioeconômicos e culturais, em uma determinada área". Desatrela o trabalho da iniciativa e patrocínio do governo, ao admitir que ele pode ser gerado, de "forma espontânea", a partir dos grupos locais. Define como objetivo da ação comunitária uma mudança que facilite e condicione o desenvolvimento.

Apesar de tais inovações, persistem os caracteres aclassista e apolítico do Desenvolvimento de Comunidade tradicional, fato que reforça a hipótese por nós levantada, no sentido de que ele veio canalizar o potencial reivindicatório das classes subalternas em uma direção menos "explosiva" do que aquela tomada pelas Ligas Camponesas e pelos demais movimentos populares disseminados no Nordeste até 1964. Se algumas reivindicações são permitidas, elas devem agora ser direcionadas para pequenos e inócuos "arranjos" nos planos de desenvolvimento, desde que estes não desafiem, como antes, a estrutura do poder vigente no bloco histórico, nem as grandes diretrizes e estratégicas da política econômica estabelecida.

Tal postura não parece partilhada, ao menos consensualmente, pelos elementos que compuseram, ao longo do tempo, a Divisão de Ação Comunitária (DAC) da Sudene. A análise das produções teóricas revela, ao contrário, a existência de dois estilos no discurso que, por trás das ambiguidades, podem ser de uma forma ou de outra captadas: o do discurso *público*, que reflete o pensamento oficial da Sudene, e a ótica da equipe de Ação Comunitária, em seus documentos *internos*.

Os planos de Desenvolvimento como exemplo do primeiro estilo postulam uma "Ação Comunitária como atividade programada a fim de atender às repercussões sociais advindas do processo de desenvolvimento" e se confere ao artesanato, enquanto variável inclusiva, o objetivo de promover a aceitação de inovações tecnológicas por parte da força de trabalho, preparando-a para integrar-se na expansão do setor industrial". O programa de promoção dos recursos humanos pretende motivar as populações "para a aceitação ao longo do tempo, das novas estruturas e dos valores que acompanham o processo de desenvolvimento",[140] enquanto a formação de pessoal para Ação Comunitária visa a "canalizar a atuação das lideranças para a implementação das atividades da Sudene, e em segunda prioridade, de outros órgãos que atuam na região, neste campo".[141] Uma dessas atividades, enquanto estratégia regional definida pelo I PND, diz respeito à "transformação da economia rural, pela aceleração do crescimento agrícola, para sustentar o processo industrial e transformar em economia de mercado a agricultura de subsistência da região".[142]

Significativamente diversos são os postulados que se refletem no discurso colhido nas produções da equipe técnica da Divisão de Ação Comunitária. Ao elaborar, por exemplo, documento avaliativo — de circulação interna — sobre a ação da Sudene, contesta o privilégio que esta confere ao "fenômeno econômico", como se este fosse autônomo, desvinculado e efetivado no "vazio social" e adverte que se vem registrando "pouca ou nenhuma participação popular no processo de desenvolvimento deflagrado pela Sudene". No mesmo documento a equipe solicita uma definição por parte daquele órgão, no sentido de esclarecer se a rigor ela *aceita* ou *rejeita* a participação popular (como concebe a equipe) no processo de desenvolvimento.[143]

Algumas das considerações — as não substanciais, diga-se de passagem — expressas no aludido documento são aceitas pela Sudene, como é o caso da redução dos programas da Divisão.

No âmbito do IV Plano, a programação da Ação Comunitária centra-se na abertura de canais de comunicação entre os órgãos públicos principalmente, e as comunidades atingidas por seus programas. Confere o Plano prioridade aos programas ligados aos setores agrícola, habitacional e pesqueiro e àqueles "que absorvam de forma significativa mão de obra, cuja execução exija ou pressuponha uma

---

140. BRASIL. Sudene. III Plano Diretor de desenvolvimento econômico e social do Nordeste: 1966-1968. Recife, Divisão de Documentação, 1966. p. 107-9.
141. Id., DRH. *Reformulação da Divisão de Ação Comunitária*, p. 5, 1967. (Mimeo.)
142. BRASIL. I PND. Op. cit., p. 28.
143. As definições de participação segundo a DAC encontram-se nas páginas seguintes (Id., p. 11 e 22).

participação ativa das comunidades e enfoquem com maior relevância os aspectos sociais como uma coordenada do processo de desenvolvimento".[144] Seu único programa — coordenação de organismos que executam a Ação Comunitária — se justifica (dentre várias razões arroladas) pelo fato de que o conhecimento real dos aspectos sociais e culturais, das populações contribui para evitar o conflito advindo da introdução de mudanças inaceitas ou incompreendidas pelas comunidades. Alinham-se entre seus objetivos a capacitação dos aludidos organismos e a criação de vias de acesso a fim de que os primeiros possam contribuir para os planos e as populações possam participar nos programas de desenvolvimento.

Em início de 1970 a Divisão realiza encontro de seus técnicos para estudo e avaliação do trabalho, e a partir de então, desenvolve-se uma série de reflexões sobre os conceitos de desenvolvimento, integração e participação.

Nesse encontro a equipe considera o subdesenvolvimento como um processo histórico, dinâmico e global e busca os fundamentos para esse conceito na teoria de Myrdal. Defende uma pedagogia que possa criar pré-condições para a modificação na estrutura de poder, tendo em vista a participação de camadas populacionais mais amplas no processo de desenvolvimento e pondera que o planejamento regional, "orientado para o mercado, está levando a uma acentuada concentração de renda, provocando uma menor participação".[145]

Duas diretrizes são definidas para o ano de 1971, em adição às de 1970: atuar através de organismos públicos ou privados que ofereçam condições de coordenação, cobertura política, estrutura de suporte e recursos financeiros; atingir programas mais integrados e

---

144. Desse suposto deduz-se que não se considera necessária a Ação Comunitária, quando os programas podem dispensar a participação das populações. Confere-se, pois aos técnicos a função de indutor da participação (concebida como adesão, incorporação) não em todos os programas da Sudene, mas somente naqueles cujo êxito depende da população (BRASIL. Sudene. *IV Plano Diretor de Desenvolvimento Econômico e Social do Nordeste: 1968-1973*. Recife, Divisão de Documentação, 1968. p. 256-7).

145. BRASIL. Sudene/DRH/DAC. *Relatório do Encontro para estudo e avaliação dos Trabalhos da Divisão de Ação Comunitária*. Recife, p. 5. (Mimeo.)

produtivos, que propiciem maior envolvimento das populações e aceleração dos processos de mobilização, organização e conscientização, além de viabilidades de ordem material e política.

O Plano de Desenvolvimento do Nordeste 1972-74 — sucedâneo dos Planos Diretores — publicado em agosto de 1971, situa a Ação Comunitária no campo do desenvolvimento urbano e local, ao lado do saneamento, habitação e administração. A Ação Comunitária adquire significado pelo fato de que "a experiência histórica tem revelado que a motivação das populações em torno dos objetivos do desenvolvimento pode constituir a base do êxito de planos e programas de interesse nacional, regional ou local".[146] O que importa, assim, à Sudene, é o êxito de seus planos e programas e, já que "a comunidade desempenha papel decisivo como fator dinâmico ou como obstáculo ao desenvolvimento", resulta para o órgão que o Desenvolvimento de Comunidade surge como "condição básica para o disciplinamento e a concentração de esforços" e para a adesão das populações aos projetos de desenvolvimento local.[147]

Três objetivos são esboçados para o período: a participação das populações em projetos de desenvolvimento local visando elevar seus níveis organizativos e o "maior êxito dos projetos"; implantar um sistema de coordenação regional; e capacitar os órgãos públicos e privados para a compatibilização de seus programas e sua *integração efetiva no plano de desenvolvimento regional*.

O conceito de *integração*, conforme frisamos há pouco, vinha preocupando os técnicos da DAC. Ainda em 1970 eles divulgam documento[148] onde se encontram sumariados os fatores característicos de um projeto integrado: envolvimento de vários setores, tanto a nível de planejamento, como de execução; objetivos múltiplos específicos, que visem a satisfazer às necessidades básicas para o desenvolvimento

---

146. BRASIL. Sudene. *Plano de Desenvolvimento do Nordeste*: 1972-74. Recife, p. 339, ago. 1971. (Mimeo.)

147. Id., p. 341-2.

148. Síntese de fatores que caracterizam um projeto integrado à Ação Comunitária como atividade programada em projeto integrado (BRASIL. Sudene/DRH/DAC. Recife, 1970. [Mimeo.])

harmônico do homem como ser total; objetivo comum a todos os setores envolvidos; envolvimento de categorias profissionais distintas, vez que o processo de desenvolvimento é de natureza interdisciplinar; filosofia, política e metodologia comum a toda a equipe; preparo cuidadoso dos técnicos e finalmente participação conjunta de diversos órgãos.

A Ação Comunitária ganha sentido como atividade programada em projeto integrado, pela necessidade de incorporação da população e dos diversos setores no processo de desenvolvimento, bem como porque se faz míster orientar essas populações em face do impacto causado pela introdução de mudanças tecnológicas e sociais derivadas do novo tipo de organização implantada pela Sudene. A ela cabe a tarefa de funcionar como instrumento de comunicação entre a população e os projetos de desenvolvimento, como elemento integrador dos diversos setores da programação global e gerador de uma consciência comunitária, pela criação do espírito de cooperação e iniciativa própria. Objetivando uma "integração harmônica" a Ação Comunitária se efetivará através da sensibilização da população, divulgação dos projetos, motivação, conscientização, mobilização, organização e dinamização da população e de seus grupos para participação nos aludidos projetos.

Do documento se depreende que as noções integração-participação permanecem ambíguas, falando-se ora em "orientar a participação, para garantir a integração"; ora em "garantir a participação integrada"; ora ainda em "provocar e orientar a participação das populações nos programas e projetos".[149] Ambos são por vezes identificados com a incorporação ou mera adesão das populações aos programas, e projetos do órgão de planejamento regional.

Em 1972 já se registra alguma distinção entre as duas categorias, pois a Divisão entende que a integração está "mais ligada ao conceito de contribuição para a criação de bens e serviços enquanto a participação estaria mais ligada ao conceito de controle. É verdade que

---

149. Id., p. 4.

a integração precede a participação, não podendo haver esta, se não existe aquela, mas a integração nem sempre leva à participação. Com efeito, quando a integração e erigida em fim, em si mesma, torna-se obstáculo à participação".[150] Como se vê, as noções em apreço adquirem agora uma perspectiva mais ampla, transcendendo o nível restrito dos projetos e sendo pensadas no contexto do processo produtivo de bens materiais.

A busca de conceitos mais consistentes de integração e de participação é objeto de vários estudos e reuniões da Divisão de Ação Comunitária, principalmente durante os anos 1972 e 1973.[151]

Tal privilégio é conferido ao tema por sustentar a equipe daquela Divisão que a participação constitui-se no aspecto fundamental de todas as tendências do Desenvolvimento Comunitário, ao passo que o estudo da integração é relevante numa perspectiva de desenvolvimento (global) "porque informa sobre a consciência social dos agentes, de como eles se colocam diante da própria atividade em relação à sociedade".[152]

No entender da equipe, na raiz das ambiguidades desses conceitos reside o mal entendimento do que seja de fato a noção de "social", muitas vezes confundida com um dos setores da estrutura, mais diretamente ligada aos profissionais de área humanística. A setorialização do social tem sua origem, talvez, na preocupação de salvaguardar uma visão abrangente do processo de desenvolvimento, ameaçado pela insistência nos aspectos técnicos e econômicos. Esta preocupação provocou o nascimento de uma pseudoautonomia

---

150. Algumas reflexões sobre o processo de Desenvolvimento de Comunidade e sobre a política da CPDC-NE (BRASIL. Sudene/DRH/DAC. Recife, 1972. [Mimeo.])

151. Além do documento supracitado cf. Id. *Relatório dos debates teóricos em torno dos temas abordados no I Seminário sobre o Desenvolvimento Comunitário para equipes estaduais de CPDC*. Recife, 1972. (Mimeo.) Id. *Sistematização dos trabalhos técnicos do I Seminário sobre o Desenvolvimento de Comunidade como instrumento do Desenvolvimento Regional*. Recife, 1973. (Mimeo.) Id. *Relatórios das II e III Reuniões da CPDC-NE*. Recife, 1973. (Mimeo.) Id. *Relação entre o Desenvolvimento de Comunidade e o Desenvolvimento*. Recife, 1973. (Mimeo.) Id. *Desenvolvimento Comunitário*: noção, pré-requisitos e indicadores, [s.n.t.]. (Mimeo.)

152. Id., p. 2.

de aspecto social, desconectando-se os programas econômicos dos programas sociais.

Para a DAC, o social não pode ser pensado como uma "coisa" ou algo isolável no âmbito da estrutura global da sociedade. Trata-se, ao contrário, de um aspecto inerente a todos os setores da estrutura que é "social", por definição. Em qualquer setor dessa estrutura — econômico, político, administrativo, jurídico, religioso ou outros — o social encontra-se infiltrado. Por *social* a Divisão compreende "as relações que se estabelecem entre os homens no ato de governar, administrar, produzir etc., que se refletem no caráter mais ou menos privado dos resultados das atividades que estejam sendo consideradas".[153]

O *desenvolvimento*, como processo histórico e dinâmico de mudança social global, supõe acumulação de riqueza + participação e interesse a todos os membros da sociedade. Nessa perspectiva, a *participação* é definida como "o controle efetivo dos meios, fins e resultados materiais das atividades dos indivíduos na sociedade".[154]

Constitui um processo que implica uma "expansão e redistribuição de oportunidades, criando as condições concretas para que o conjunto da população possa tomar parte ativa na responsabilidade social de organização da comunidade".[155]

A participação em nível dos meios de produção de bens materiais pode ser avaliada mediante o grau de controle técnico dos instrumentos (qualificação profissional); controle das condições de trabalho; e o poder de decisão a respeito da utilização dos meios e das condições do trabalho (administração). A participação quanto aos fins do processo produtivo pode ser mensurada segundo o grau de decisão a respeito da definição dos objetivos, ao passo que na esfera dos resultados podem valer os critérios de remuneração, distribuição de renda, nível de instrução, bem como o grau de percepção e informação a

---

153. BRASIL. Sudene/DRH/DAC. *Relação entre Desenvolvimento Comunitário e Desenvolvimento*. Op. cit., p. 1.

154. Id., *Exposição sobre CPDC-NE*, p. 5, 1973, [s.n.t.].

155. BRASIL. Sudene/DRH/DAC. *Relação entre Desenvolvimento Comunitário e Desenvolvimento*. Op. cit., p. 5.

respeito do programa e/ou projeto de desenvolvimento. O estudo da participação nos resultados tem muito a ver com o grau de consumo dos agentes sociais, mas a DAC adverte[156] para a ambiguidade do índice de consumo, que tanto pode decorrer da participação, como pode indicar a gratificação por uma ausência de participação em níveis mais relevantes (decisório, por exemplo).

A *integração*, segundo a DAC, pode ser interpretada sob diferentes óticas: enquanto aceitação dos meios e dos fins do programa ou projeto em causa; como incorporação de mão de obra ao sistema produtivo; e num sentido mais geral, como contribuição dos indivíduos no sistema de produção de bens materiais e imateriais para a sociedade.[157]

Vista assim, a integração tanto pode ser caminho como freio à participação. Noutro documento, contudo, afirma-se que a integração nada diz a respeito da participação, pois as duas noções são bem diferentes e podem independer ao nível do real. Enquanto a primeira se situa na esfera da consciência dos agentes sociais, a participação não deve ser estudada sob tal prisma, vez que representa o "poder de decisão que os agentes da estrutura têm, ao nível da organização interna, da orientação, do resultado e do conhecimento dessa mesma estrutura".[158]

Da matéria acima exposta pode-se inferir que a DAC não chega a equacionar um conceito de integração, logrando, contudo, avançar significativamente no que tange à noção de participação. Simultaneamente consegue adotar uma postura crítica quanto ao desenvolvimento de comunidade clássico, argumentando: Que ele se tem constituído tradicionalmente num modo de resolver problemas carenciais, imediatos e transitórios, sem levar em conta suas causas estruturais; que a referência teórica para alicerçar a prática da disciplina tem sido "uma teoria estática incapaz de ler objetivamente a

---

156. Id. DAC: noção. Op. cit., p. 7.
157. Id. *Exposição sobre CPDC-NE*. Op. cit., p. 5.
158. Id. DAC: noção, pré-requisitos. Op. cit., p. 2.

realidade global da sociedade"; que sua unidade básica de atuação — a comunidade — é ambígua e incapaz de ensejar um enfrentamento eficaz da problemática estrutural.

No entender da Divisão e de algumas equipes nordestinas da Coordenação de Programas de Desenvolvimento de Comunidade (CPDC), "a unidade básica de todo um esforço nacional planificado não mais seria a comunidade local, mas os agentes de produção, quer se trate de produção de bens materiais, de serviços ou de conhecimentos".[159] Mais tarde a DAC define com maior precisão sua unidade básica, afirmando serem as categorias sociais, critério este que leva em conta sua localização nos setores da estrutura social, bem como seus níveis de atuação e seu âmbito de ação. Sob tal compreensão parece-lhe mais fácil a determinação do campo e das estratégias de trabalho da CPDC no Nordeste. No que tange aos setores, defende-se que o Desenvolvimento de Comunidade só tem sentido se estiver orientado para a produção, porquanto "é o sistema econômico que cria as condições de existência e constrói a sociedade".[160] No âmbito da produção, opta-se pela agricultura e indústria. A educação alinha-se igualmente como setor prioritário na medida em que é necessária a qualquer trabalho que vise à mudança na estrutura global da sociedade.

No tocante à escolha de seu âmbito de ação, a Divisão parte da consideração de que no setor de planejamento do Estado "são dadas as condições de participação ou de exclusão das populações" no processo de desenvolvimento, em face do que situa as CPDCs estaduais no interior das Secretarias de Planejamento ou Conselhos Estaduais de Desenvolvimento. Isto porque, acrescenta a DAC, "os principais responsáveis pela participação de populações são funda-

---

159. Id. *Relatório dos Debates Teóricos...* Op. cit., p. 18. A postura acima descrita não é partilhada por todas as equipes estaduais de CPDC. A equipe do Rio Grande do Norte, por exemplo, defende que o atual estágio de desenvolvimento brasileiro "apresenta duas tendências amplamente favoráveis a uma atuação não desvinculada a nível comunal: o processo de urbanização e a ocupação dos espaços vazios" (Governo do Estado do Rio Grande do Norte. Secretaria de Planejamento e Coordenação Geral [CPDC-RN]. *Especificidade do Desenvolvimento de Comunidades*. Natal, p. 10, 1973).

160. Id. *Sistematização dos Trabalhos*. Op. cit., p. 3.

mentalmente os poderes públicos e proximamente seus funcionários técnicos executivos..."[161]

Tais considerandos são contestados pela equipe do Rio Grande do Norte, ao argumentar que os "órgãos de planejamento apenas implantam as decisões elaboradas nos escalões superiores da administração".[162] Parece-nos válida tal contestação pois, como lembrou Gramsci, "o Estado corresponde à função de hegemonia exercida pelo grupo dominante em toda a sociedade",[163] ademais de sua função de domínio direto e de coerção. Nesses termos, não se pode afirmar simplisticamente que no setor de planejamento do Estado são dadas as condições de participação e exclusão das populações no desenvolvimento. Tais condições dependem de uma complexa trama política tecida pelas classes hegemônicas e dominantes de cada bloco histórico, no seio do qual o Estado — *stricto sensu*, como é tratado pela DAC — garante a implementação daquelas condições, mediante o acionamento de seus aparatos coercitivos.

Malgrado os seus tropeços teóricos e limites institucionais, a Divisão consegue imprimir — pelo menos no momento do discurso — um caráter classista ao Desenvolvimento de Comunidade quando define que sua atuação deve se efetivar junto a categorias sociais, preferencialmente vinculadas ao setor de produção de bens. Na impossibilidade de exercer uma ação direta com estas categorias — já que a função da DAC é de coordenação e não execução — elegem-se os técnicos do planejamento estadual como categoria de ação direta, a quem é delegada a responsabilidade de pesquisar as necessidades daquelas categorias sociais prioritárias e de ensejar sua participação no processo global de desenvolvimento.

O Desenvolvimento de Comunidade deveria constituir-se em uma *prática* situada em todos os níveis da estrutura social. Por *prática* a DAC compreende toda ação produtora e transformadora da

---

161. Id. *Algumas reflexões*. Op. cit., p. 2.
162. Governo do Estado do Rio Grande do Norte. Secretaria de Planejamento e Coordenação Geral. CPDC. *Carta à Equipe CPDC-NE*, Natal, 8 jul. 1972, p. 1.
163. GRAMSCI. *Cultura y literatura*. Op. cit., p. 35.

sociedade, sendo três as práticas fundamentais: a produção de bens materiais, a produção de serviços e a elaboração de conhecimentos. Uma prática profissional passa a ser correta na medida em que é comandada por princípios teóricos metodicamente estruturados e reavaliados constantemente e ainda na medida em que, sob o influxo do real, propicia o questionamento e a reformulação permanentes do marco teórico que a orientou.[164] No campo compreendido pela ação transformadora, a participação — como fora definida pela DAC — representava o ingrediente indispensável da prática profissional. Todavia, se o objetivo da Sudene era mais a integração do que a participação, se as brechas concedidas à DAC eram extremamente apertadas, ela se propôs a fazer do Desenvolvimento de Comunidade uma pedagogia que, partindo da participação em micronível realizaria um processo de aprendizagem da participação decisória no nível macrossocietário.

As posições heterodoxas assumidas pela DAC em relação ao Desenvolvimento de Comunidade exportado pela ONU não corresponderam aos interesses do órgão de intervenção do Estado no Nordeste. O papel oficial e factual que lhe é conferido desde o primeiro momento sempre foi garantir a adesão da população nordestina a seus planos e atividades. Tanto não corresponderam, que aquela Divisão vai sofrendo, em seu curso no tempo, um processo de desprestígio e debilitação, ao ponto de ser eliminada completamente do Programa de Ação do governo para o Nordeste, no período 1975-1979.[165]

Ao finalizar, no presente passo, a análise do período 1964-1977, é-nos possível detectar a existência de duas vertentes cujas águas não se mesclam e seguem seu curso para destinos totalmente diversos. Numa vertente, temos um Desenvolvimento de Comunidade dotado das mesmas nuances da política social instituída no período, cuja função precípua consiste em eliminar os pontos de estrangulamento

---

164. BRASIL. Sudene/DRH/DAC. Relatório da II Reunião. Op. cit. *Teoria e prática*, p. 3.

165. BRASIL. Sudene. *II Plano Nacional de Desenvolvimento*. Programa de Ação do Governo para o Nordeste: 1975-1979. Recife, 1975.

que venham por acaso obstar ou obscurecer o êxito dos modelos de desenvolvimento definidos pelo Estado, em consonância com os propósitos e interesses das classes hegemônicas. Sob tal concepção, o Desenvolvimento de Comunidade representa uni ingrediente coadjuvante do bom desempenho econômico, ao referendar a ideologia dominante e inoculá-la no interior do senso comum.

Em divergência a esta orientação, a outra vertente postula o enfrentamento da problemática brasileira a partir do questionamento dos modelos de desenvolvimento e da transformação das estruturas vigentes.

Tais posições derivam da direção tomada pelos intelectuais do Desenvolvimento de Comunidade e de seu compromisso com uma das classes fundamentais da sociedade brasileira. Alguns aderem — conscientemente ou inconscientemente — à ideologia dominante e passam a defender suas políticas de integração, modernização, despolitização e capacitação da força de trabalho para a criação de um amplo mercado interno capaz de propiciar a consolidação do desenvolvimento em moldes capitalistas. Para o alcance desse intento, ao Desenvolvimento de Comunidade é atribuída a tarefa de preparar recursos humanos capazes de atender às demandas dos projetos de investimento econômico, de modo a serem evitados embargos na implementação das diretrizes emanadas pelos escalões superiores. A exploração da força de trabalho é mediatizada pela sua capacitação para aquelas atividades que vêm melhor favorecer a acumulação capitalista nas áreas rurais e urbanas. O bloco dos intelectuais adeptos de tal postura identificam a participação com a adesão das classes subalternas aos planos e programas das classes dominantes institucionalizados pela sociedade política.

Outro bloco de intelectuais resiste em ser arrastado pela corrente da ideologia dominante e, dando seguimento às investidas iniciadas no período anterior, ensaia um vínculo com a classe subordinada concebendo uma prática profissional exercida com as classes trabalhadoras capaz de ensejar a participação social, entendida como "expansão e distribuição de oportunidades para que o conjunto da população venha a tomar parte ativa na responsabilidade social de organização da sociedade".[166]

Em que pese a tenacidade e esforço dos intelectuais deste último bloco, assiste-se no período à urdidura de uma forte teia de resistências contra os mesmos, que se expressa, por exemplo, no progressivo esvaziamento dos setores onde eles se encontram engajados; na criação sempre mais difundida de programas oficiais pautados nos modelos ortodoxos de Desenvolvimento de Comunidade, que provocam a ampliação da demanda de profissionais dessa orientação; e finalmente a retração das últimas alternativas profissionais aos intelectuais das classes subalternas.

Qual, pois, o devir do Desenvolvimento de Comunidade no Brasil? — cumpre-nos indagar após percorrer o espaço que nos foi concedido pelo tempo... Só o processo histórico, em sua trajetória feita de avanços e recuos, surpresas e contradições, poderá no amanhã nos responder.

---

166. Cf. BRASIL. Sudene. *I Seminário sobre Desenvolvimento Comunitário como Instrumento de Desenvolvimento Regional.* Recife, 1973. p. 15. (Mimeo.)

CAPÍTULO IV

O Desenvolvimento de Comunidade na transição democrática (1978-89)

4.1 A organização da sociedade civil

O processo de democratização iniciado a partir da década de 1970 não representa uma outorga do regime militar, como procura induzir o falso gesto da "mão estendida" aludido pelo bloco no poder.

Após o fracasso do "milagre econômico" o regime militar passa a enfrentar sérias dificuldades para se legitimar face à sociedade civil e para consolidar o modelo de hegemonia burguesa que em anos anteriores parecia estável.

Vejamos em breves linhas como se desdobrou esse processo.

Para entendê-lo é preciso recuar até o momento em que passam a adquirir visibilidade os movimentos sociais questionadores do autoritarismo do regime militar e dos modelos de acumulação capitalista por ele impostos à sociedade. Daí por que, neste item, daremos relevo ao período de gestação e emergência da abertura política, procurando mostrar que ela vai encontrar suas origens nas lutas sociais pela redemocratização do país.

Durante o ano de 1975, a economia brasileira começava a se debater com índices de crescimento declinantes e com uma taxa de inflação crescente. Conforme analisa Oliveira,[1] a ampliação da divida externa, que no final da década já alcançava 80 bilhões de dólares, é utilizada como sustentação do processo de crescimento, ao preço da internacionalização da inflação ascendente no decorrer da década.

Na tentativa de dinamizar e estabilizar a economia como um todo, o Estado aumenta sua participação nos investimentos fixos, que crescem de 38% em 1970 para 43% em 1978. Em 1975 estima-se que 35% da demanda total de bens de capital produzidos localmente são geradas por investimentos públicos. Em 1974 o Estado controlava 68,5% das ações na mineração, 72% na siderurgia, 96,4% na produção de petróleo e 34,8% na química e petroquímica.[2] O Estado monopoliza o transporte ferroviário, o serviço de telecomunicações, geração e distribuição de energia elétrica e nuclear, bem como outros serviços públicos.

A tendência para a concentração da renda é reforçada no período, sendo os salários básicos reais fortemente deprimidos. Em avaliação do Dieese, do índice 100 em 1960, em termos reais, o salário mínimo oficial cai para 52 em 1979, sendo cerca de 60% da força de trabalho atingida pelo problema. A crescente massa de mais-valia beneficia apenas as faixas de mais alta renda, enquanto os trabalhadores não usufruem dos enormes ganhos de produtividade gerados nos últimos anos.

Desde o início dos anos 1970 o Dieese vinha sustentando que os dados utilizados para reajustar os salários eram manipulados pelo governo, provocando enormes perdas para a classe trabalhadora, já gravemente penalizada pelos aumentos do custo de vida. Os órgãos federais competentes jamais responderam à crítica, mas anos depois, economistas do BIRD realizaram pesquisa e questionaram o procedi-

---

1. OLIVEIRA, Francisco de. *Inovações em políticas econômico-sociais*: o caso do Brasil. São Paulo: Cebrap, 1988. (Mimeo.)

2. Dados em ANDRADE, Regis de Castro. Brasil: a economia do capitalismo selvagem. In: KRISCHKE, Paulo J. (Org.). *Brasil*: do milagre à abertura. São Paulo: Cortez, 1982. p. 129.

mento do governo brasileiro. Segundo a avaliação do BIRD, a variação nos preços internos e nos preços por atacado em 1973, tinha sido na ordem de 22,5% e não de 14,9% e 12,6%, conforme as estatísticas oficiais. Em julho de 1977 a notícia é publicada pela imprensa e o governo não tem outra alternativa senão admitir a manipulação dos dados, que representava uma sobreperda real da ordem de 34,1% no salário do conjunto da classe trabalhadora do país.[3]

O fato provoca uma reação em cadeia por parte das representações sindicais, reação esta que, começando na Grande São Paulo, difunde-se imediatamente por todo o país e representa o primeiro movimento social de envergadura, desde as grandes greves de Osasco e Contagem em 1968. As lideranças sindicais manifestam a clara disposição de mover ação contra o Estado com fundamento no direito de obter reposição salarial correspondente às perdas de 1973-74, que excedem à própria diferença entre o aumento da produtividade e os aumentos de salário.

O movimento pela reposição salarial não pode ser, contudo, interpretado como a volta abrupta da classe trabalhadora à cena política. Essa volta vinha sendo urdida gradualmente através de práticas de resistência com menor amplitude, mas nem por isso com menor significância. Greves gerais ou parciais, paralisações de máquinas, operações-tartaruga, abaixo-assinados, eram ações que desde 1973 vinham ocorrendo nos principais centros industriais do país. A gestação da "oposição sindical" dentro das fábricas, mobilizando as bases, articulando os trabalhadores contra a política de arrocho salarial representava outra frente de resistência que aos poucos adquiria vigor.

Já no período 1972-73 assiste-se greves localizadas (Villares, Volkswagen, General Motors e Ford) paralisações de seções e operações-tartaruga (Metalúrgica Matarazzo, Saad), protestos diante de condições de trabalho e ameaças de desemprego (Stork Inox e De Nigris). Algumas vitórias de peso para a época são representadas

---

3. Dados em MOISES, José Álvaro. Problemas atuais do movimento operário. In: KRISCHKE, Paulo J. Op. cit., p. 53-81.

por aumentos e revisão de faixas salariais, extinção da taxa de transporte, antecipações de salário, às vezes de até seis meses em várias empresas da Grande São Paulo, como resultado de pressão dos trabalhadores.

O movimento pela reposição salarial de 1977 era assim decorrência de uma luta que vinha de longe e representava ao mesmo tempo a exaustão da classe trabalhadora esmagada pela exploração e repressão do regime militar.

Ao lado do movimento operário, somam-se várias outras lutas populares que emergem cada vez mais robustas a partir de 1978. O Movimento pelo Custo de Vida consegue um milhão e trezentas mil assinaturas em abaixo-assinado exigindo o congelamento de preços, aumento do salário mínimo e concessão de abono aos trabalhadores; organizam-se os moradores de loteamentos clandestinos, pela sua legalização; greves de categorias jamais antes mobilizadas começam a espocar por toda a parte, como é o caso de bancários, médicos, funcionários públicos, garis; as comunidades eclesiais de base expandem-se por todo o país; passeatas, depredações, saques e motins dão prova de que se esgotaram os meios pacíficos de resistência e protesto das classes assalariadas.[4]

A reunião do movimento dos trabalhadores representa a "vertente democrática popular" da oposição ao regime, conforme a classificou Herbert de Souza.[5] Ela se contrapõe à "vertente democrática liberal", que aglutina as classes dominantes, em seu movimento de oposição ao regime militar. Em condições ideais, segundo o autor, "a vertente democrática popular" deveria contrapor a democracia ao liberalismo no plano ideológico (negando como objetivo histórico último uma sociedade de classes), político (deslegitimando o Estado liberal e propondo o Estado democrático popular) e econômico (contrapondo o

---

4. Em 1980, por exemplo, registram-se greves (além das de operários da indústria): portuários, motoristas, padeiros, vigilantes, policiais, promotores, bancários, funcionários públicos, professores, médicos, profissionais da saúde.

5. Souza, Herbert de. As duas vertentes da democracia. In: Krischke, Paulo J. Op. cit., p. 151-165.

socialismo ao capitalismo).⁶ Na prática, entretanto, a oposição das classes subalternas durante os anos da abertura não delineia ainda de forma clara um projeto socialista, mas começa a dissociar-se da tutela do Estado e a questionar o modelo burguês do regime.

Naquela conjuntura política dos anos 1970, em adição ao movimento das classes trabalhadoras, emerge a oposição burguesa, embora por razões e objetivos bem distintos.

Do ponto de vista político-ideológico a vertente liberal de oposição não se opõe à natureza burguesa do regime, mas à sua forma. O golpe de 1964 é interpretado como uma revolução liberal, frustrada pelos desmandos autoritários dos militares, que devem ser àquela altura, corrigidos. Assim, não visa a destruir o Estado, mas torná-lo menos autoritário.

Como se processa a reação burguesa ao autoritarismo do Estado sob o regime militar?

Convergem para a oposição liberal tanto os setores da grande burguesia brasileira, como faixas da pequena e média burguesia que se incompatibilizam e se rebelam contra a lógica centralizadora do regime.

Herbert de Souza[7] identifica diversas razões que determinaram a conformação da vertente liberal de oposição ao regime:

a) razões ideológicas — a percepção de que os objetivos do golpe de 1964 foram negados pelo Estado de Segurança Nacional;

b) razões econômicas — passada a fase do "milagre" e revelado o caráter centralizador e excludente do desenvolvimento internacionalizado, setores importantes da burguesia nacional e transnacional passaram para a oposição reivindicando o restabelecimento do liberalismo nos planos econômico e político;

c) razões políticas — a marginalização de líderes políticos — civis e militares — muitos deles artífices do golpe de 1964, ocasiona

---
6. Id., p. 163.
7. Id., p. 158.

uma reação de desapoio ao bloco no poder. Seu objetivo é restaurar o processo liberal de participação política, onde o consenso prevaleça sobre repressão.

A primeira manifestação de caráter geral contra o regime por parte da burguesia, passa pela campanha de desestatização deslanchada pelo discurso de Eugênio Gudin, ao receber o título de Homem Visão de 1974. Nele o empresário expressa sua preocupação com a crescente intervenção estatal na economia. Durante dois anos esta campanha é divulgada pelos mais representativos jornais e revistas de negócio do país, através dos quais os empresários apoiam e reforçam a preocupação de Gudin e apresentam propostas no sentido de bloquear a estatização da economia.

Essa campanha, chamada de "rebelião empresarial", abala os alicerces do bloco no poder que se dava conta de uma fratura exatamente em uma de suas mais fortes colunas de sustentação: a burguesia nacional.

A segunda inflexão que sofre o sistema advinda da burguesia resulta do apoio dado a declarações críticas do ministro da Indústria e Comércio, Severo Gomes, em fevereiro de 1977. Por meio da imprensa várias lideranças empresariais se pronunciam, reclamando a volta ao Estado de Direito e defendendo o retorno dos militares à caserna.

A partir desse episódio — que culmina com a demissão de Severo Gomes — evolui um movimento entre os representantes da burguesia, no sentido de buscar uma saída negociada para o impasse político que se delineava no interior da sociedade civil.

A essa altura o governo Geisel enfrentava sérias dificuldades geradas em muitas frentes. O ano de 1976 registrava a morte, por tortura no DOI-Codi, em São Paulo; do operário Manuel Fiel Filho, que secundava a do jornalista Vladimir Herzog; atentados e/ou explosão de bombas na sede da ABI, no Cebrap, na OAB do Rio de Janeiro, na Editora Civilização Brasileira e na residência do diretor da Globo, cuja autoria é reivindicada pela AAB (Aliança Anticomunista Brasileira). Da mesma autoria é o sequestro do bispo de Nova Iguaçu, com espancamento e ameaça de morte.

O ano de 1977 traria a greve estudantil na Universidade de Brasília — com ocupação do *campus* pelo Exército — e o III Encontro Nacional de Estudantes em Belo Horizonte (visando a reconstituição da UNE), o qual é dissolvido pelas Forças Armadas, com registro de centenas de prisões. O Movimento Feminino pela Anistia entrega a Rosalyn Carter relatório de familiares de presos, desaparecidos e exilados. O governo tenta impedir a 29ª Reunião da SBPC, a qual, finalmente reunida, vota moção pela anistia ampla e irrestrita. A OAB de São Paulo demanda a plenitude do *habeas corpus*. Em Carta aos Brasileiros, empresários afirmam que "estamos caminhando rapidamente para o aprimoramento democrático. Até o final deste governo deverá ter terminado o regime de exceção".

Já o ano de 1978 foi marcado por ampla atividade oposicionista e tomava corpo com grande vigor a campanha pela anistia, reunindo as mais heterogêneas frações da sociedade civil, em uma luta comum e bem articulada. Iniciava-se uma série de atos terroristas da direita, no seio dos quais a linha dura dos militares encontrava-se altamente comprometida. Assim, o governo Geisel estava sujeito a uma dupla ameaça: a de perder sua autoridade sobre a burocracia militar e a de perder o controle político sobre o processo de abertura que se delineava.

A primeira ameaça foi contornada pela desarticulação parcial da linha dura e de seu aparato repressivo. Nesse sentido pode-se apontar como exemplo o afastamento do General Ednardo d'Ávila Mello do comando do II Exército, responsável pela morte do operário Fiel Filho no interior do DOI-Codi. A segunda ameaça é contida pela introdução de novas regras para o jogo político e eleitoral.

Em abril de 1977 o presidente Geisel baixa o Ato Complementar n. 102 decretando o recesso do Congresso, que havia rejeitado a reforma judiciária por ele proposta e decreta o Pacote de Abril, cujas inovações são assim resumidas por Martins:[8]

---

8. Cf. MARTINS, Luciano. A liberalização do regime autoritário no Brasil. In: O'DONELL, Guillermo et al. (Eds.). *Transições do regime autoritário*. São Paulo: Vértice, 1988. p. 108-139.

a) o governo passa a indicar um terço do Senado (os famosos "senadores biônicos") a fim de garantir seu controle sobre aquele colegiado;

b) os governadores passam a ser novamente eleitos pela via indireta;

c) são modificados os critérios que regulamentam a escolha de delegados para o Colégio Eleitoral;

d) a Lei Falcão[9] é estendida a todas as eleições que envolvam o voto popular.

Tais medidas, aliadas a outras ações repressivas, como é o caso de várias cassações de mandatos, entre os quais figura o do deputado federal Alencar Furtado, garantem a Geisel a restauração parcial de seu controle sobre o conjunto da sociedade e sobre o processo de abertura.

Em outubro de 1978 é promulgada a Emenda Constitucional n. 11 que revoga o Ato Institucional n. 5 e todos os demais atos decretados pelo regime militar. Para, contudo, compensar essa medida, são incorporadas à legislação em vigor, as chamadas salvaguardas do regime (segurança nacional, controle das greves, leis da imprensa) e a introdução na Constituição de um dispositivo que excluía a apreciação judicial com relação a qualquer ato do regime vigente.

Através de tais providências, o governo Geisel buscava assegurar o sucesso do processo de abertura inclusive com a imposição de seu sucessor, a despeito de correntes divergentes da burguesia, que lutavam a favor do general Euler Bentes, candidato do MDB. O resultado de todas as manobras do governo é que o Colégio Eleitoral elege o candidato da Arena (general João Baptista Figueiredo) com 355 votos, contra 266 dados ao candidato da oposição, em fins de 1978.

O processo de abertura obtém avanços através da suspensão da censura prévia aos comerciais de rádio e TV; da revogação dos atos

---

9. A Lei Falcão restringe enormemente a propaganda eleitoral através dos meios de comunicação, tentando esvaziar o impacto do partido de oposição, após sua vitória alcançada nas eleições de 1974.

de banimento dos presos políticos trocados por diplomatas sequestrados e extingue a Comissão Geral de Investigações, ainda sob o governo Geisel.

A posse do general Figueiredo em março de 1979 é marcada por sua promessa de que faria do país uma democracia. A abertura continua, entretanto, lenta, gradual e cautelosa. A tolerância do novo presidente às primeiras greves operárias significa muito mais uma tática para medir forças e para melhor localizar o inimigo. Passada a primeira onda, o governo intervém nos sindicatos dos metalúrgicos do ABC paulista, alegando que as lideranças sindicais concitaram a greve. Lula (Luís Inácio da Silva) é destituído do cargo que ocupa à frente do sindicato e processado pela Lei de Segurança Nacional, sendo depois condenado, juntamente com outros líderes sindicais, a uma pena de 3 anos de prisão.[10]

Similarmente, outras medidas liberalizantes adotadas pelo governo são no fundo táticas para sustentação do regime. Nesta mesma linha de raciocínio podem ser consideradas a anistia e a criação do multipartidarismo.

O fortalecimento gradativo do MDB, congregando todas as oposições, representava uma ameaça para o regime. A anistia e o multipartidarismo poderiam neutralizar essas oposições: a primeira pela diversificação de tendências políticas que trariam para o país os ex-militantes do pré-64, distanciados dos embates travados internamente durante quase vinte anos; o segundo, pela fragmentação das oposições em vários partidos políticos.

Faz parte desse processo contraditório de democratização, a volta à cena do Desenvolvimento de Comunidade enquanto programa de nível nacional.

Conforme vimos no capítulo anterior, em 1970 fora criada junto ao Ministério do Interior a Coordenação de Programas de Desenvolvimento de Comunidade (CPDC). Já em 1973 o órgão é extinto, em-

---

10. Em 15 de maio de 1978 é revogada a intervenção nos sindicatos metalúrgicos e posteriormente suspensa a prisão de seus líderes, bem como o enquadramento de Lula na LSN.

bora algumas superintendências regionais continuassem a realizar programas de Desenvolvimento de Comunidade.

Em 1979, por iniciativa e sugestão do Projeto Rondon, o Ministério do Interior (Minter) convoca vários órgãos a ele afetos para estudar a possibilidade de recriar um organismo a nível nacional a fim de se ocupar dos trabalhos na esfera comunitária. Com tal intuito em 15 de agosto de 1979 é instituída comissão, através da Portaria n. 369, da qual participam o Projeto Rondon, as superintendências regionais, a Fundação Nacional do Índio, o Banco Nacional de Habitação e a Secretaria Executiva do Conselho Nacional do Desenvolvimento Urbano, sob a coordenação da Secretaria de Planejamento do Minter.

O apoio técnico e administrativo necessários à comissão ficou sob a responsabilidade do Projeto Rondon e o trabalho se desenvolveu com base na experiência de seus participantes, além da assessoria de um grupo de especialistas convidados.

Uma das discussões preliminares versou sobre a denominação do programa a ser criado: se Ação Comunitária, conforme previa a Portaria n. 369/79, ou se Desenvolvimento de Comunidade.

Durante a discussão foram tomadas como referências as experiências vividas no Brasil em relação aos dois citados campos e, levando em conta que o Minter se propunha a "assegurar a participação da população nas diversas fases do processo de desenvolvimento de forma a viabilizar a análise da realidade" o Desenvolvimento de Comunidade foi apontado como técnica mais compatível face ao objetivo proposto.

A integração, da mesma forma que no período anterior, era ainda tomada como ideário sobre o qual se deviam pautar as ações do programa. Afirma-se que "o desenvolvimento tende a gerar problemas e disfunções que precisam ser devidamente percebidos, explicitados e corrigidos para que se obtenha um desenvolvimento econômico e social integrados".[11]

---

11. BRASIL. *Diretrizes e formas de implantação do Programa de Desenvolvimento de Comunidade.* Brasília: Ministério do Interior, 1979. p. 8-9.

Não obstante a conservação de tal ideário, dá-se um passo à frente, quando se evoca a necessidade de reduzir as desigualdades sociais agravadas pelo desenvolvimento econômico acelerado.

Com tal intuito, são apontadas as seguintes estratégias para a ação governamental:

a) procurar atender as camadas da população em condições de pobreza absoluta e com pouca perspectiva de acesso à atividade produtiva, de modo a assegurar um nível de renda compatível com suas necessidades reais;

b) procurar orientar a política econômica de forma efetiva para melhor distribuição da renda e criação de empregos de modo a absorver os grandes contingentes populacionais que anualmente demandam incorporação no mercado de trabalho, buscando reduzir a pobreza, a marginalização social e a migração compulsória;

c) dar prioridade à descentralização do processo de definição de planos, programas e projetos governamentais, buscando viabilizar a participação efetiva da população, de forma a maximizar a possibilidade de atender suas necessidades prioritárias;

d) buscar maior articulação nos programas e ações dos órgãos e entidades governamentais nos seus diferentes níveis, evitando a pulverização de recursos financeiros e a dispersão de esforços em ações isoladas e às vezes conflitantes.[12]

O programa se inspira na Organização dos Estados Americanos (OEA), segundo a qual o Desenvolvimento de Comunidade não deve ser concebido unicamente como instrumento a serviço do crescimento econômico ou como corretivo para os desequilíbrios produzidos na sociedade por esse crescimento. Deve vincular-se ao desenvolvimento nacional por meio de uma estratégia de participação organizada, nas fases decisivas da escolha de objetivos fundamentais, definição dos meios de ação e da execução, que caracterizam o processo de desenvolvimento, como uma tarefa dinâmica de toda a sociedade.

---

12. Id., p. 9-10.

Sob tal enunciado, o programa não pretende ter caráter corretivo, mas, "a partir de propostas de ação do governo, obter a participação das populações no processo de mudança socioeconômica e política, indispensável ao desenvolvimento nacional".

Como se vê, menos centralizador que o CPDC do período anterior, o novo programa procura conformar-se ao momento de abertura, ao predicar participação da população nas fases decisivas de escolha de objetivos fundamentais, embora continue inscrito nas políticas sociais "a partir de propostas de ação do governo". A nível dos programas oficiais do regime não se cogita, portanto, do encontro entre o Desenvolvimento de Comunidade e os movimentos sociais.

Outro programa em nível nacional, sem nenhum vínculo com o anterior, é criado pela nova República, sob o governo Sarney: a Secretaria Especial de Ação Comunitária (Seac), vinculada diretamente ao gabinete do presidente.

Carente de prestígio e de apoio político, o presidente pretendeu, através da Seac, criar uma imagem mais popular diante da nação. Logo após a criação do órgão foi distribuído farto material de propaganda, dentre o qual constava um folheto em que aparecia desenhada a figura sorridente de Sarney de mão estendida a grupos de índios, de agricultores, de operários, enfim, dos mais diferentes grupos sociais, transmitindo a mensagem de que "o presidente vai até o povo".

A função básica oficial da Seac é direcionar recursos financeiros e materiais para complementar todas as iniciativas comunitárias, sobretudo em se tratando de populações de baixa renda localizadas em áreas carentes de infraestrutura urbana.

Para tal o órgão oferece suporte a projetos de iniciativa local, sendo prioritários: horta, mecanização agrícola, telefonia, teatro amador, biblioteca, reparação de escolas de 1º grau, alimentação escolar, pré-profissionalização, esporte, mutirão habitacional, saneamento básico, creche, campanha de roupas e agasalhos, posto médico, pontes e estradas e escolas rurais.

O caráter assistencialista do programa foi sempre uma tônica, que se notabilizou pela distribuição gratuita do leite para crianças carentes, sob sua administração.[13]

Como vemos, pois, a Seac se constitui mais em programa assistencial, do que propriamente em Desenvolvimento de Comunidade. Por esta razão ele não é aqui tratado em detalhes.

4.2 Lutas populares redirecionam produções intelectuais

O período que transcorre entre 1978 e 1989 é marcado pela luta em prol da redemocratização do país, delineada desde o início da década de 1970, conforme vimos no item anterior.

Desta luta participaram algumas categorias profissionais ligadas ao Desenvolvimento de Comunidade, entre as quais figura o Serviço Social, cuja reconceituação vinha provocando um posicionamento crítico comprometido com as classes dominadas por parte de muitos de seus agentes.

Na confluência desses processos, o Desenvolvimento de Comunidade é mais uma vez influenciado pela conjuntura nacional. Contudo, tal como ocorreu entre 1960-64, as produções intelectuais da disciplina seguem tendências diversificadas, algumas guardando ainda as características ortodoxas, outras adquirindo uma postura crítica que privilegia a atuação junto aos movimentos populares.

Entre as primeiras, ou seja, as produções de caráter ortodoxo, podemos registrar como exemplo, as obras de Krug[14] e de Bravo.[15]

Conhecedor em profundidade e vivenciador do processo, Krug analisa a mobilização comunitária desenvolvida no Rio Grande do Sul através dos Seminários de Desenvolvimento de Comunidade

---

13. Cf. FAGNANI, Eduardo. *A política social da nova República*: impasse na viabilização das reformas estruturais. Campinas: Unicamp, 1987. (Mimeo.)

14. KRUG, Jorge. *Mobilização comunitária*. São Paulo: Cortez, 1982.

15. BRAVO, Luiz. *Trabalhando com a comunidade*. Rio de Janeiro: Distrilivros Editora, 1983.

durante o período de 1951 a 1966. Esses seminários se constituem, segundo ele, em "uma técnica que, tendo por base a discussão de assunto específico, em grupos informais de debates, levam seus integrantes, elementos representativos da comunidade (lideranças, entidades e povo) adredemente organizados, a uma tomada de consciência dos problemas e recursos da mesma, tornando-os preparados a realizarem trabalho onde prevaleça o espírito comunitário em uma forma coordenada e harmônica".[16]

O autor apresenta um modelo de seminário enquanto técnica de mobilização comunitária e revela que fica claro que a noção de integração era seu ponto sensível. Afirma, outrossim, que "hoje, na distância, não comunga do total do que ali é exposto, principalmente quanto à sua construção ideológica, tipicamente funcionalista".[17]

Após a consideração de suas características, ele questiona a validade do seminário, se perguntando até que ponto o mesmo representou uma importação tecnológica que no fundo visou ao controle da comunidade, questão que é confirmada nas conclusões da obra.

A despeito de algumas indagações que o autor levanta, a visão de sociedade adotada na obra é de caráter harmônico, onde o antagonismo de classe e os sistemas de dominação vigentes nas relações sociais são pouco ou quase jamais questionados.

Continua a utilizar os conceitos ortodoxos da disciplina e a afirmar que "fora de qualquer ala ideológica, cabe ao governo a liderança do processo de Desenvolvimento de Comunidade".[18] Distancia-se, destarte, de outras produções que surgiram no período da redemocratização brasileira, as quais privilegiam os movimentos populares como instância hegemônica nos programas de desenvolvimento local.

A obra de Bravo constitui-se em "manual de operacionalização de Serviço Social de Comunidade", onde as diversas etapas do processo são técnica e didaticamente esboçadas.

---

16. Krug, Jorge. Op. cit., p. 105.
17. Id., p. 90.
18. Id., p. 12, nota de pé de página.

Inspirado na teoria parsoneana, onde a sociedade é concebida como um sistema social constituído por subsistemas harmonicamente integrados,[19] o autor apresenta um esquema de dezoito itens que orientam o estudo, o diagnóstico, a programação e a intervenção social. Sua proposta aproxima-se da indicada por Ander-Egg[20] em seu livro *Metodología y práctica del desarrollo de la comunidad*. Enquanto esse autor subdivide cada fase (estudo, diagnóstico, programação, intervenção e avaliação) em duas aproximações, uma geral e outra específica, Bravo adota essa subdivisão apenas nas duas primeiras fases, ou seja, no estudo e no diagnóstico.

Como no Desenvolvimento de Comunidade tradicional, o técnico atuará junto às lideranças locais, indicadas estas pelas lideranças formais: prefeito, vereadores, dirigentes religiosos. "Essas lideranças é que devem nomear pessoas que vêm atuando na comunidade, há tempos, em ações para benefício da coletividade".[21] Desta forma o trabalho terá um caráter elitista, no seio do qual vigoram as avaliações da classe dominante quanto ao que se constituem as lideranças e quanto ao que seja prioritário em termos de ações para "benefício da coletividade".

Ressalta em todo o decorrer do discurso a contundente separação entre sujeito e objeto de ação, sendo o técnico identificado como primeiro plano (*sujeito*) e a população com o segundo (*objeto*).

No estudo, por exemplo, "o assistente social preocupa-se em conhecer a cultura da comunidade, principalmente suas normas e valores". Ele "terá o cuidado quanto à escolha do projeto"; no diagnóstico ele "deverá procurar conhecer as causas maiores das situações ou dos bloqueios que intervêm no desenvolvimento local. É preciso que o técnico ajude as pessoas a compreenderem os porquês de determinadas situações ou bloqueios"; "a partir do diagnóstico o assistente social inicia o momento da programação"; na execução, "não

---

19. Cf. PARSONS, Talcott; SHILL, Edward A. Op. cit., p. 134.

20. ANDER-EGG, Ezequiel. *Metodología y práctica del desarrollo de la comunidad*. Buenos Aires: Humanitas, 1965.

21. BRAVO, Luiz. Op. cit., p. 84.

apenas estabelecemos os objetivos de nossa intervenção, como ainda consideramos o como e com o que fazer, isto é, prevemos, preferencialmente com os comunitários, como deveremos proceder".[22]

Resulta, nestes termos, que o técnico é visualizado enquanto detentor do saber, sujeito que estuda, diagnostica, programa, executa e avalia, ao passo que a população é incentivada a ter uma ideia de seus problemas, é ajudada a compreender os porquês da situação, como se ela não os soubesse muito melhor do que o técnico, pois eles o atingem na própria pele...

Considerando que os supostos inspiradores de tais posturas ortodoxas já foram largamente analisados em passagens anteriores, dedicaremos mais espaço neste item aos trabalhos que inauguram conotações típicas do período, quais sejam as propostas que se direcionam aos movimentos sociais.

Antes de focalizá-las, cabe ressaltar a presença de algumas obras sobre a participação social que exerceram influência marcante sobre o direcionamento do Desenvolvimento de Comunidade no período em foco. Elas trataram o tema de uma perspectiva dialética, no contexto histórico das relações sociais de produção e dos processos de dominação/exploração vigentes nas sociedades capitalistas.

A primeira delas, de nossa autoria,[23] publicada no final do período anterior, oferece um conceito de participação social em âmbito macrossocietário, na busca de superação da microvisão (típica do Desenvolvimento de Comunidade) desconectada dos processos econômicos definidores do modo de produção.

Definimos participação social como "o processo mediante o qual as diversas camadas sociais tomam parte na produção, na gestão e no usufruto dos bens de uma sociedade historicamente determinada".[24]

Em tal conceito procuramos desvelar o fato de que a participação social é basicamente definida na instância da infraestrutura, onde é

---

22. Id., p. 27, 35, 47, 54, 73 e 86.
23. AMMANN, Safira Bezerra. *Participação social*. São Paulo: Cortez, 1977.
24. Id., 2. ed., 1978, p. 61.

determinado o modo como os diversos agentes sociais se inserem no processo produtivo. No sistema capitalista as classes proprietárias dos meios de produção detêm em suas mãos todas as decisões referentes à organização do trabalho, à geração e à destinação do produto, ficando a participação do operariado (= classe explorada) reduzida à venda de sua força de trabalho.

Na instância da gestão da sociedade são analisadas as formas clássicas de acesso das classes sociais aos processos decisórios, tais como sua representatividade nos poderes legislativo, executivo e judiciário; o voto; a militância em partidos políticos e em movimentos sociais.

A este respeito, verificamos que, naquele momento histórico — época do regime militar — os canais de decisão encontravam-se praticamente fechados para as camadas populares e a gestão da sociedade estava centralizada nas mãos dos militares e de seus aliados.

A análise do usufruto dos bens gerados pela sociedade, tal como saúde e educação levou à verificação de que os serviços continuavam insuficientes e precários, registrando-se elevadas taxas de analfabetismo e de mortalidade infantil.

Em que pese o caráter utópico do conceito para o modo de produção capitalista, a obra foi largamente difundida e influenciou inúmeras produções do presente período.

A ela seguiu-se o trabalho de Lima, que estuda a participação social no cotidiano, "como sendo a prática social concreta, que se detecta através dos atos cotidianos dos indivíduos e dos grupos sociais". A autora filia-se à "perspectiva histórico-estrutural, que privilegia a noção de estrutura econômica, política e ideológica nas formações sociais concretas, procurando nas diferentes etapas históricas as causas que geram a marginalidade e a participação. As relações de produção, assim como suas expressões ideológicas e políticas são vistas como fundamentais para explicar as formas de participação social e cultural".[25]

---

25. LIMA, Sandra A. Barbosa. *Participação social no cotidiano*. São Paulo: Cortez e Moraes, 1979. p. 18 e 35.

Ela confere especial importância ao cotidiano das pessoas e dos grupos enquanto ele é constituído por ações sociais que marcam o sistema, ao mesmo tempo em que o sistema limita suas formas de participação. Interferindo no mundo através do trabalho, da reprodução e de relações sociais variadas, os homens engendram uma participação social "difusa e diversificada", cujos indicadores são os atos cotidianos.

Pautando-se notadamente em Lefèbvre, a autora concebe o cotidiano como centro real da práxis, onde o processo produtivo desempenha papel fundamental. Daí por que sua pesquisa junto aos grupos populares concede relevo ao trabalho, como forma de participação social, ao lado das relações com grupos sociais primários e com as instituições de Serviço Social. Entre as instituições, uma prestava serviços habitacionais e estava voltada para a Ação Comunitária.

As formas de participação social analisadas por Lima indicaram que "a prática social cotidiana dos grupos sociais reflete as contradições da sociedade capitalista, onde ocorre a separação do homem como produtor de objetos e como participante na produção humana global. A alienação presente no cotidiano não é, no entanto, absoluta — existem elementos de crítica e de recusa da situação na prática cotidiana, e simultaneamente elementos de alienação e de passividade também estão presentes. Assim, é nessa prática que se dá a produção e a reprodução das relações sociais dominantes na sociedade, assim como a possibilidade de criação de novas relações sociais a partir da vivência cotidiana e de sua crítica".[26]

Vejamos agora como a articulação entre Desenvolvimento de Comunidade e movimentos sociais é estabelecida pelas produções intelectuais do período em foco.

Ao analisarmos no segundo capítulo deste trabalho a atuação do movimento de educação de base junto aos sindicatos rurais, apontamos a possibilidade de estabelecimento de um vínculo orgânico dos intelectuais com as classes dominadas, pela via dos movimentos sociais.

---

26. Id., p. 148.

Publicado no início do período analisado neste capítulo, o trabalho teve aceitação não só junto ao Serviço Social, mas foi também adotado em mestrados de outras áreas ligadas ao Desenvolvimento de Comunidade, como Sociologia, Educação, Urbanismo, Arquitetura e Ciências Políticas.

A obra que se segue, tratando de tal articulação, é da autoria de Silva, intitulada *Serviço Social de Comunidade numa visão de práxis*.[27] Volta-se particularmente para o processo de ensino-aprendizagem da disciplina, com base em pesquisa realizada junto à Universidade Federal do Pará e a instituições de Serviço Social de Belém.

Após analisar o conceito de práxis social e de sua aplicação ao Serviço Social, a autora defende que é necessário inserir o trabalho social nas relações de classe, onde os homens se encontram divididos em dominantes e dominados e que suas categorias de análise terão por base as relações de produção, considerando que é através do trabalho que o homem se forma e se transforma.[28]

O processo de ensino-aprendizagem do Serviço Social de Comunidade, também ele deveria encontrar-se referido a esta visão, considerando a práxis social como seu suporte metodológico.

A pesquisa realizada pela autora visa a verificar se a disciplina tem veiculado tal visão e para isso entrevista docentes e alunos, bem como assistentes sociais que trabalham com este método.

Sua análise passa por cinco categorias relativas à universidade, ao curso de Serviço Social, ao currículo do mencionado curso, à disciplina de Serviço Social de Comunidade e à práxis social. Enfatizaremos os dois últimos tópicos, que interessam a nosso objeto de estudo.

Informantes consideram que o processo ensino-aprendizagem é tradicional, que a universidade prepara profissionais sem consciência crítica e que existe desvinculação entre teoria e prática no curso de

---

27. SILVA, Maria Luiza Lameira da. *Serviço Social de Comunidade numa visão de práxis*. São Paulo: Cortez, 1983.

28. Cf. KOSIK, Karel. *Dialética do concreto*. 2. ed. Rio de Janeiro: Paz e Terra, 1976. p. 198. In: SILVA, Maria Luiza Lameira da. Op. cit., p. 25.

Serviço Social. Afirmam que o ensino simplesmente reproduz o sistema vigente, embora alguns defendam que o Serviço Social é um dos cursos que veiculam uma proposta transformadora.

Considerando que nossa sociedade é expressamente capitalista, alunos afirmam que o ensino brasileiro está voltado para a formação de técnicos em função do fortalecimento desse sistema. Alguns reivindicam que o Serviço Social deveria fundamentalmente contribuir para o avanço da consciência política do povo brasileiro através de trabalhos junto à população explorada e oprimida, partindo da luta de classes e, portanto, no modo de produção capitalista.

Sobre a disciplina Serviço Social de Comunidade os três grupos pesquisados tecem críticas ao despreparo profissional, ao caráter reprodutor das instituições e à ausência de práticas do Serviço Social junto aos movimentos sociais.

Tais fatores são apontados como entraves à adoção de uma perspectiva dialética por parte da disciplina, acreditando eles, no entanto, que superados os obstáculos, seja possível transformá-la em práxis transformadora. Segundo alguns, "a transformação do trabalho para a perspectiva da classe subalterna só ocorrerá a partir do avanço das lutas populares no caminho para a transformação".[29]

A partir de tal posicionamento passa-se a privilegiar os movimentos populares como alternativa de práticas extrainstitucionais. Dentre eles citam-se os sindicatos, as comunidades eclesiais de base, as associações de moradores etc. Alguns consideram que o Serviço Social deveria optar fundamentalmente pelas organizações populares, pois é a partir delas que melhor se conhece a realidade concreta da população e porque este tipo de ação libera o Serviço Social da dependência institucional, ou seja, do Estado e da classe dominante.

Silva considera que os movimentos sociais são alternativas que propiciam maior liberdade de ação, oferecendo uma prática profissional mais comprometida com as classes populares.

---

29. SILVA, Maria Luiza Lameira. Op. cit., p. 79.

No que tange à práxis social, os informantes conceituam-na como prática científica; ação transformadora dos homens sobre uma determinada realidade; construção de um novo projeto de sociedade; ação do homem concreto que se transforma e transforma o mundo em constante movimento de ação-reflexão; prática social consciente, diante dos interesses das diversas classes sociais e através da ação--reflexão-ação capaz de obter a transformação da realidade.[30]

Grande maioria dos entrevistados julga ser possível transformar o ensino-prática do Serviço Social de Comunidade em práxis social, para o que será necessário trabalhar com teorias que ofereçam fundamentos compatíveis com a mesma.

A autora recomenda que os assistentes sociais se conscientizem da especificidade de sua prática profissional no âmbito da prática social, levando em consideração as alternativas metodológicas de ação, traduzidas pela participação no cotidiano e o engajamento nos movimentos populares.[31]

Também durante o atual período surge a obra de Souza articulando, embora com postura diferente, o Desenvolvimento de Comunidade e os movimentos sociais. Seu trabalho tem como preocupação básica a instrumentalização do Desenvolvimento de Comunidade para atender a estudantes de graduação e outras pessoas interessadas na iniciação teórico-metodológica que ajude a deflagrar uma prática voltada sobretudo para os interesses fundamentais da população usuária.

Souza ressalta que o Desenvolvimento de Comunidade encontra-se presente tanto no âmbito da política social como condição importante para chegar ao desenvolvimento do país, como junto aos movimentos sociais, ajudando na mobilização e organização em seus enfrentamentos e em suas ações. A autora não considera que isso seja contraditório.

É necessário esclarecer que ela tenta superar o caráter dominador, aclassista e apolítico do Desenvolvimento de Comunidade tradicional.

---

30. Id., p. 82.
31. Id., p. 107.

Aponta para a divisão de classes no interior da sociedade, confere um caráter político à disciplina e procura democratizar o método, colocando-o a serviço dos interesses das classes populares.

Sua obra permanece, no entanto, dentro dos marcos do Desenvolvimento de Comunidade, cujo objetivo continua sendo o desenvolvimento, definido pela autora como "crescimento econômico e progresso tecnológico".[32]

Diferentemente do que indicam algumas práticas realizadas durante o período em foco (cf. item 4.3.2) a proposta de Souza não significa o abandono do Desenvolvimento de Comunidade e a inserção do trabalhador social nos movimentos sociais, para a criação de um novo projeto profissional. Na verdade o que ela persegue é o resgate do Desenvolvimento de Comunidade e sua articulação com os movimentos sociais na qualidade de dois campos que, segundo seu ponto de vista, possuem elementos comuns.

Fiel a seu objetivo de instrumentalizar o Desenvolvimento de Comunidade em função do ensino, a autora sintetiza a história da disciplina em nível internacional e nacional; mostra suas atuais concepções; empreende uma análise dos diversos conceitos necessários ao seu estudo (comunidade, desenvolvimento e participação); explora as atribuições profissionais, os instrumentos, as técnicas e as estruturas de apoio comumente acionadas.

Procurando distanciar-se dos enfoques manipuladores do Desenvolvimento de Comunidade, ela se aproxima da corrente que o propõe "como processo pedagógico de autonomização das camadas populares e enfrentamento dos interesses e preocupações da população comunitária". O mesmo se observa em seu conceito de comunidade, que passa a ser focalizado numa perspectiva de classes sociais.[33]

A autora entende que é possível orientar pedagogicamente o Desenvolvimento de Comunidade de modo que ele venha a transfor-

---

32. Souza, Maria Luiza de. *Desenvolvimento de Comunidade e participação*. São Paulo: Cortez, 1987. p. 75 e 139.

33. Id., p. 53 e 68.

mar-se em instrumento de consolidação dos objetivos de participação e transformação social.

Tendo em vista que a área de moradia representa o ponto de encontro entre o Desenvolvimento de Comunidade e os movimentos sociais, ênfase especial é conferida à mesma, vez que os espaços de moradia podem impulsionar a transformação social. O Desenvolvimento de Comunidade poderá atuar nessa área "estimulando e contribuindo para que a população encontre meios de superação das contínuas injunções econômicas, políticas e culturais".[34] Neste sentido, é estimulada a participação, considerada como "processo que se expressa através da conscientização, organização e capacitação contínua e crescente da população ante a sua realidade social concreta".[35]

4.3 Do Desenvolvimento de Comunidade aos movimentos populares

4.3.1 Mobilização comunitária por prefeituras de oposição

O período da transição democrática é marcado, até o final de 1979, pelo bipartidarismo, que polariza as diversas correntes de oposição em torno do MDB (Movimento Democrático Brasileiro). A força do partido ia gradualmente crescendo à medida que o povo brasileiro ia esgotando sua resistência frente ao centralismo autoritário, à repressão desenfreada, às políticas econômicas favorecidas do capital, em detrimento das classes trabalhadoras.

Em 1974 o povo demonstra, através das urnas o seu repúdio aos desmandos dos militares, quando, nas eleições parlamentares, o MDB obtém expressiva vitória sobre a Arena, fazendo 335 deputados estaduais, 160 deputados federais e vários senadores. Em São Paulo, por exemplo, candidato do MDB ao Senado consegue 70% dos votos da capital, contra 19% dados ao candidato da Arena.

---
34. Id., p. 19.
35. Id., p. 84.

O partido vinha utilizando diversas formas de oposição, dentre as quais passou a figurar a ação comunitária no nível de várias prefeituras a ele vinculadas. Lages constituiu um dos exemplos de tal prática e o prefeito Dirceu Carneiro foi o responsável por sua aplicação.

Lages é um município do Estado de Santa Catarina, de 7.094 quilômetros quadrados, com uma população que duplica entre 1960-70 e cresce em 56% entre 1970-80. À época da gestão Dirceu Carneiro (1976-82) a população se aproximava dos 180 mil habitantes.

Vencendo a oligarquia dos Ramos, grandes latifundiários da região que dominaram a política local durante 42 anos, o MDB elege Juarez Furtado em 1972, cujo vice-prefeito é Dirceu Carneiro. Durante quatro anos este procura conhecer em profundidade os problemas locais, ao mesmo tempo em que vai lançando as bases políticas para sua próxima candidatura.

Eleito pelo MDB em 1976, o novo prefeito se depara com um vasto leque de problemas que, segundo argumenta, não podem ser solucionados com os reduzidos orçamentos da prefeitura. Na qualidade de governo de oposição, ele decide salvaguardar sua "independência" da alçada federal, não recorrendo à mesma para solicitar recursos suplementares que viessem subsidiar seus planos locais.

Desse impasse nasce a filosofia de seu programa de governo, o qual passa a centrar-se no aproveitamento dos recursos locais, tanto naturais como humanos.

Do ponto de vista dos recursos naturais o programa privilegia tecnologias alternativas, estratégia que originou algumas invenções positivas, tais como produção de energia solar para aquecimento da água; produção de adubo orgânico a partir da serragem deixada pelas serrarias e dos dejetos do matadouro; olaria movida a gasogênio e experimentos para a utilização desse combustível nos carros da prefeitura; emprego de argamassa de barro com areia, em vez de cimento; de madeira local no lugar da importada; aproveitamento do material de construção deixado em demolições.

No que tange aos recursos humanos, a prefeitura decide mobilizar a comunidade em todas as frentes de ação, entendendo que, para trabalhar eficientemente com os recursos locais, é necessário promover alto grau de organização da população, passando, pois, o associativismo a se constituir na mola-mestra de todo o seu programa. "Quem não está organizado, não tem acesso aos serviços da prefeitura", foi a norma que passou a vigorar.[36]

Em decorrência, os mais diferentes agrupamentos vão sendo organizados: associações de moradores, conselhos de pais de alunos, núcleos agrícolas, hortão comunitário, clubes de mães etc.

Cada bairro tem sua associação de moradores como resultado de campanha lançada pela prefeitura, sob o *slogan*: "Viva o seu bairro". As associações são responsáveis pelo encaminhamento de problemas do bairro, tais como a coleta do lixo, a conservação das ruas e calçadas, a organização de festas populares e até mesmo a busca de empregos, atendimento a pessoas sem recursos, conserto de habitações deterioradas. Como vemos, as associações funcionam como cooperadoras do Estado, não se constituindo em movimentos sociais, que têm caráter contestador face àquela instância.

A técnica de mutirão é sempre acionada como "contribuição" do povo à construção das obras. Se o problema do bairro é a falta de posto médico, a prefeitura fornece o material e o povo constrói o prédio.

O mutirão da habitação passou a representar o cartão de visitas do programa, nascido da crença do prefeito-arquiteto de que qualquer grupo de pessoas com um mínimo de assistência técnica, é capaz de erguer sua própria moradia. A mão de obra é, assim, requisitada entre os futuros proprietários, que só recebem sua casa, após ter trabalhado durante quinze dias na construção da casa de seus companheiros.

Evidentemente, seguindo o exemplo do Desenvolvimento de Comunidade ortodoxo, o mutirão só é utilizado com as populações de baixa renda. As classes de mais de três salários mínimos tinham suas habitações construídas pela Cohab, com financiamento do BNH, diga-se de passagem, às custas do Fundo de Garantia do trabalhador.

---

36. ALVES, Márcio Moreira. *A força do povo, democracia participativa em Lages*. São Paulo: Brasiliense, 1980. p. 30.

O problema habitacional de Lages atingia, pois, basicamente as populações carentes, as únicas que se submetem ao regime de mutirão, que representa mais uma modalidade de exploração da força de trabalho pelas classes dominantes.

Uma vez assegurada a mão de obra, restava o problema do material de construção. Da dificuldade surge o "banco de materiais" que aproveita tijolos, madeira e telhas oriundos de demolições realizadas na cidade.

Para viabilizar o projeto, o prefeito baixa decreto facilitando os alvarás de demolições, permitindo que estas sejam feitas por funcionários da prefeitura e garantindo o transporte do material, desde que ele seja doado ao mutirão. Dessa forma garantiu material para muitas casas, tendo 25 delas sido construídas com restos de uma única demolição. Até 1980 já 300 casas haviam sido construídas e 108 encontravam-se em obra. A infraestrutura de água e esgoto era feita pelos próprios moradores, diferentemente do que ocorre em conjuntos habitacionais destinados às classes médias e dominantes, onde em geral mesmo os jardins são adredemente preparados.

Em Lages, apenas 33% da população tinha poder aquisitivo compatível com as exigências da Cohab, os quais, em relação à média, são considerados privilegiados. Entretanto, na gestão anterior, a prefeitura tomou empréstimo ao BNH para a construção da infraestrutura de seu conjunto habitacional, cabendo a Dirceu Carneiro urbanizá-lo e entregá-lo pronto a seus proprietários.

Outro projeto de impacto é o de hortas comunitárias, destinado às famílias que não têm quintais para o plantio de hortaliças. Ele visa à melhoria da alimentação, através da produção de legumes com o mínimo de gastos. As terras são de propriedade da prefeitura que as loteou em oito hortas de 500 metros quadrados cada um.

Do projeto faz parte o "hortão comunitário" que gera não só legumes, mas também salário. Destina-se a chefes de família desempregados, de um total de dezesseis, por volta de 1979. São em geral velhos, viúvas ou mulheres abandonadas, que recebiam um salário simbólico pelo trabalho junto ao hortão. O resultado da venda dos produtos é dividido entre o grupo em partes iguais.

A prefeitura dirige e subsidia o hortão e, conforme depoimento de um de seus participantes, parece manter uma orientação autoritária. Comentando o fracasso de uma das plantações, ele informou: "Eu bem que achei que o trabalho não estava sendo feito direito. Mas o homem mandou fazer assim e nós fizemos."[37]

Nas áreas rurais do município a organização se dá em torno do núcleo agrícola, ao qual só pode pertencer quem for proprietário de menos de 300 hectares.

Foi constatado que muitos pequenos proprietários, donos de menos de cem hectares, vendiam suas terras em face de sua baixa rentabilidade. A razão estava no mau aproveitamento do solo, tanto do ponto de vista do que era plantado — as culturas tradicionais de milho, feijão e batatinha — como, sobretudo da forma como era plantado, sem a utilização de maquinaria para arar, gradear e semear.

Com base em tal constatação, a prefeitura decidiu comprar tratores e passou a alugá-los a um terço do preço cobrado pelos demais tratores de aluguel.

Ao núcleo agrícola compete organizar o calendário para os serviços do trator, bem como providenciar sua manutenção, o pagamento do óleo e a complementação do salário do tratorista.

Além dos serviços do trator, o núcleo, através dos técnicos da prefeitura, oferece orientação para diversificação de culturas agrícolas e melhor tratamento da terra. Problema não solucionado é o do escoamento da produção, pois as estradas que ligam Lages aos grandes centros são de má qualidade.

Ao priorizar a agricultura como fonte de renda, a prefeitura incentiva e subsidia também: a produção de frutas, tendo até 1980 plantado mais de 500 árvores frutíferas, principalmente macieiras, pessegueiros e pereiras; criação de coelhos, para consumo da carne e artesanato a partir da pele; apicultura e piscicultura.

---

37. Id., p. 84.

As escolas do município procuram adotar uma pedagogia adequada à realidade, fundada no concreto. Houve tentativas de elaboração de cartilhas e textos de leitura pelos próprios alunos, a partir de investigação sobre seu universo vocabular. Existe um conselho de pais de alunos em cada escola, com quem se discutem as necessidades educacionais e a quem é repassada a tarefa de solucioná-los através do mutirão.

Como vemos, a experiência de Lages não se distancia substancialmente do Desenvolvimento de Comunidade tradicional. A prefeitura se recusa a solicitar da União as verbas necessárias à solução dos problemas do município, no entanto não hesita em repassar a responsabilidade para a população de baixa renda, através da utilização gratuita de sua força de trabalho, já extenuadamente explorada no âmbito do processo produtivo.

Prática utilizada em Lages, certamente demagógica, é a chamada "taxa de liderança", por meio da qual os altos funcionários da prefeitura devem conceder dois ou três dias de trabalho por ano ao mutirão da habitação. Tal prática procura no fundo camuflar a discriminação de tratamento dado pela prefeitura às diferentes classes sociais, notadamente no que tange à construção de conjuntos habitacionais.

Mas nem tudo é negativo em Lages. Podem-se apontar alguns pontos positivos, como é a consciência das desigualdades sociais. Isso não significa que sejam visualizados nem combatidos os sistemas de exploração e dominação social vigentes no município. A prefeitura não trabalha a nível do antagonismo das classes, tanto é que não questiona, por exemplo, o problema fundiário, caracterizado em Lages pela existência de grandes propriedades autossuficientes, ao lado de pequenas propriedades altamente dependentes e de toda uma massa de trabalhadores rurais sem terra e sem condições de trabalho e de subsistência.

A categoria de análise da prefeitura não é, pois, o antagonismo de classes, mas a estratificação social, que vislumbra a divisão da população em faixas de alta, média e baixa renda, marcadas por enormes distâncias. O programa entende que tais distâncias devem ser minimizadas e para tal, algumas providências são tomadas, como veremos a seguir.

A política salarial da prefeitura tem como objetivo diminuir as diferenças entre seus 1.710 empregados, incluídos todos os escalões. A cada ano, a partir de 1977, é concedido menor reajuste para quem ganha mais e, para as faixas de mais baixo salário, são destinados maiores aumentos e extensão da gratificação por quinquênio de serviço, antes privilégio dos funcionários estatutários. Em 1979, procurando levar à prática seu princípio teórico de justiça social, o montante do orçamento destinado ao aumento de salários é equitativamente dividido entre todos os funcionários da prefeitura, resultando que o gari, por exemplo, tem o mesmo aumento que o engenheiro.

A descentralização do poder também parece ter sido ponto positivo. O prefeito assina decreto determinando que o orçamento municipal só será remetido para aprovação pela Câmara de Vereadores, conforme exige a legislação, após sua aprovação pelo conjunto dos núcleos e associações populares. São instituídos intendentes de distritos, espécie de subprefeitos eleitos pelas comunidades, que têm sob sua responsabilidade as obras públicas do distrito e a solução de problemas na área social.

Algumas medidas burocráticas de peso são representadas pela atualização do cadastro municipal, a contenção dos gastos públicos e a elaboração de novo código tributário beneficiando as camadas menos favorecidas da população. O código considera o valor dos imóveis, exigindo mais alto IPTU dos mais valorizados e cobrando dos imóveis da periferia impostos inferiores às taxas de inflação.

4.3.2 Inserção em movimentos populares

A emergência dos movimentos sociais como expressão da reorganização da sociedade civil no processo de redemocratização do país, recoloca para o Serviço Social o debate acerca de seu compromisso com a classe trabalhadora, principal protagonista das lutas sociais no período.

De um lado, a crítica sobre o Desenvolvimento de Comunidade desvendara seu caráter ideológico, reiterativo e manipulador. De outro, a reconceituação do Serviço Social apontara para os limites da ação profissional no interior das instituições.

O estudo e o desvelamento das relações de poder típicas do sistema capitalista passaram a explicitar o papel legitimador das instituições, no que concerne à dominação e à exploração de classe. Entendeu-se que elas, como demonstra Gramsci, inscrevem-se naquele conjunto de organizações por meio das quais se persegue o necessário consentimento das classes dominadas para assegurar a hegemonia da classe dominante sobre o conjunto da sociedade.

Na busca da equilibração entre coerção e consenso, as instituições se revestem de uma roupagem humanitária, distribuindo bens e serviços que em última instância reforçam a acumulação capitalista, ao colaborar com o capital na oferta de condições mínimas imprescindíveis à reprodução da força de trabalho.

O debate travado no âmbito do Serviço Social explicitava que, atuar como funcionário das instituições significava, pois, colaborar com a classe dominante na exploração da classe trabalhadora. Míster se fazia, em decorrência, atuar em campos extrainstitucionais e produzir um novo projeto profissional descolado dos modelos reforçadores da ideologia dominante.

Tal posicionamento apontou para a possibilidade de ação do Serviço Social junto aos movimentos populares, como alternativa de criação de um vínculo orgânico com a classe dominada.

Desde o início da década de 1970, universidades de outros países latino-americanos, como é o caso do Chile, passaram a definir seus campos de prática com base em grupos engajados em lutas de transformação social.

Só no final da década o mesmo passa a ocorrer no Brasil, quando os Movimentos Populares começam a adquirir maior visibilidade e significação.

Exemplos de tal prática foram desenvolvidos por cursos de Serviço Social, dentre os quais são socializados através de publicações, os da Universidade de Brasília[38] e da PUC-SP.[39]

Tratava-se de fortalecer o movimento popular e de oferecer aos alunos estagiários do curso de Serviço Social elementos para o melhor conhecimento do cotidiano da classe trabalhadora e para a construção de um projeto profissional comprometido com suas lutas.

Em Brasília foi desenvolvido projeto onde nós, na qualidade de professora de estágio, atuamos juntamente com um grupo de alunos igualmente interessados em transformar sua prática profissional em ação política a serviço das classes exploradas e espoliadas.

Acabávamos de concluir a disciplina Serviço Social de Comunidade, durante a qual havíamos estudado o Desenvolvimento de Comunidade e mais uma vez comprovado os seus limites, mesmo quando se consegue despojá-lo de seu caráter aclassista e manipulador. Entendíamos que, em vez de empregarmos nossos esforços para tentar transformar a essência dessa técnica, talvez fosse mais acertado começar a investir na construção de um novo projeto profissional comprometido, desde suas nascentes, com os interesses e os objetivos das classes trabalhadoras.

Ora, naquela conjuntura nacional emergiam com vigor as lutas de contestação aos sistemas econômicos e políticos concentradores da renda e do capital e excludentes da participação popular nos processos decisórios básicos da sociedade. Decidimos, então, que nosso projeto deveria passar pela inserção nos movimentos populares, aprendendo com eles e ao mesmo tempo procurando fortalecer sua luta.

Definidas a inspiração teórica e a direção política, julgamos que Ceilândia seria o campo mais propício para o estágio, pois é lá que

---

38. AMMANN, Safira Bezerra. *Os incansáveis, movimento popular de Brasília*. Práxis 4, São Paulo: Cortez, 1987.

39. RAICHELLIS, Raquel; ROSA, Cleisa M. M. Considerações a respeito da prática do Serviço Social em movimentos sociais. *Serviço Social & Sociedade*, n. 8, p. 69-83, mar. 1982; O Serviço Social e os movimentos sociais, análise de uma prática. *Serviço Social & Sociedade*, n. 19, p. 74-97, dez. 1985. Brasília, Práxis 4. São Paulo: Cortez, 1987.

se concentram em maior densidade as classes trabalhadoras e os problemas sociais do Distrito Federal.

Ao ser a população transferida das favelas para Ceilândia, em 1971, o governo do Distrito Federal assinara ordem de ocupação, em que firmava o compromisso de vender os lotes por preços compatíveis com seu poder aquisitivo. Isso foi observado até 1979, quando o valor do imóvel sofreu um aumento de cinco mil por cento (5.000%), passando a equivaler a 25 salários mínimos (ao passo que o valor originário equivalia a quatro salários), do que resultavam mensalidades inacessíveis à população.

Eram cinco mil moradores atingidos pelo problema e, pouco a pouco eles se vão organizando para reivindicar a observância dos termos que estipulam a ordem originária de ocupação, movendo ação judicial contra a Terracap, órgão de administração da terra no Distrito Federal. Desta luta nasce a Associação dos Incansáveis Moradores de Ceilândia e junto a ela é que se dá nosso estágio.[40]

Desde o início da organização, em 1979, até o ganho de causa pela associação decorrem cinco anos de intensa luta: visitas domiciliares para discussão do problema com as bases; assembleias frequentes e reuniões semanais no âmbito das quadras, conjuntos e ruas audiências com representantes do governo e com os advogados da associação; passeatas e concentrações como forma de pressão e de confronto com a administração pública; entrevistas com rádio e televisão para a projeção face à opinião pública, plantão semanal no Tribunal de Justiça para marcar a presença dos moradores.

A equipe de estágio em Serviço Social da UnB acompanhou o movimento desde suas primeiras reuniões e, mesmo concluída oficialmente a disciplina, professor e alguns alunos continuaram a apoiar a associação. A postura assumida pela equipe passava pelo compro-

---

40. Esta prática foi o primeiro passo para a pesquisa e o trabalho que posteriormente realizamos no campo dos movimentos sociais, do qual resultou a obra: AMMANN, Safira Bezerra. *Movimentos populares de bairro*: de frente para o Estado, em busca do Parlamento. São Paulo: Cortez, 1991.

misso com as pautas de reivindicação dos moradores, colocando a seu serviço o saber, o tempo e o trabalho profissional.

Entendendo ser a escolha dos fins, atribuição daqueles que se encontram atingidos pela problemática, as tarefas por nós assumidas eram definidas a partir dos objetivos e estratégias do movimento.

Adotada esta linha de conduta, não elaboramos planos ou projetos antes de ir a campo. O projeto ia sendo forjado pelo processo, pela história do movimento, com suas contradições, avanços e recuos, fracassos e conquistas. Dentro desse projeto, comandado pelos moradores, cumpria-nos executar tarefas, conforme a realidade ia apontando. Oferecendo informações, por exemplo, sobre legislação, políticas sociais, trâmites legais de um processo judicial. Escrevendo sua história, redigindo documentos, dando forma a manifestos, cartas, abaixo-assinados. Orientando, quando solicitados, a respeito da técnica de reunião, de plenários e assembleias. Fazendo visitas domiciliares para: localização de todos os "promitentes compradores"; situação quanto ao pagamento das prestações; consulta sobre sua posição face à ideia de abrir processo judicial contra o Estado; explicação dos procedimentos e documentos para instruir o processo (quando o morador concordava em recorrer à justiça); convite para debater o problema juntamente com os outros moradores em reuniões semanais na sede da associação.

Ao lado dessas reuniões foi sentida a necessidade de ouvir mais amplamente as bases, no âmbito das ruas. A mobilização e organização desses grupos foi uma das tarefas solicitadas à equipe de estágio, em determinado momento do processo. Nossa colaboração se fez ainda por ocasião de passeatas, concentrações, atos de protesto, como articuladores de recursos, como base de apoio, subsídio, serviço. Jamais como vanguarda do movimento, como transmissores de saber ou como direção ideológica. Jamais como quem investiga ou observa, "de fora", a distância; nem tampouco como quem é "de dentro", faz parte, é membro. Mas como quem está junto.

Dificuldade enfrentada pela equipe derivou da questão partidária. Principalmente em sua fase de organização alguns partidos políticos exerceram influência indireta no movimento, provocando cisões e a retirada de um grupo afiliado a uma das tendências partidárias. A permanência da equipe de estágio junto à associação foi julgada como identificação com o partido que então exercia maior influência sobre a mesma, o que representava um viés de interpretação. O compromisso da equipe era com o movimento, não com os partidos que o influenciavam.

A prática do Serviço Social da PUC de São Paulo junto ao movimento popular decorreu da criação de campos-piloto, objetivando o trabalho com a população moradora na periferia da cidade. Ela se viabilizou pela inserção no Movimento de Loteamentos Clandestinos, cujos objetivos em 1978 (época da prática) eram os seguintes: "Conseguir as escrituras; conscientizar os moradores dos loteamentos por que acontecem as coisas; aumentar a participação dos moradores nos bairros; formação de lideranças; criar organização permanente nos bairros; isto é, o povo estar sempre organizado, inclusive para resolver outros problemas; ligar o Movimento dos Loteamentos Clandestinos a outros movimentos".[41]

A equipe adotou o método de investigação-ação, procurando superar o caráter acadêmico, formal e distanciado da realidade. A primeira aproximação com a população deu-se a partir de necessidades concretas no âmbito das melhorias urbanas: água, luz, ônibus, coleta de lixo etc. Elas viabilizaram o estabelecimento de vínculos, de relações com os moradores e a ação era valorizada pela equipe, ao permitir a participação no cotidiano das classes populares. A reflexão permanente sobre as ações era privilegiada pela busca de explicações mais amplas das práticas desenvolvidas pela população, no processo de pensar e repensar suas práticas.

Uma das funções importantes da equipe de estágio diz respeito a seu assessoramento à população na recorrência às instituições: facilitando seu acesso ao cumprimento de exigências problemáticas, como

---

41. *Documento do Movimento dos Loteamentos Clandestinos*. Pastoral da Periferia, p. 1. In: RAICHELLIS e ROSA. Op. cit., p. 75.

redigir documentos, idas coletivas à prefeitura, obtenção de informações, mapeamento da área etc. Por esse meio a equipe procurava contribuir para a inclusão do movimento nos serviços institucionais a quem tem direito, forçando, inclusive as instituições a redimensionarem suas prioridades.

Assim, no assessoramento à população para preparar o trabalho de pressão junto à prefeitura no atendimento a suas reivindicações, a equipe de estágio cooperou para o levantamento das necessidades fundamentais na área de infraestrutura e equipamentos sociais; reflexão mais ampla no sentido de aprofundar a análise de certas questões, como, por exemplo, os fatores que determinam a inexistência ou precariedade de recursos e serviços para a classe trabalhadora, os interesses e compromissos assumidos pelo poder público, o papel e o significado dos movimentos populares na obtenção destas reivindicações, articulação da organização local com as diferentes expressões dos movimentos sociais a nível regional, dimensionamento político deste tipo de prática para o exercício da cidadania; elaboração de carta aberta, avaliação sobre a participação popular, o significado da ação coletiva, suas estratégias e problemas frente ao avanço do processo de organização.[42]

A avaliação que a equipe de estágio faz é que ele representou o ponto de partida para o aprofundamento de questões cruciais relativas ao papel político dos movimentos sociais e sua relação com a conjuntura política.

Dificuldades também são identificadas, pois "se de um lado, exige-se do Assistente Social respeito ao estágio de consciência dos moradores (muitas vezes marcada por análises subjetivistas) por outro, espera-se também que o profissional contribua para o avanço da percepção objetiva da população no sentido de ajudá-la a desvendar criticamente a realidade social, socializando, assim, seu saber junto à população".[43]

---

42. Raichellis e Rosa. Op. cit., p. 78-79.
43. Id., p. 79.

Durante o período ora em foco, afloram simultaneamente *no âmbito institucional* experiências de ação comprometida com os movimentos populares. É o caso do Serviço Social da prefeitura de São Paulo, através da supervisão regional de Campo Limpo, que em 1981 trabalhou junto ao movimento popular conhecido como Invasão do Parque Europa.[44]

Situado na zona sul da cidade de São Paulo, Campo Limpo apresenta grandes problemas na área de moradia, onde as favelas haviam crescido em 2.000% entre 1981-86. Não existiam, na época, programas oficiais para a solução do problema e ao mesmo tempo os moradores não mais permitiam a ocupação individual dos terrenos municipais livres. Vários abaixo-assinados apelavam ao poder público no sentido de destinar áreas para habitações populares e, face ao insucesso dessas demandas, a população decidiu ocupar, de forma organizada, áreas de propriedade privada do Parque Europa.

Cerca de 800 pessoas passaram a demarcar os lotes, sem observância de normas urbanísticas que permitissem posteriormente a criação de infraestrutura urbana, tais como água, esgoto, rede de energia elétrica, coleta de lixo etc.

A equipe de Serviço Social foi incumbida pela instituição de esclarecer a população sobre os riscos da ocupação da área. Em outras palavras, cabia ao Serviço Social, como usualmente, tentar a via da "persuasão", antes da utilização frontal do sistema repressivo. Tratava-se, entretanto, de um grupo de profissionais que se recusava a desempenhar tal papel, mas que ao mesmo tempo compreendia seus limites enquanto representantes da instituição.

Conforme seu depoimento, a primeira reação foi de contemplação. A equipe chamou a atenção para as dificuldades que os posseiros enfrentariam posteriormente pelo fato de se tratar de área privada e pela forma desorganizada da ocupação da terra. E sugeriu que eles pedissem a ajuda dos movimentos sociais locais para melhor planejamento do processo.

---

44. FALCÃO, Maria do Carmo. *Um movimento popular.* Práxis 1, São Paulo: Cortez, 1983.

Tal recorrência produziu bons resultados. Com a assessoria daqueles movimentos, uma comissão passou a coordenar a ocupação e algumas diretrizes foram tomadas: padronização dos lotes, abertura de ruas, estabelecimento de critérios para aquisição dos lotes, prevenindo a infiltração de especuladores, esclarecimento sobre os riscos da ocupação.

Para maior agilização e facilitação das construções, a comissão de moradores procurou os assistentes sociais da prefeitura e lhes solicitou o fornecimento de água e luz. Decidindo somar esforços com a população, eles conseguiram meios de providenciar os serviços solicitados junto aos órgãos competentes e de outro lado procuraram identificar o advogado dos proprietários da área ocupada, que informou sobre a impetração de ação judicial de reintegração de posse.

Os posseiros encontravam-se, pois, ameaçados de despejo, com risco de perder todo o trabalho e material utilizado na construção. Com o apoio dos técnicos da prefeitura seguiu-se uma fase de articulação com elementos-chave que pudessem negociar a fixação dos posseiros na área, tais como o bispo local, o presidente da Comissão Justiça e Paz e entre outros.

O processo de reconhecimento, articulação e negociação durou três meses, ao tempo em que eram construídas as moradias. Os posseiros elaboraram proposta solicitando ao prefeito a desapropriação da área e o repasse desta aos mesmos, mediante comercialização dos lotes.

Tudo foi em vão: quando 286 casas já estavam prontas e 156 em processo de construção, o aparelho repressivo iniciou o processo de despejo, respaldado na liminar de reintegração de posse.

Os advogados da Comissão de Justiça e Paz pretendiam sustar a ação, mas o máximo que conseguiram foi o adiamento do despejo por 24 horas.

Em assembleia permanente com representantes das entidades que apoiavam o movimento, inclusive os trabalhadores sociais da prefeitura, duas posições alternativas foram esboçadas: resistir até à violência e à morte, de modo a acirrar o conflito; resistir, negociando outras alternativas de solução habitacional. Venceu a segunda alternativa, com a decisão de ocupar um equipamento público, como forma de pressionar os órgãos à solução do problema habitacional.

Seguiu-se o abrigo em uma escola pública, enquanto eram negociadas as diversas soluções, que consistiram em venda de lotes para uma parte dos posseiros, assentamento em casas-embrião e pagamento de aluguel de cômodos até a entrega das casas.

A avaliação feita pela população aponta para ganhos que ultrapassam a área de moradia e significam seu crescimento real em termos de coesão, organização, iniciativa e persistência.

A avaliação dos assistentes sociais passa pela indicação de pontos negativos no início de seu engajamento: "Novamente nós profissionais do social trabalhamos enfaticamente os representantes e não as bases [...] reproduzindo no seio deles a dominação e a manipulação".[45]

A equipe toma consciência de tal distorção já no período de assentamento no novo conjunto e a partir daí passa a privilegiar o trabalho junto às bases, por meio da nucleação em pequenos grupos.

A reflexão sobre o processo de inserção do Serviço Social no movimento popular em pauta desemboca em conclusões válidas para outras experiências: "a) a realidade e os sujeitos nela situados estão em relação e em movimento. O dever-ser é encontrado com os próprios atores em ação e relação; b) o desvelamento da realidade e dos sujeitos situados não ocorre de imediato. É a ação e reflexão duradoura nela e com eles que permite ultrapassar as aparências e reconhecer a essência; c) os grupos se formam a partir de um processo motivador calcado no próprio universo de vida destes, de suas necessidades concretas de subsistência e existência; d) assim posto, os grupos já têm elaborado e vivenciado uma prática social nascida de sua própria necessidade de efetividade, compreensão e luta pela subsistência. Desta forma o agente técnico não pode ir aos grupos com programas prontos; e) o grupo caminha com maior riqueza quando sua proposta está calcada em ação".[46]

---

45. Id., p. 30.
46. Id., p. 42-43.

CONCLUSÕES

Ao iniciarmos o presente trabalho éramos movidos por uma série de indagações, dentre as quais elegemos as mais significativas como pontos cardeais da pesquisa e reflexão que nos propusemos a empreender.

Remetemo-nos, nesta seção, novamente a elas, tentando recolher as elucidações que se foram desdobrando nos passos anteriores e somando-lhes novas ilações que só agora adquirem bases mais sólidas, contornos mais nítidos e maior grau de consistência.

Cada conclusão a seguir reporta-se, destarte, a um questionamento levantado desde a Introdução desse trabalho.

1. O Desenvolvimento de Comunidade brasileiro tem se revelado uma ideologia — muito mais do que uma técnica "neutra" — enquanto se vai historicamente conformando aos interesses dos centros hegemônicos internacionais, bem como nacionais, revelando flutuações temáticas e metodológicas consentâneas às preocupações do Estado, segundo as condições conjunturais e a configuração sociopolítica da vida nacional.

Tal caráter ideológico do Desenvolvimento de Comunidade lhe é inerente desde suas nascentes, quando na literatura internacional, por exemplo, se o concebe em conjunção com as políticas e estratégias de governo, na tentativa de solver "o complexo problema de integrar os esforços da população aos planos regionais e nacionais de desenvolvimento econômico e social" (cf. item 1.1) e quando no Brasil se predica "a incorporação das forças locais no sistema do desenvolvimento [...] pelo estabelecimento de mais um nível de decisões, delimitado naturalmente pela hierarquia de decisões de níveis superiores" (cf. item 3.2).

Introduzido no Brasil no final dos anos 1940, o Desenvolvimento de Comunidade passa a merecer apoio oficial, a partir da ocasião em que se afirma como instrumento capaz de favorecer o consentimento espontâneo das classes subordinadas às estratégias definidas pelo Estado.

Em um primeiro momento ele se inscreve nas estratégias de modernização do meio rural, tendo em vista, de um lado, a remoção de obstáculos à expansão capitalista, tais como o analfabetismo, o primitivismo da agricultura, o hipotético atraso cultural, enfim, a suposta estagnação das forças produtivas no campo. De outra parte, o aumento da produção, de alimentos é preconizado, sob o argumento de que "os povos famintos têm mais receptividade para a propaganda comunista internacional do que as nações prósperas" e de que se faz míster subsidiar o processo de industrialização mediante a oferta de produtos primários e a subsequente ampliação do mercado interno brasileiro.

No segundo momento, quando as classes dirigentes, em sua estratégia hegemônica, chegam a permitir um maior espaço político às classes trabalhadoras — malgrado, "em pequenas doses, legalmente, de modo reformista", como diria Gramsci — o Desenvolvimento de Comunidade tenta dilatar sua visão localista da problemática e se incorpora ao discurso oficial em prol das reformas. Algumas práticas heterodoxas são esboçadas (sobretudo junto ao camponês) na perspectiva crítica e política de mudança institucional-estrutural, com vistas à expansão hegemônica da classe trabalhadora.

É ainda durante aquele período que o Desenvolvimento de Comunidade, no encalço das orientações oficiais, migra do campo para as cidades: intensifica-se o processo de industrialização nacional e as determinações da sociedade política passam a privilegiar a qualificação de uma mão de obra capaz de ingressar nas fábricas e de engrossar o exército industrial de reserva.[1] Simetricamente a disciplina coopera na administração de grandes cidades, no pretenso intuito de "eliminar ou diminuir os resultados negativos de um processo de urbanização que se desenvolve de modo desordenado" (cf. item 2.3), ou seja, de corrigir as "disfunções" do sistema e de supor reconduzi-lo ao equilíbrio desejado.

No período pós-64, quando desponta para o Estado a necessidade de descobrir um expediente capaz de angariar a simpatia das classes subordinadas — substituindo os antigos movimentos populares por organizações politicamente "inócuas" o Desenvolvimento de Comunidade ganha maior prestígio ao lado de outras estratégias de governo. Sob o signo da integração social, criam-se o BNH e o Planhap, o Projeto Rondon, o Mobral, os Crutacs, os CSUs etc., que, gerando a ilusão de poderem solucionar os problemas das populações "carentes"[2] são utilizados enquanto conduto de veiculação e sanção dos interesses e da ideologia dominantes, inoculados nos modelos do desenvolvimento brasileiro.

A disciplina passa então a ser utilizada pela maioria desses programas, na qualidade de componente coadjuvante da difusão e implementação das políticas oficiais, com a vantagem adicional de torná-las mais eficazes, ao lhes conquistar o *referendum* e o apoio logístico das classes subalternas. Assim, por exemplo, o modelo concentrador de rendas é revigorado pela adesão daqueles que são os mais prejudicados pelo modelo proposto, e o resultado de tal estratagema é que "os cada vez mais pobres" passam a contribuir para que "os ricos sejam cada vez mais ricos"...

O período da transição democrática remete a três principais vertentes.

---

1. Cf. item 4 desta Conclusão.

2. A propaganda dos CSUs, por exemplo, sustenta que através deles "Você mesmo pode mudar de vida"...

A primeira delas diz respeito à continuidade dos modelos ortodoxos, que se expressa no âmbito nacional, bem como na esfera local.

De um lado, o Estado retoma o curso iniciado pelo regime militar, rio que tange à institucionalização da disciplina em nível nacional, procurando agora dotá-la de um caráter menos centralizador, mas ainda integrativo. O programa de Desenvolvimento de Comunidade (PDC), vinculado ao Minter, visa à "obter a participação das populações no processo de mudança econômica e política indispensável ao desenvolvimento nacional".

Paralelamente à disciplina é apropriada pelo poder local, como forma de "independência" do poder central, a quem prefeituras de oposição se recusam a solicitar verbas suplementares para a solução de problemas sociais. É o caso de Lages (SC), cuja prefeitura transfere aquele ônus para a população, por meio da prática reiterativa do mutirão, que passa a subsidiar o poder público local na construção de obras de sua área de competência.

Também no âmbito da produção intelectual e das práticas esta tendência continua a marcar sua presença.

A segunda corrente busca resgatar o Desenvolvimento de Comunidade, conferindo-lhe uma caráter classista e político, a serviço das classes populares. Tal proposta move-se, entretanto, ainda nos marcos da disciplina, cujo objetivo continua sendo o desenvolvimento do país, entendido como "crescimento econômico e progresso tecnológico". E predicada sua articulação com os movimentos sociais, para o fortalecimento dos mesmos.

Uma terceira tendência emerge durante o período, notadamente no campo da prática social. Trabalhadores sociais investem na construção de um novo projeto profissional, descolado do Desenvolvimento de Comunidade, com vistas à construção de um vínculo orgânico com as classes trabalhadoras, através da inserção nos movimentos populares. Seu referencial teórico é dialético, no contexto da luta de classes, e seu objetivo é a supressão da dominação e exploração que se exerce sobre as classes trabalhadoras.

Do exposto se depreende que o Desenvolvimento de Comunidade ortodoxo representa um *instrumento ideológico de caráter acrítico*, porquanto não questiona nem contesta as estruturas de poder, mas, contrariamente, opera como caudatário dessas estruturas, ratificando-as, reproduzindo-as e fortalecendo-as no bojo de cada bloco histórico vigente no Brasil.

As tentativas de construção de uma disciplina crítica e questionadora são em vários momentos sufocadas pelo Estado, de vez que tal postura não se tem afigurado "funcional" ao sistema.

2. O Desenvolvimento de Comunidade proclama a participação popular como ingrediente necessário ao processo de desenvolvimento nacional, mas não define de modo inequívoco o conceito de participação. Algumas correntes — distintas, mas raramente antagônicas; combinadas e jamais em seu estado puro — podem, contudo, ser inferidas das entrelinhas do discurso e das práticas da disciplina no Brasil.

Segundo algumas correntes de pensamento, a participação é concebida com base numa microvisão social localista, desconectada dos processos decisivos e decisórios da sociedade global. Consubstancia-se na contribuição que a classe fundamental subordinada — supostamente representada pelas lideranças naturais e institucionais — oferece aos técnicos no estudo dos problemas locais, na elaboração, execução e interpretação de programas de "melhoria de vida", quase sempre periféricos e imediatistas. No cerne dessa postura não se cogita da reflexão e ação sobre as instâncias estruturais como, por exemplo, as relações sociais de produção, a gestão e a distribuição dos bens e serviços da sociedade como um todo. Reduz-se a participação às fronteiras e às distintas formas do associativismo, mesmo que este factualmente não venha provocando qualquer transformação substantiva no âmago das estruturas sociais, políticas e econômicas da sociedade brasileira.

Uma segunda postura, de caráter reformista, aloca a participação nas instâncias macrossocietárias, de modo a provocar reformas em bases nacionais — porém ainda omite e disfarça as relações de dominação que regem as classes. A visão unitária e harmônica do todo societário está contida nos alicerces de tal postulado, e o conflito é visto como problema tangencial e transitório a ser solucionado. Acreditam os adeptos desta ótica que a humanidade caminha para a grande solidariedade e que a participação se efetivará pela união de todos os brasileiros — sem distinção de classes, raças, ou credos políticos — na construção de uma nação justa e igualitária.

Os defensores da política de integração — esta é outra corrente — condicionam o desenvolvimento nacional à articulação de todas as instâncias do planejamento e de todas as organizações e grupos sociais, que, partilhando de "valores e objetivos genéricos comuns, assumem funções próprias e obrigações recíprocas, dentro de seu papel e a seu nível" (cf. item 3.2). O desenvolvimento, por sua vez, é identificado com as plataformas de governo, cabendo ao Estado — guardião da ordem e do progresso — promovê-lo, planificá-lo e orientá-lo. Postulam eles que os programas de Desenvolvimento de Comunidade devem caminhar em perfeita sintonia com as diretrizes nacionais, e reduzem expressa e enfaticamente o conceito e a prática da participação (ou da cooptação?) à "adesão aos planos do governo". Resulta, assim, deste modo de conceber as coisas, que não há lugar para a participação fora dos limites e dos modelos propostos pelo Estado, e ela passa a funcionar como legitimação sem questionamento da política definida pelo governo. Ou seja, a "participação" vem a se constituir em mecanismo acionado pelas sociedades civil e política para garantir sua hegemonia e sua dominação no seio do bloco histórico.

Desponta ainda uma quarta nuance no conceito de participação, esta heterodoxa em relação ao Desenvolvimento de Comunidade tradicional. Colocando a participação como um processo que se opera no contexto histórico da realidade social global, seus adeptos tentam defini-la como:

— "controle efetivo dos meios, fins e resultados materiais das atividades dos indivíduos na sociedade" (Sudene);

— "processo mediante o qual as diversas camadas sociais tomam parte na produção, na gestão e no usufruto dos bens de uma sociedade determinada" (Ammann);

— "prática social concreta, que se detecta através dos atos cotidianos dos indivíduos e dos grupos sociais" (Lima);

— "processo que se expressa através da conscientização, organização e capacitação contínua e crescente da população ante a sua realidade social concreta" (Souza).

Na linha de raciocínio destes conceitos, a participação implica uma "expansão e redistribuição de oportunidades, criando as condições concretas para que o conjunto da população possa tomar parte ativa na responsabilidade social" (cf. item 3.3), gerindo a sociedade e usufruindo dos bens e serviços, na justa medida em que contribui para a geração dos mesmos. Coloca-se, nesses termos, a visão de participação num contexto macrossocietário regido por forças antagônicas e luta-se pelas mudanças estruturais a partir da estrutura de classes sociais e da atuação junto a frações e categorias dessas mesmas classes.

3. No que tange à função dos intelectuais do Desenvolvimento de Comunidade ortodoxo, observa-se que suas propostas e suas práticas contribuíram muitas vezes para a conformação das classes subordinadas às estruturas de poder e para sua manipulação por parte do capital e de seus aliados.

Ao pretender-se construir uma disciplina de caráter apolítico, estava-se pactuando com as forças interessadas em adotar políticas de perpetuação das estruturas sociais vigentes, chegando-se mesmo, em momentos dados, a cooperar na estratégia de despolitização das classes subordinadas, desviando sua atenção dos problemas políticos e privilegiando as ações em torno das áreas do lazer, esporte, saúde, educação, urbanização etc.

Simultaneamente, ao se estribarem na visão monolítica e harmônica da realidade social, os intelectuais camuflavam o conflito entre o capital e o trabalho, preservando as relações de dominação e opressão que se exercem no seio da sociedade. Quando predicam um Desenvolvimento de Comunidade que reúna todos — "sem distinção de raça, sexo, classe ou credo político e religioso" — em torno de "necessidades sentidas" e "problemas comuns" olvidam que "o senso comum é um agregado caótico de concepções díspares" (Gramsci) no interior do qual prevalece o pensamento dominante. Disso resulta que as "necessidades sentidas" podem ser — e geralmente são — carências adjetivas, realçadas pela ideologia hegemônica, com o intuito de despistar os problemas estruturais, cuja solução viria solapar os pilares que sustentam o bloco histórico vigente. Temos, em decorrência, que as necessidades sentidas focalizam quase sempre problemas imediatos e periféricos e deságuam em uma gama de atividades que mais reproduzem do que modificam o *status quo*.

Por que, indaga-se, por que os camponeses de um pequeno povoado nordestino apontam o lazer, por exemplo, como seu problema básico, em vez de se reportarem a situação gerada pela estrutura fundiária regional e pelas relações de exploração do trabalho agrícola? Inegavelmente porque na consciência das classes subordinadas se encontra veiculada uma ideologia que visa à ocultação das injustiças inerentes ao modo de produção capitalista e ao sistema de poder vigente no meio rural brasileiro. Haveria que — em vez de aceitar os "problemas sentidos" como dados, legítimos e prioritários — num trabalho de reflexão e ação crítica com as classes subordinadas, suas frações e categorias, procurar desnudar o senso comum e nele discernir o que há de ideologia dominante e de aspiração popular, de falso e de verdadeiro, de arbitrário e de estruturalmente necessário.

Se não levamos em conta ditas considerações, se contraria mente produzimos uma disciplina que nega ou simula a divisão antagônica da sociedade, que difunde a falácia dos problemas comuns a toda a população, sob a máscara do aclassismo, se pretendemos dotar essa disciplina de um falso caráter apolítico vinculando-a estreita e fielmente às determinações do Estado, estamos, isto sim, sancionando e divulgando uma ideologia de *caráter classista dominador* e *político conservador*, que vem responder aos interesses das classes hegemônicas e perpetuar sua dominação sobre as classes subordinadas.

Conscientes disso é que trabalhadores sociais vêm tentando construir um novo projeto profissional comprometido, desde suas nascentes, com os interesses e objetivos das classes trabalhadoras, pela inserção nos movimentos populares. Tal tentativa se opera embrionariamente no período 1960-64 e é mais amplamente retomada sob o impulso das lutas pela redemocratização do país, a partir de 1978.

4. A articulação entre Desenvolvimento de Comunidade e exploração da força de trabalho foi apenas vislumbrada, carecendo de estudo particular com vistas ao aprofundamento dos aspectos aqui levantados, e à descoberta das peculiaridades de que a mesma se reveste. Nos limites que se nos impõem nesta empreitada, é-nos possível concluir que o Desenvolvimento de Comunidade contribui para a exploração da força de trabalho, tanto se vinculando diretamente ao momento do processo produtivo, quanto indiretamente, ao âmbito da vida familiar.

No meio rural, o Desenvolvimento de Comunidade acentua a acumulação do capital e a exploração da força de trabalho, colaborando para o aumento da produtividade do trabalhador e para a introdução de modernas técnicas — ditadas pelo modo de produção capitalista — das quais redunda uma maior apropriação do excedente do trabalho. Simultaneamente, desloca a problemática agrária da instância estrutural societária para a esfera dos indivíduos, boicotando as reivindicações pela reforma agrária[3] e acenando para o "atraso cultural" como responsável maior pelos problemas de fome, doença, analfabetismo, pobreza etc. Postula, então, uma "mudança cultural" que se processe na direção planejada pelas classes dominantes e que imprima nos habitantes locais a ilusão de que as inovações tecnológicas são por eles desejadas (cf. Capítulo II).

---

3. Como fez, por exemplo, o Serviço Social rural (cf. Capítulo I).

Nas metrópoles o Desenvolvimento de Comunidade opera articuladamente com as políticas de industrialização e passa a colaborar com a qualificação do exército industrial de reserva, na forma, no compasso e na medida exigida pelas classes burguesas que comandam a expansão industrial capitalista.

O modo mais específico de exploração da força de trabalho pelo Desenvolvimento de Comunidade se dá, entretanto, sem nexo muito evidente com o processo produtivo. De um lado, ele oferece, de forma atomizada, pequenos serviços de saúde, educação, lazer etc. minimizando aparentemente o custo de reprodução da força de trabalho e facilitando a apropriação do excedente gerado pelo trabalhador, no momento do processo produtivo. Por esta via, concede a disciplina sua pequena parcela de contribuição à acumulação do capital.

De outra parte o Desenvolvimento de Comunidade mobiliza a força de trabalho em seus raros momentos de folga, para lhes arrancar sobretrabalho gratuito na construção de obras que vêm a camuflar os déficits deixados pelo Estado nos espaços físicos de concentração das classes subalternas,[4] principalmente operárias.

Por tal postura, e pelo seu modo de agir, vai o Desenvolvimento de Comunidade cooperando na exploração da força de trabalho, impedindo a reflexão, a reivindicação e a atuação dos trabalhadores rurais e urbanos sobre seu problema crucial — as relações de dominação — e dissimulando a virulência de um modo de produção que transforma o homem em mercadoria.

* * *

Ao concluir este trabalho, acreditamos repartir com aqueles que palmilharam conosco o chão do Desenvolvimento de Comunidade

---

4. Oliveira pondera que o processo de crescimento das cidades impõe um crescimento horizontal dos serviços e que o mutirão (para criar tais serviços) contribui para aumentar a taxa de exploração dos trabalhadores. O produto do mutirão — a habitação, por exemplo — reduz aparentemente o custo de reprodução da força de trabalho e traz como desdobramento a depressão dos salários reais pagos pelos empresários (cf. OLIVEIRA, Francisco de. *A economia brasileira*. Op. cit., p. 28-9).

brasileiro, o espanto de perceber quantos erros juntos cometemos. Partilhamos igualmente da certeza de podermos abrir, mesmo com nossas contradições, um caminho novo e próprio, capaz de nos conduzir àquela unidade orgânica com as classes subalternas, na construção de uma vontade coletiva nacional-popular que permita alcançar uma forma superior e total de civilização moderna.

É preciso não olvidar que, se nós, intelectuais do Desenvolvimento de Comunidade, servimos historicamente como elemento de intermediação das classes dominantes junto às "comunidades", é-nos ainda possível redefinir nosso posicionamento, passando a desenvolver uma reflexão e ação críticas junto às categorias e frações das classes dominadas com vista à conquista de sua hegemonia no interior do bloco histórico.

A propósito de tal reconstrução, repetimos com Gramsci: "Os inícios de um novo mundo, sempre ásperos e pedregosos, são superiores à decadência de um mundo em agonia e aos cantos de cisne que ele produz." (*Concepção dialética*, p. 30)

REFERÊNCIAS BIBLIOGRÁFICAS*

ALINSKI, Saul D. *Reveille for radicals*. New York: Vintage Books, 1969.

_____. Rules for radicals. New York: Vintage Books, 1972.

ALMEIDA, Anna Augusta de. *Possibilidades e limites da teoria de serviço social*. Rio de Janeiro: Francisco Alves, 1978.

ALMEIDA, Cândido Mendes. Desenvolvimento e participação no Brasil. In: *Documento*, CBCISS, Rio de Janeiro, n. 80, 1974.

ALTHUSSER, Louis. *Ideología y aparatos ideológicos del estado*. Buenos Aires: Nueva Visión, 1974. (Col. Fichas, v. 34.)

AMMANN, Paul. Bildungsreform and Schulplanung in Brasilien. *Orientierung*, Zürich, n. 17, p. 187, 1973.

_____. Wirtschaftswachstum and Lebensqualität in Brasilien. *Orientierung*, Zürich, n. 6, p. 71, 1977.

AMMANN, Safira Bezerra. *Participação social*. São Paulo: Cortez e Moraes, 2. ed. 1978.

ANDER-EGG, Ezequiel. *Metodología y práctica del desarrollo de la comunidad*. Buenos Aires: Humanitas, 1965.

ANDRADE, Antônio Cabral. *Notas sobre política social e política de emprego*. Brasília: s/e., 1977. (Mimeo.)

---

1. A bibliografia acrescentada à 7ª edição, encontra-se ao final destas Referências bibliográficas.

ANDRADE, Manoel Correia de. *Espaço, polarização e desenvolvimento*. Recife: Centro Regional de Administração Municipal, 1967.

ASSOCIAÇÃO BRASILEIRA DE ESCOLAS DE SERVIÇO SOCIAL (ABESS). I Encontro de Escolas de Serviço Social do Nordeste. Relatório Final. Aracaju, 1963.

_____. II Encontro de Escolas de Serviço Social do Nordeste. Relatório Final. Campina Grande, 1964.

BAER, Werner. *A industrialização e o desenvolvimento econômico no Brasil*. Rio de Janeiro: Fundação Getúlio Vargas, 1966.

BANCO INTERAMERICANO DE DESARROLLO. *Desarrollo de la Comunidad*: teoría y práctica. México, 1966.

BAPTISTA, Myrian Veras. *Desenvolvimento de comunidades estudo da integração do planejamento do desenvolvimento de comunidade no planejamento do desenvolvimento global*. São Paulo: Cortez e Moraes, 1976.

BARTHY, Aldayr Brasil; PERALVA, Maria Sylvia. *MEB e animação popular*. Rio de Janeiro: CBCISS, 1965. (Mimeo.)

BEATTY, Willard W. Lições colhidas nos programas internacionais e bilaterais de educação comunitária. In: HENRY, Nelson B. (Org.). *Educação comunitária*. Rio de Janeiro: Usaid, 1965.

BELEZA, Maria Dulce de M.; BARCELOS, Lygia. Serviço social e o desenvolvimento de comunidade. In: *Documento*, CBCISS, n. 35, 1971. (Mimeo.)

BELTRÁN, Gonzalo Aguirre. El desarrollo de la comunidad. In: BANCO INTERAMERICANO DE DESARROLLO. *Desarrollo de la Comunidad*: teoría y práctica. México, 1966.

BOLAFFI, Gabriel. *Habitação e urbanismo*: o problema e o falso problema, Comunicação apresentada para o Simpósio de Habitação da XXVII reunião anual da SBPC, 1975. (Mimeo.)

BRANDÃO, Carlos Rodrigues — Da educação fundamental ao fundamental em educação, Proposta, suplemento 1, set. 1977.

BRASIL. Centros Sociais Urbanos, Instrução n. 3, 27/2/1976.

_____. *Diário Oficial da União*, p. 73, 27 mar. 1956.

_____. *Diário Oficial da União*, p. 262, 17 nov. 1959.

BRASIL. Ministério da Agricultura, Serviço de Informação Agrícola. *Missões rurais de educação*: a experiência de Itaperuna. Rio de Janeiro, 1952.

_____. Ministério de Educação e Cultura. *Revista da Campanha Nacional de Educação Rural*, Rio de Janeiro, n. 3, p. 3, 1956.

_____. *Revista da Campanha Nacional de Educação Rural*, Rio de Janeiro, n. 6, p. 5, 1958.

_____. Serviço de Documentação, Órgãos do MEC e Universidades. Histórico Administrativo. *Ementário*, 1977.

_____. Instituto Nacional de Estudos Pedagógicos. *Oportunidades de Preparação no Ensino Agrícola e Veterinário*, Rio de Janeiro, n. 45, 1949.

_____. Departamento de Ensino Médio. Do Ensino de 2º Grau. Leis e pareceres. Brasília, 1975.

_____. Ministério do Interior, Projeto Rondon. Coordenação Geral. *Projeto Rondon*, Brasília, [s.n.t.]. (Mimeo.)

_____. Documento Básico da Fundação Projeto Rondon. Brasília, [s.n.t.] (Mimeo.)

_____. Projeto Rondou: uma escola de realidade nacional. Brasília, [s.n.t.].

_____. Secretaria-Geral, Regimento Interno da Coordenação de Programas de Desenvolvimento de Comunidade. Brasília [s.n.t.].

_____. Secretaria-Geral. Portaria n. 114, de 4/9/1970

_____. Sudam. *II Plano de Desenvolvimento da Amazônia*. Belém, 1975.

_____. DDL. *Sistema amazônico de desenvolvimento de comunidade*. Belém, 1976.

_____. Regimento interno da coordenação do programa de desenvolvimento de comunidade, [s.n.t.].

_____. Departamento de Desenvolvimento local. *Desenvolvimento de comunidade*: ação da Sudam. Belém: Coordenação de Informática, Divisão de Documentação, 1975.

_____. *Desenvolvimento de comunidade*: experiência Amazônica: 1971/74. Belém: Coordenação de Informática, Divisão de Documentação, 1975.

_____. O novo sistema de ação do governo federal na Amazônia. Legislação básica, I. Rio de Janeiro: Spencer, 1967.

BRASIL. DIES. Programa de desenvolvimento de comunidade: 1971-76. (Mimeo.)

_____. Sudene. III Plano diretor de desenvolvimento econômico e social do Nordeste: 1966-1968. Recife, 1966.

_____. Plano de desenvolvimento do Nordeste: 1972-74. Recife, ago. 1971. (Mimeo.)

_____. II Plano nacional de desenvolvimento. Programa de ação do governo para o Nordeste: 1975-1979. Recife, abr. 1975. (Mimeo.)

_____. Departamento de Recursos Humanos (DRH), Divisão de Ação Comunitária (DAC). Relatório do Encontro para Estudo e Avaliação dos Trabalhos da Divisão de Ação Comunitária. Recife, 1970.

_____. *Síntese de fatores que caracterizam um projeto integrado e ação comunitária como atividade programada em projeto integrado.* Recife, out. 1970.

_____. *Algumas reflexões sobre o processo de desenvolvimento de comunidade e sobre a política da CPDC-NE.* Recife, jul. 1972.

_____. Programa da Divisão de Ação Comunitária para 1971, [s.n.t.].

_____. Coordenação do Programa de Desenvolvimento Comunitário, [s.n.t.].

_____. Ação Comunitária. Recife, 1970.

_____. Exposição sobre CPDC-NE, [s.n.t.].

_____. Encontro Sudene/DRH/AC. *Escolas de Serviço Social do Nordeste.* Recife, 1965. (Mimeo.)

_____. Objetivos, programa e estrutura operacional, [s.n.t.].

_____. Definição de ação comunitária, [s.n.t.].

_____. Regimento Interno, [s.n.t.].

_____. *Reformulação da Divisão de Ação Comunitária.* Recife, 1967. (Mimeo.)

_____. *Relatório Técnico da II Reunião de Assessoramento à DDC.* Recife, abr. 1975. (Mimeo.)

_____. *Relatório Final da II Reunião de Assessoramento à DDC.* Recife, jun. 1975. (Mimeo.)

_____. Relação entre o desenvolvimento de comunidade e o desenvolvimento. Palestra para o Programa Insuni. Recife, jun. 1973.

BRASIL. Sistematização dos trabalhos técnicos do I Seminário sobre Desenvolvimento de Comunidade como Instrumento do Desenvolvimento regional. Recife, out. 1973.

_____. Política da Sudene junto às Secretarias Estaduais de Planejamento e Conselhos Estaduais de Desenvolvimento, [s.n.t.].

_____. Análise da situação dos programas da Divisão de Ação Comunitária [s.n.t.].

_____. I Seminário de Ação Comunitária, [s.n.t.] 1966.

_____. Divisão de Educação. Diretrizes para os programas de educação de adultos, Documento Final do I Seminário de educação e desenvolvimento. Recife: Divisão de Documentação, 1967. (Mimeo.)

_____. Seminário de Educação e Desenvolvimento. Documento básico. Recife: Divisão de Documentação, 1966. (Mimeo.)

_____. Relatório dos debates teóricos em torno dos temas abordados no I Seminário sobre Desenvolvimento Comunitário para as Equipes Estaduais da CPDC. Recife, 1972. (Mimeo.)

_____. *Desenvolvimento Comunitário*: noção, pré-requisitos e indicadores, [s.n.t.].

_____. *Relatório da II Reunião da CPDC/Nordeste*. Recife, 1973. (Mimeo.)

_____. *Relatório da III Reunião da CPDC/Nordeste*. Recife, 1973. (Mimeo.)

_____. Divisão de Artesanato, Setor de Ação Comunitária. Objetivos, programa e estrutura operacional, [s.n.t.].

_____. Departamento de Desenvolvimento Local (DDL). Divisão de Desenvolvimento de Comunidades (DDC). Alguns elementos de definição dos objetivos e da sistemática de atuação da Divisão de Desenvolvimento de Comunidade, [s.n.t.].

_____. Indicadores para diagnóstico, [s.n.t.].

_____. Programa da DDL-DDC, 1974, [s.n.t.].

_____. *Aspectos sociais da política de desenvolvimento urbano*, [s.n.t.].

_____. *Estudo de indicadores para avaliação da repercussão social de programas e/ou projetos de desenvolvimento*. Recife, jun. 1976. (Mimeo.)

BRASIL. Sudesul. Síntese dos trabalhos apresentados nas reuniões do Grupo de Trabalho Regional Interamericano sobre Desenvolvimento de Comunidade dos Países do Cone Sul: 1965-1969. Porto Alegre, Sudesul/OEA, v. 3, 5. parte, 1969.

_____. Ministério de Planejamento e Coordenação Geral. *Programa Estratégico de Desenvolvimento*: 1968-70. v. II.

_____. Ministério das Relações Exteriores. *Atos Internacionais*, Rio de Janeiro, n. 205, 1944.

_____. *Atos Internacionais*, Rio de Janeiro, n. 230, 1946.

_____. Presidência da República. *I Plano Nacional de Desenvolvimento*: 1972-74. Brasília, 1971.

_____. *II Plano nacional de desenvolvimento*: 1975-79. Brasília, 1974.

_____. Seplan. Coordenação de Relações Públicas. *Programa Nacional de Centros Sociais Urbanos*, Brasília, n. 17, 1975.

_____. Serviço Social Rural. In: SEMINÁRIO NACIONAL SOBRE AS CIÊNCIAS E O DESENVOLVIMENTO DE COMUNIDADE RURAL. *Anais...* Rio de Janeiro, 1961.

_____. Plano de ação e de trabalho para 1962. In: CONFERÊNCIA INTERNACIONAL DE SERVIÇO SOCIAL, 11., *Relatório do Brasil*, CBCISS, 1962. (Mimeo.)

_____. Presidente: 1930-1964. *Mensagens Presidenciais*: 1947-1964. Brasília: Câmara dos Deputados, 1978.

BUCI-GLUCKSMANN. *Gramsci et l'État*. Paris: Fayard, 1945.

CARDOSO, Fernando M. O modelo brasileiro de desenvolvimento. *Debate e Crítica*, n. 1, p. 18-47, jul./dez. 1973.

CARDOSO, Miriam Limoeiro. *Ideologia do desenvolvimento*: Brasil JK-JQ. Rio de Janeiro: Paz e Terra, 1977.

CENTRO BRASILEIRO DE COOPERAÇÃO E INTERCAMBIO DE SERVIÇOS SOCIAIS (CBCISS). In: CONGRESSO BRASILEIRO DE SERVIÇO SOCIAL, 2., *Anais...* Rio de Janeiro, 1961.

_____. *Debates Sociais*, Especial. Documento de Araxá. 2. ed. v. III, n. 4, p. 1-80, maio 1977.

CENTRO BRASILEIRO DE COOPERAÇÃO E INTERCÂMBIO DE SERVIÇOS SOCIAIS (CBCISS). *Debates Sociais*, CBCISS, supl., n. 3, ago. 1969.

_____. *Desenvolvimento de Comunidades Urbanas e Rurais*. Rio de Janeiro, CBCISS, 1962.

_____. *Documentos* (além dos mencionados), CBCISS, ns. 7, 29, 31, 35, 82, 99, 102, 103 e 127. (Mimeo.)

_____. Desenvolvimento de comunidade. Documento, CBCISS, n. 104, 1975. (Mimeo.)

_____. Relatório do Brasil para a XI Conferência Internacional de Serviço Social, Rio de Janeiro, 1962. (Mimeo.)

CHARDIN, Teilhard de. *L'Apparition de l'homme*. Paris: Seuil, 1956.

COHN, Amélia. *Crise regional e planejamento*: o processo de criação da Sudene. Tese (Mestrado em Sociologia) — Universidade de São Paulo, São Paulo, 1972. (Mimeo.)

CONCEIÇÃO, Diamantina C. Centros sociais de comunidade. *Revista da Campanha Nacional de Educação Rural*, Rio de Janeiro, v. 3, n. 3, p. 139-43, 1956.

CORNELY, Seno A. A dinâmica do desenvolvimento frente aos problemas contemporâneos. In: *Documento*, CBCISS, n. 53, 1972. (Mimeo.)

_____. Considerações sobre conselhos comunitários. *Debates Sociais*, Rio de Janeiro, v. XII, n. 22, p. 44-49, maio 1976.

_____. Novas perspectivas do desenvolvimento. *Debates Sociais*, Rio de Janeiro, v. IV, n. 7, p. 22-29, out. 1968.

_____. *Serviço Social*: planejamento e participação comunitária. São Paulo: Cortes e Moraes, 1976.

DALRYMPLE, Martha. *The AIA story*: two decades of international cooperation. New York: American International Association for Economic and Social Development, 1968.

DANTAS, José Lucena. A reforma do ensino e da profissão de serviço social. *Debates Sociais*, Rio de Janeiro, v. III, n. 6, p. 11-18, maio 1968.

_____. Desenvolvimento de marginalização social. In: *Documento*, CBCISS, n. 91, 1974. (Mimeo.)

DANTAS, Maria Leda R. Desenvolvimento e organização de comunidade. *Debates Sociais*, Rio de Janeiro, v. III, n. 5, p. 39-44, out. 1967.

DE KADT, Emanuel. *Catholic radicals in Brazil*. London: Oxford University Press, 1970.

DEMO, Pedro. *Desenvolvimento e política social no Brasil*. Rio de Janeiro: Tempo Brasileiro, 1978.

_____. *Emergencia del planeamiento social en el Brazil*. Trabajo realizado para la Unesco. Brasília: CRNH/Ipea, 1976. (Mimeo.)

FERRARI, Alceu. *Igreja e desenvolvimento*. Natal: Fundação José Augusto, 1968.

FERREIRA, Francisco de Paula. *Teoria social da comunidade*. São Paulo: Herder, 1968.

FERRI, Franco (Coord.). *Política e história em Gramsci*. Rio de Janeiro: Civilização Brasileira, 1978. v. 1.

FIGUEIREDO, Margarida de A. Desenvolvimento de comunidade: uma abordagem global de processo. *Debates Sociais*, Rio de Janeiro, v. IX, n. 16, p. 11-24 maio 1973.

FREITAG, Bárbara. *Escola, estado e sociedade*. São Paulo: Cortez e Moraes, 1979.

FUNDAÇÃO GETULIO VARGAS. PIS/Pasep, mecanismo de redistribuição. *Conjuntura Econômica*, v. 30, n. 1, p. 107-8, jan. 1976.

FURTADO, Celso. Perspectiva da economia brasileira. *Ensaios de Administração*, Rio de Janeiro, Dasp/SD, n. 15, 1958.

GONÇALVES, Hebe. Progresso alcançado pelos programas de desenvolvimento de comunidade no Brasil. In: *Documento*, Rio de Janeiro, CBCISS, n. 15, 1969. (Mimeo.)

GOVERNO DO ESTADO DO RIO GRANDE DO NORTE. Secretaria de Planejamento e Coordenação Geral. Coordenação dos Programas de Desenvolvimento de Comunidade. *Especificidade do Desenvolvimento de Comunidades*. Natal, 1973. (Mimeo.)

GRAMSCI, Antonio. *Concepção dialética da história*. Rio de Janeiro: Civilização Brasileira, 1966.

GRAMSCI, Antonio. *Consejos de fábrica y estado de la close obrera*. México, 1973. (Col. Roca, v. 16.)

_____. *Cultura y literatura*. Barcelona: Península, 1972.

_____. Escritos politicos. In: PORTANTIERO, Juan Carlos. *Los usos de Gramsci*. México, 1977. (Cuadernos de Pasado y Presente, v. 54.)

_____. *Il risorgimento*. Roma: Riunite, 1975.

_____. *Maquiavel, a política e o estado moderno*. 2. ed. Rio de Janeiro: Civilização Brasileira, 1976.

_____. Notas críticas sobre una tentativa de Ensayo popular de Sociología. In: PIZZORNO, Allessandro et al. *Gramsci y las ciencias sociales*. 2. ed. Córdoba, 1972. (Cuadernos de Pasado y Presente, v. 19.)

_____. *Os intelectuais e a organização da cultura*. Rio de Janeiro: Civilização Brasileira, 1968.

HILLMAN, Arthur. Organização da comunidade e planejamento. Rio de Janeiro: Agir, 1956.

HOLMES, Horace. Ensinando a autoiniciativa aos camponeses asiáticos. In: HENRY, Nelson B. (Org.). *Educação comunitária*. Rio de Janeiro: Usaid, 1965.

IANNI, Octavio. *O colapso do populismo no Brasil*. 3. ed. Rio de Janeiro: Civilização Brasileira, 1975.

INSTITUTO GRAMSCI. *Política e história em Gramsci*. Rio de Janeiro: Civilização Brasileira, 1978.

INTERNATIONAL CONFERENCE ON SOCIAL WELFARE, 18. Development and participation: operational implications for social welfare. *Sumary of the National Reports*: Yugoslavia, Sierra Leone, Zambia, Gabon, Côte d'Ivoire, Italy, United States, 1974. (Série mimeo.)

JUNQUEIRA, Helena Iracy. In: SEMINÁRIO DE DESENVOLVIMENTO E ORGANIZAÇÃO DE COMUNIDADE. Abess, 1963. (Mimeo.)

_____. A política do serviço social do município de São Paulo. *Debates Sociais*, v. III, n. 6, p. 19-24, maio 1968.

LAFER, Betty Mindlin. *Planejamento no Brasil*. São Paulo: Perspectiva, 1970.

LAFER, Celso. O planejamento no Brasil: observações sobre o plano de metas. In: LAFER, Betty Mindlin. *Planejamento no Brasil*. São Paulo: Perspectiva, 1970.

LEFÈBVRE, J. Perspectives de la sociologie rurale. *Cahiers Internationaux de Sociologie*, Paris, n. 16, 1953.

LERNER, Daniel. A personalidade empática e a modernização. In: DURAND, José Carlos G.; MACHADO, Lia Pinheiro. *Sociologia do desenvolvimento II*. Rio de Janeiro: Zahar, 1975.

LESSA, Carlos. Quinze anos de política econômica. *Cadernos*, Universidade Estadual de Campinas, n. 4, 1975.

MACCIOCCHI, Maria Antonietta. *Pour Gramsci*. Paris: Seuil, 1974.

MAGALHÃES, Cecília. O dinheiro anda curto. *Movimento*, 20 dez. 1976.

MAGALHÃES, Maria Irene et al. Segundo e terceiro ano do governo Costa e Silva. *Dados*, n. 8, p. 163, 1971.

MARTINDALE, Don. *La teoría sociológica, naturaleza y escuelas*. Madrid: Aguilar, 1971.

MARTONE, Celso L. Análise do Plano de Ação Econômica do Governo (Paeg): 1964-66. In: LAFER, Betty M. *Planejamento no Brasil*. São Paulo: Perspectiva, 1970.

MARX, Karl. *Contribuição à crítica da economia política*. São Paulo: Martins Fontes, 1977.

_____; ENGELS, Friederich. *A ideologia alemã*. Lisboa: Presença/Martins Fontes, s/d. v. 1.

MAUCK, Willfred. Os programas bilaterais americanos de educação comunitária. In: HENRY, Nelson B. (Org.). *Educação comunitária*. Rio de Janeiro: Usaid, 1965.

MEISTER, Albert. *Participation, animation et développement*. Paris: Editions Anthropos, 1969.

MERTON, Robert K. *Sociologia, teoria e estrutura*. São Paulo: Mestre Jou, 1970.

MONTEIRO, Duglas T. Desenvolvimento e organização de comunidade e o problema da qualificação de mão de obra. In: ENCONTRO DE TÉCNICOS PROMOVIDO PELA SECRETARIA DE SAÚDE PÚBLICA E DE ASSISTÊNCIA

SOCIAL DO ESTADO DE SÃO PAULO: 1962. Rio de Janeiro, CBCISS, 1965. (Mimeo.)

MOSHER, Arthur T. *Como hacer avanzar la agricultura*. México: Union Tipografica Ed. Hispano Americana, 1969.

MOUNIER, Emmanuel. *Le personnalisme*. Paris: Maspero, 1950.

MOVIMENTO DE EDUCAÇÃO DE BASE (MEB). *Animação popular*, Apostila 5, série A, 1965. (Mimeo.)

_____. *MEB e Cultura, popular*, Apostila 2, série A, 1962. (Mimeo.).

_____. *Experiência de sindicalização rural no Maranhão*: 1962-64, 1964. (Mimeo.)

_____. Instruções gerais. Documentos legais. Apostila 1, série A, s/d. (Mimeo.)

MYRDAL, Gunnar. *Teoria econômica e regiões subdesenvolvidas*. 2. ed. Rio de Janeiro: Saga, 1968.

NAÇÕES UNIDAS. *El cambio social y la política de desarrollo social en America Latina*. New York, 1969.

_____. *El progreso social mediante el desarrollo de la comunidad*. New York, 1955.

NOGUEIRA, Oracy; SINGER, Paul. Relação entre desenvolvimento e organização de comunidade e planejamento socioeconômico. In: ENCONTRO DE TÉCNICOS PROMOVIDO PELA SECRETARIA DE SAÚDE PÚBLICA E DE ASSISTÊNCIA SOCIAL DO ESTADO DE SÃO PAULO: 1962. Rio de Janeiro, CBCISS, 1965. (Mimeo.)

OLIVEIRA, Francisco de. A economia brasileira: crítica à razão dualista. 2. ed. *Estudos Cebrap*, São Paulo, n. 1, p. 7-78, 1976.

_____. *Elegia para uma re(li)gião*. Rio de Janeiro: Paz e Terra, 1978.

PAIVA, Vanilda P. *Educação popular e educação de adultos*. São Paulo: Loyola, 1973.

PARSONS, Talcott. *O sistema das sociedades modernas*. São Paulo: Pioneira, 1974.

_____. *The social system*. 3. ed. Glencoe: The Free Press, 1959.

_____; SHILLS, Edward A. *Hacia una teoría general de la acción*. 5. ed. Buenos Aires: Kapelusz, 1968.

PERROUX, Fratiois. *A economia do século XX*. Lisboa: Herder, 1967.

PIZZORNO, Alessandro et al. *Gramsci y las ciencias sociales*. 2. ed. Córdoba, 1972. (Cuadernos Pasado y Presente.)

PORTANTIERO, Juan Carlos. *Los usos de Gramsci*. Córdoba, 1977. (Cuadernos Pasado y Presente, v. 54.)

PORTELLI, Hugues. *Gramsci e o bloco histórico*. Rio de Janeiro: Paz e Terra, 1977.

REIS, Aylda Pereira. *Você e sua comunidade*. Rio de Janeiro: CBCISS, 1965.

REIS, Mário G. O Serviço Social e as estruturas sociais. *Debates Sociais*, v. III, n. 6, p. 39-41, maio 1968.

REVISTA VEJA. *O império sem Rocky*, São Paulo, n. 544, 7 fev. 1979.

_____. *1968*: de erro em erro, a caminhada rumo ao Ato n. 5, São Paulo, 29 mar. 1978.

RIOS, José Arthur. *Educação dos grupos*. Rio de Janeiro: Serviço Nacional de Educação Sanitária, 1957.

RODRIGUES, Ivany Lopes. *Análise de dinâmica do processo de desenvolvimento de comunidade no Brasil*. Rio de Janeiro: Associação Brasileira de Escolas de Serviço Social, 1966.

ROSS, Murray G. *Community organization*. New York: Harper & Bro., 1955.

ROM, Erica. Realidade, opções e lutas em serviço social. *Debates Sociais*, v. III, n. 6, p. 25-37, maio 1968.

SALBERG, Jean-François; WELSH-BONNARD, Suzanne. *Action communautaire*: une introduction. Paris: Les Editions Ouvriéres, 1970.

SCANLON, David. Raízes históricas do desenvolvimento da educação comunitária. In: HENRY, Nelson B. (Coord.). *Educação comunitária*. Rio de Janeiro: Usaid, 1965.

SILVA, Maria Lúcia Carvalho da. Treinamento de pessoal em desenvolvimento de comunidade. *Debates Sociais*, supl., n. 1, p. 53-60, abr. 1968.

_____. Participação da comunidade nos programas integrados de educação e assistência alimentar ao escolar. In: *Documento*, CBCISS. n. 53, 1972. (Mimeo.)

SILVA, Maria Lúcia Carvalho da. *Evolução do conceito de desenvolvimento de comunidade no período 1965-70, na subregião do Cone Sul da América Latina*, São Paulo, 1974. (Mimeo.)

SINGER, Paul. Evolução da economia brasileira: 1955-1975, *Estudos Cebrap*, São Paulo, n. 17, p. 68-74, jul./ago./set. 1976.

SOBRAL, Fernanda A. da F. *Educação e mudança social*: uma tentativa crítica. Tese (Mestrado em Sociologia) — Universidade de Brasília, Brasília, 1976. (Mimeo.)

STEPAN, Alfred. *The military in politics changing patterns in Brazil*. New Jersey: Princeton University Press, 1971.

VIEIRA, Balbina O. *Introdução à organização social da comunidade*. Rio de Janeiro: Serviço Social do Comércio, 1958.

WEFFORT, Francisco. Estado e massas no Brasil. *Revista Civilização Brasileira*, v. 1, n. 7, maio 1966.

WHARTON JR., Clifton R.; RIBEIRO, José Paulo. The ACAR program in Minas Gerais Brazil. In: WHARTON JR., Clifton R. (Ed). *Subsistence agriculture and economic development*. 2. ed. Chicago: Aldine Publishing Company, 1970.

Bibliografia acrescentada à 7ª edição

ALVES, Márcio Moreira. *A força do povo, democracia participativa em Lages*. São Paulo: Brasiliense, 1980.

AMMANN, Safira Bezerra. Os incansáveis, movimento popular de Brasília. *Práxis*, São Paulo: Cortez, n. 4, 1987.

_____. *Movimento popular de bairro*: de frente para o Estado, em busca do Parlamento. São Paulo: Cortez, s/d.

BRASIL. Ministério do Interior. *Diretrizes e formas de implantação do Programa de Desenvolvimento de Comunidade*. Brasília, 1979.

BRAVO, Luiz. *Trabalhando com a comunidade*. Rio de Janeiro: Distrilivros Editora, 1983.

FAGNANI, Eduardo. *A política social da nova República*: impasse na viabilização das reformas estruturais. Campinas: Ed. da Unicamp, 1987. (Mimeo.)

FALCÃO, Maria do Carmo. Um movimento popular. *Práxis*, São Paulo, Cortez, n. 1, 1983.

KRISCHKE, Paulo J. (Org.). *Brasil*: do milagre à abertura. São Paulo: Cortez, 1982.

KRUG, Jorge. *Mobilização comunitária*. São Paulo: Cortez, 1982.

LIMA, Sandra A. Barbosa. *Participação social no cotidiano*. São Paulo: Cortez e Moraes, 1979.

O'DONNELL, Guillermo et al. (Eds.). *Transições do regime autoritário*. São Paulo: Vértice/Editora Revista dos Tribunais, 1988.

OLIVEIRA, Francisco de. *Inovações em políticas econômico-sociais, o caso do Brasil*. São Paulo: Cebrap, 1988. (Mimeo.)

RAICHELIS, Raquel; ROSA, Cleisa M. M. Considerações a respeito da prática do Serviço Social em movimentos sociais. *Serviço Social & Sociedade*, n. 8, p. 69-83, mar. 1982.

_____. O Serviço Social e os movimentos sociais, análise de uma prática. *Serviço Social & Sociedade*, n. 19, p. 74-97, dez. 1985.

SILVA, Maria Luiza Lameira da. *Serviço Social de comunidade numa visão de práxis*. São Paulo: Cortez, 1983.

SOUZA, Maria Luiza de. *Desenvolvimento de Comunidade e participação*. São Paulo: Cortez, 1987.